国际公法

下卷：武装冲突中的解释与适用

Public International Law

Volume 2:

Its Interpretation and

Application in Armed Conflicts

贾兵兵　著

清华大学出版社

北　京

图书在版编目(CIP)数据

国际公法.下卷,武装冲突中的解释与适用/贾兵兵著.—北京:清华大学出版社,2020.5
(2023.12重印)
ISBN 978-7-302-55292-5

Ⅰ.①国… Ⅱ.①贾… Ⅲ.①国际公法-法律解释 ②国际公法-法律适用 Ⅳ.①D99

中国版本图书馆 CIP 数据核字(2020)第 056662 号

责任编辑:李文彬
封面设计:傅瑞学
责任校对:刘玉霞
责任印制:宋 林

出版发行:清华大学出版社
    网 址:https://www.tup.com.cn, https://www.wqxuetang.com
    地 址:北京清华大学学研大厦 A 座 邮 编:100084
    社 总 机:010-62770175   邮 购:010-62786544
    投稿与读者服务:010-62776969, c-service@tup.tsinghua.edu.cn
    质量反馈:010-62772015, zhiliang@tup.tsinghua.edu.cn
印 装 者:大厂回族自治县彩虹印刷有限公司
经 销:全国新华书店
开 本:170mm×240mm 印 张:18 字 数:330 千字
版 次:2020 年 7 月第 1 版 印 次:2023 年 12 月第 3 次印刷
定 价:88.00 元

产品编号:086085-02

前　　言

从 2008 年出版了本书的英文版以后,国际人道法在实体内容上有了新发展,国际性执行机制的实践也有了明显进步,原有版本需要重新设计结构,扩大、更新资料范围,展示作者在之后几年的时间里对人道法规则产生的进一步感悟。这一感悟的发展路径如下:国际实践的新发展带来了新问题,那么针对这些问题,是继续用经典人道法原则、规则去规范,还是在基本原则的基础上设计新规则,即走"造法"(主要是通过多边条约)的道路,抑或是对经典人道法作进一步深究,基于对经典理论的逐步更新,找到与当今实践相接近的规则、理念,来应对新的形势,这些问题涵盖了作者写作中文版的基本意图。

既然历史过程中的"和平与战争"循环仍在延续、深化,国际法不能对冲突与占领状态中的国际关系坐视无为;从人道法兴起的 19 世纪下半叶直到今天,国际法的首要缔造者——民族国家——对此的态度是一致和一贯的:国际秩序的存在和延续需要法律的规范。这是一个充满活力而反思的过程,下面简单勾勒一下。

现代国际人道法的编纂与发展始于 19 世纪"工业革命"之中,其反映了在残酷的战争条件下人类良心的觉醒,它的初始目的是挽救武装冲突中伤残的士兵,在之后层出不穷的现代冲突中,扩大为保护所有非战斗人员,特别是平民居民,最终成为一个国际法之下次级法律体系的基石。从某种意义上,人道法是在既有国际法律秩序框架下的分支领域,它并不触及此类框架的基础内容,这与它出现的方式和渊源有直接关系:红十字理念和运动的出现、发展,是个人行为。从这点来看,它与当代的"非政府组织"的存在有异曲同工之妙[1],二者均产生与对国际法律关系中的某一具体领域的关注;但它们之间也存在着微妙的区别,人道法旨在规范国家间发生武力碰撞时个人的待遇和条件(当然这也是通过推动政府参与而达成的现状),而当代非政府组织则以参与国际法的创制、发展、执行作为终极

---

[1]　参看相似的观点: R. McCorquodale, "The Individual and the International Legal System", in: M. Evans (ed.), *International Law*, 5th edn., 2018, p. 276; T. Treves, "The Expansion of International Law. General Course on Public International Law", 398 *RdC* (2018) 9, pp. 114-117.

目的[2]。

在 1952 年出版的《奥本海国际法》第七版第二卷中，劳特派特曾说："原则上，战争是国家间通过各自的武装部队所进行的争斗；交战方公民不直接或间接地属于武装部队者，不参与其中；他们不攻击和抵抗；所以他们也不应被攻击"[3]。当代人道法学者会这样说："诸多武装冲突在(实力)不成比例的富有和贫穷的交战方之间展开，在国家与非国家实体之间展开，在军备技术发达的武装力量与缺乏最基本的装备和物资条件的武装力量之间展开。这种不成比例的状况意味着穷者会使用无限制的战斗方法，富者即使在精准打击行动中也会采取过分的措施。这时，人道考虑往往被忽视。"[4]这两个说法之间有着 60 年的时间跨度，反映了人道法在其间从经典的认知水平发展到今天的认知水平，而战争已经从社会中特定团体(武装部队)之间的行为演变为多种团体之间的抗衡，这种变化可以说使得战争成为"立体化""复合化"的社会之争，经典时期的"拒敌于国门之外"已经成为不可能，而其后果是不同程度的毁灭[5]。

鉴于上述考虑，本卷的基本假设是：近十年来，虽然人道法处于飞速发展的状态，但仍然囿于人类历史中的终极主题之一——战争与和平——的循环中，一旦"禁止使用武力"的强行法被突破后，"二战"后的国际秩序还是只能依靠经典国际法来规范武力的使用和对平民等的保护，在这种情况下，人道法一如既往地发挥至关重要的作用；在武装冲突中，甚至可以说它是在冲突方之间唯一发挥作用的法律。这是它与生俱来的使命，而它迄今为止的发展过程也是在诠释、丰富这一使命。

那么近十年里世界出现了哪些发展？第一，大规模武装冲突仍然层出不穷，使得国际社会保持了对人道法的持续关注，而联合国安理会在处理涉及国际和平与安全的局势时，比以往更多地强调人道法的遵守和落实，扩大人道法在国际关系中的影响。上述这些冲突都是震撼世界的大事，比如 2006 年以色列入侵黎巴嫩南部地区(相关事实是在后来调查委员会的报告出炉后才公诸于世)，2012 年开始的叙利亚内战，2014 年开始的乌克兰东部地区冲突，2015 年爆发的也门内战

2　比如：M. Noortmann, "NGOs: Recognition, Roles, Rights and Responsibilities", in: M. Noortmann, A. Reinisch, and C. Ryngaert (eds.), *Non-State Actors in International Law*, Hart Publishing, 2015.

3　第 204 页，第 57 节。

4　D. Fleck, "Introduction", in: D. Fleck (ed.), *Handbook*, 2013, p. xv.

5　第一次世界大战给国际法学者带来的震撼和教训就是如此：M. Bourquin, "Le problème de la sécurité international", 49 *RdC* (1934), p. 475.

与沙特阿拉等 10 个国家的武装干预,等等(对这些事件的新闻报道则相对密集)。这些冲突与以往的经历在一点上相同:人道法是身处这些冲突中的个人——可能是平民、军人或二者之外的特别类型——所能依靠的唯一保护屏障;在这样的生死存亡之际,国际法不可或缺的存在和效力就显得格外真实。当然,其存在与效力这两个事实并不等于违法行为的消失,相反,它们折射出违法行为的存在。第二,2002 年开始运转的国际刑事法院,迄今处理了或处理着多达 27 个案件,多数案件涉及违反国际人道法的指控。但是,该法院审结的案件是在 2012 年才开始出现的,已经审结了的有 5 个涉及违反人道法指控的案件(其中两人无罪释放),这些案件中审判的新型犯罪行为(比如强迫儿童服役或参战),是 1949 年《日内瓦四公约》所未曾预见到的现象[6]。第三,近期实践中涌现出来"网络战"和"致命自动武器系统"的新现象,使得国际法领域中产生了"塔林手册"这样的新思路和新理论[7]。

如果说上述发展触动作者写作本书的话,那么还有三个实际考虑决定了本书写作的展开。

其一,从教学角度来说,现有中文教材稀少。另一方面,虽然针对本题目的教学在国外法学院已有多年历史,但是较为公认的教科书也无从寻觅(可参看本卷第一章所列的扩展阅读书目)。因此,考虑到 2008 年版本作为现成的教学材料,与作者渐进发展的思路接近,在此基础上加以发展、深入、完善,是自然的选择。但是应该说,作者在本卷中表达的诸多看法已经超越了上述早期版本里的论述。

其二,从实践角度来说,基于作者的了解,实务工作者对这样的教科书有明确需求。

其三,本书是与清华大学出版社合作出版的《国际公法》这部教科书的下卷,和平法本身固然多彩和复杂,但是国际公法的领域不止于此,武装冲突和占领状态所覆盖的时间与空间都是公法规范的内容。如果国际公法教科书只限于和平时期的话,就在时间和实体法律内容上留下了明显空白。当然,这是作者个人的看法而已。

在实体内容上,本卷包括人道法发展的历史、渊源、基本原则、冲突性质和国内武装冲突中适用的规则、作战方式和方法、海战、空战中的人道法、在武装冲突中个人身份的区分、战俘待遇、平民和民用物体的待遇、联合国维和部队与人道

6　对比《日内瓦第四公约》第 50 条(占领军相关责任)与第 146 条(非严重违反公约行为)和第 147 条(严重违反公约行为)的内容。

7　M. Schmitt (ed.), *Tallin Manual on the International Law Applicable to Cyber Warfare*, CUP, 2013; M. Roscini, *Cyber Operations and the Use of Force in International Law*, OUP, 2014.

法、人道法的强制执行。对于重要条文的引用，既会介绍谈判该条的背景，或国际司法机构与红十字国际委员会对之所作的权威解释，也会从历史发展的角度对条文的影响进行介绍和评判。对于重要事件和对法律的发展，会对使用的案例或事例作简明的总结和分析。本书实体内容借鉴的是实践证据和红十字国际委员会的权威注释。

为了方便学习和探讨之用，本卷也包括缩略语表、案件目录、扩展阅读，供对题目所涉及问题感兴趣的读者进一步拓展视野和深入研究；结尾有主要国际条约及其相关文件的目录。再有，体例上有以下特点：重要的事件、文件、案件都有注释，以使读者知道作者持某一观点的背景原因、应用资料的来源，这样，才能言之有据，有说服力。脚注中保留了某些外文出版物的原文名称，便于读者在网上及时找到出处，并熟悉相关外文用语表达。

最后，我要感谢清华大学出版社，特别感谢出版社的李文彬编审，她为本书的出版做出了应有的贡献。

作者对书中的笔误和模糊之处承担一切责任，也欢迎读者指正。

2019 年 10 月 12 日
于清华大学法律图书馆楼

缩 略 语 表

AC   Appeals Chamber；上诉庭

AJIL   American Journal of International Law；《美国国际法杂志》

Annotated Supplement

          A. Thomas and J. Duncan（eds.），*Annotated Supplement to The Commander's Handbook on the Law of Naval Operations*，73 *International Law Studies*，Naval War College，1999；《海战法指挥官手册补充注释》

AP Ⅰ   Protocol Additional to the Geneva Conventions of 12 August 1949，and Relating to the Protection of Victims of International Armed Conflicts，of 8 June 1977；1977 年《第一附加议定书》

AP Ⅱ   Protocol Additional to the Geneva Conventions of 12 August 1949，and Relating to the Protection of Victims of Non-International Armed Conflicts，of 8 June 1977；1977 年《第二附加议定书》

BiH   Republic of Bosnia and Herzegovina；波斯尼亚和黑塞哥维纳共和国

BYIL   *British Yearbook of International Law*；《英国国际法年刊》

CCW   Convention on Prohibitions or Restrictions on the Use of Certain Conventional Weapons which may be Deemed to be Excessively Injurious or to Have Indiscriminate Effects，adopted in Geneva，10 October 1980；1980 年《常规武器公约》

CJIL   Chinese Journal of International Law；《中国国际法论刊》

CYIL   Canadian Yearbook of International Law；《加拿大国际法年刊》

Commander's Handbook

          The Commander's Handbook on the Law of Naval Operations （NWP 1-14M/MCWP 5-12. 1/COMDTPUB P5800. 7A），July 2007，Department of the Navy *etc*.

Commentary on APs

    Yves Sandoz，C. Swinarski and B. Zimmermann（eds.），*Commentary on the Additional Protocols of 8 June 1977 to the Geneva Conventions of 12 August 1949*，International Committee of the Red Cross，Martinus Nijhoff Publishers，1987；《1977 年议定书评注》

Commentary on GCs

    The Geneva Conventions of 12 August 1949：Commentary，published under the general editorship of Jean S. Pictet，International Committee of the Red Cross，1952—1960；《日内瓦四公约评注》（每个公约有一本评注）

CUP   Cambridge University Press；剑桥大学出版社

Dinstein，*Conduct*

    Yoram Dinstein，*The Conduct of Hostilities under the Law of the International Armed Conflict*，3rd edn.，CUP，2014

ECHR   European Court of Human Rights

EJIL   European Journal of International Law；《欧洲国际法杂志》

Et al.   以及其他人

ff.   （本页）以下

Fleck（ed.），*Handbook*

    The Handbook of Humanitarian Law in Armed Conflicts，ed. by D. Fleck，3rd edn.，OUP，2013

FRY   the Federal Republic of Yugoslavia；南斯拉夫联邦共和国

GC I   Geneva Convention for the Amelioration of the Conditions of the Wounded and Sick in Armed Forces in the Field，75 UNTS 31；《日内瓦第一公约》

GC II   Geneva Convention for the Amelioration of the Conditions of the Wounded，Sick，and Shipwrecked Members of Armed Forces at Sea，75 UNTS 85；《日内瓦第二公约》

GC III   Geneva Convention Relative to the Treatment of Prisoners of War of 12 August 1949，75 UNTS 135；《日内瓦第三公约》

GC IV   Geneva Convention Relative to the Protection of Civilian Person in Time of War of 12 August 1949，75 UNTS 287；《日内瓦第四公约》

GCs   The four Geneva Conventions of 1949；《日内瓦四公约》

Hague Regulations or HR

     Regulations Respecting the Laws and Customs of War on Land，annex to the *Convention*（Ⅳ）*Respecting the Laws and Customs of War on Land*，signed at The Hague，18 October 1907，reprinted in *Schindler and Toman*，pp. 66-82；《海牙规则》，附于《关于陆战法律与习惯的第四公约》或《海牙第四公约》之后

Henckaerts and Doswald-Beck

     J.-M. Henckaerts and L. Doswald-Beck，with contributions from C. Alvermann，K. Dörmann and B Rolle，*Customary International Humanitarian Law*，3 vols.，CUP，2005

HPCR   Program on Humanitarian Policy and Conflict Research，Harvard University

Ibid.   同上注（引文）

ICC   International Criminal Court；国际刑事法院

ICJ   International Court of Justice；国际法院

ICLQ   International and Comparative Law Quarterly；《国际法与比较法季刊》

ICRC   International Committee of the Red Cross；红十字国际委员会

ICTR   International Criminal Tribunal for Rwanda，United Nations；卢旺达国际刑事法庭或卢旺达刑庭

ICTY   International Criminal Tribunal for the former Yugoslavia，United Nations；联合国前南斯拉夫国际刑事法庭或前南刑事法庭

ILC Yrbk   *Yearbook of the International Law Commission*

ILM   International Legal Materials

ILR   nternational Law Reports

IMT   International Military Tribunal sitting at Nuremberg，Germany

IMTFE   International Military Tribunal for the Far East sitting at Tokyo，Japan

Institut   Institut de droit international

IRRC   International Review of the Red Cross；《红十字国际评论》

J ICJ   Journal of International Criminal Justice

IMT Charter

> *Charter of the International Military Tribunal*，annexed to the *Agreement for the Prosecution and Punishment of the Major War Criminals of the European Axis*，signed at London，8 August 1945；《国际军事法庭宪章》

Lieber Code

> *Instructions for the Government of Armies of the United States in the Field*，prepared by Francis Lieber，promulgated as General Orders No. 100 by US President Lincoln；《利伯法典》

LJIL　　　　Leiden Journal of International Law；《莱顿国际法杂志》

LNTS　　　　League of Nations Treaty Series；《国际联盟条约集》

LON　　　　League of Nations；国际联盟

LRTWC　　　The United Nations War Crimes Commission，*Law Reports of Trials of War Criminals*（London：HMSO，1949），15 vols. ；《战争罪犯审判法律报告》

MPEPIL（Them. Ser）

> The Max-Planck Encyclopedia of Public International Law：The Law of Armed Conflict and the Use of Force，under the direction of F. Lachenmann and R. Wolfrum，Thematic Series Vol. 2，OUP，2017

Op. cit.　　　上引书（或文）

Oppenheim's International Law，7th edn. ，vol. ii

> *Oppenheim's International Law：A Treatise*，7th edn. ，ed. by H. Lauterpacht，vol. ii (Disputes，War and Neutrality)，Longman，1952

OUP　　　　Oxford University Press

PCIJ　　　　Permanent Court of International Justice

Pictet，Development

> J. Pictet，*Development and Principles of International Humanitarian Law*，Martinus Nijhoff，1985

RdC　　　　*Recueil des cours*（Collected Courses of the Hague Academy of International Law），Martinus Nijhoff Publishers

Roberts and Guelff

> *Documents on the Laws of War*，3rd edn. ，OUP，2000

Rome Statute

        Rome Statute of the International Criminal Court，1998；《罗马规约》

SCSL   Special Court for Sierra Leone；塞拉利昂特别法庭

San Remo Manual

        L. Doswald-Beck（ed.），*San Remo Manual on International Law Applicable to Armed Conflict at Sea*，CUP，1995；《圣雷莫海战法手册》

Sassòli, Bouvier and Quintin

        Marco Sassòli，Antoine Bouvier，Anne Quentin，*How does Law Protect in Law?（Cases，Documents and Teaching Materials on Contemporary Practice in International Humanitarian Law）*，3rd edn.，ICRC，2011，3 vols.

Schindler and Toman

        Dietrich Schindler and Jiri Toman（eds.），*The Laws of Armed Conflicts: A Collection of Conventions，Resolutions and Other Documents*，4th revised and completed edition，Martinus Nijhoff Publishers，2004

Sect.   Section

TC   Trial Chamber；审判庭

TWC   *Trials of War Criminals before the Nuremberg Military Tribunals under Control Council Law No. 10*，US Government Printing Office，1949-1953，15 vols.

UK Manual

        The Manual of the Law of Armed Conflict，the UK Ministry of Defence，OUP，2004；英国国防部，《武装冲突法律手册》

UN   United Nations

UNCLOS   *United Nations Convention on the Law of the Sea*，1982

UNGA   United Nations General Assembly

UNSC   United Nations Security Council

UNTS   United Nations Treaty Series；《联合国条约集》

UNWCC   United Nations War Crimes Commission；联合国战争罪委员会

US Field Manual
        The Manual of Land Warfare，FM 27-10，US Department of the Army，18 July 1956（as amended 15 July 1976）

YIHL   Yearbook of International Humanitarian Law；《国际人道法年刊》

YJIL   Yale Journal of International Law

【 】   本作者注（为减少引用长度，有些引用资料中的文字会被略去，但为了明白起见，会通过"【 】"中的文字加以说明）

案 件 目 录

13. Eritrea/Ethiopia Claims Commission, *Prisoners of War, Ethiopia's Claim 4 (Ethiopia/Eritrea)*, Partial Award of 1 July 2003.

14. Eritrea Ethiopia Claims Commission, *Partial Award: Western Front, Aerial Bombardment and Related Claims, Eritrea's Claims* 1, 3, 5, 9-13, 14, 21, 25 & 26 *(Ethiopia/Eritrea)*, 19 December 2005.

15. *Ex parte Quirin et al.*, 317 US 1, 30-1 (1942), US Supreme Court.

16. *Fisheries Case (UK v. Norway)*, Judgment, ICJ Rep. (1951) 116.

17. *Golder*, the (1975), 57 *ILR* 201, ECHR.

18. *Göring et al.*, International Military Tribunal at Nuremberg, Judgement of 1 October 1946, 41 *AJIL* (1947) 172; *The Trial of German Major War Criminals. Proceedings of the International Military Tribunal sitting at Nuremberg, Germany*, Part 22 (22nd August 1946 to 1st October 1946), HMS Stationary Office, 1946, p. 411.

19. *Hamdan v. Rumsfeld*, 548 US 1; 415 F. 3d 33; 126 S. Ct. 2749; 2006 U.S. LEXIS 5185.

20. *In re Yamashita*, 327 U.S. 1 (1946).

21. The Inter-American Commission on Human Rights, "Report on Terrorism and Human Rights", OAS Doc. No. OEA/Ser. L/V/II. 116; Doc. 5 rev. 1 corr, 22 October 2002: http://cidh. oas. org/Terrorism/Eng/toc. htm (last visit on 10 September 2019).

22. *Lauritzen et al. v. Government of Chile*, 23 ILR 708, Chilean Supreme Court, 19 December 1955.

23. *Legal Consequences of the Construction of a Wall in the Occupied Palestinian Territory* (Advisory Opinion), ICJ Rep. (2004) 136.

24. *Legality of the Threat or Use of Nuclear Weapons* (Advisory Opinion), ICJ Rep. (1996), p. 226.

25. *Legal Consequences of the Construction of a Wall in the Occupied Palestinian Territory*, Advisory Opinion, ICJ Rep. (2004) 136.

26. *Legal Consequences of the Separation of the Chagos Archipelago from Mauritius in* 1965, Advisory Opinion, 25 February 2019, at: https://www. icj-cij. org/files/case-related/169/169-20190225-01-00-EN. pdf.

27. *Mara'abe v. Prime Minister of Israel*, Case No. HCJ 7957/04, Judgment, the Supreme Court of Israel, 15 September 2005, 45 *ILM* (2006).

28. *Trial of Lieutenant-General Kurt Maelzer*, US Military Commission, Florence, Italy, 14 September 1946, *LRTWC*, vol. XI, p. 53.

29. *Military Prosecutor v. Omar Mahmud Kassem and others*, Decision of 13 April 1969, Israeli Military Court sitting in Ramallah: *Sassòli, Bouvier and Quintin*, vol. ii, pp. 1070-1075.

30. *North Sea Continental Shelf Cases (Federal Republic of Germany/Denmark and The Netherlands)*, ICJ Rep. (1969) 3.

31. *Osman v. Prosecutor* (1969), British Privy Council, in: *Sassòli, Bouvier and Quintin*, vol. ii, pp. 928-936.

32. *Prosecutor v. Omar Hassan Ahmad Al-Bashir, Judgment in the Jordan Referral re Al-Bashir Appeal (Public Document)*, ICC-02/05-01/09 OA2, ICC Appeals Chamber, 6 May 2019.

33. *Prosecutor v. Ahmad Al Faqi Al Mahdi*, Case No. ICC-01/12-01/15 A, *Judgment on the appeal of the victims against the "Reparations Order"* (public; redacted).

34. *Prosecutor v. Jean-Paul Akayesu*, ICTR-96-4-T, Trial Judgment, 2 September 1998.

35. *Prosecutor v. Aleksovski*, Case No: IT-95-14/1-A, Appeal Judgment, 24 March 2000.

36. *Prosecutor v. Bagilishima*, ICTR-95-1A-T, Trial Judgment, 7 June 2001.

37. *Prosecutor v. Bagilishema*, Case No. ICTR-95-1A-A, Appeal Judgment (Reasons), 3 July 2002.

38. *Prosecutor v. Blagojević and Dragan Jokić*, Case No. IT-02-60-T, Trial Judgement, 17 February 2005.

39. *Prosecutor v. Blagojević and Dragan Jokić*, Case No. IT-02-60-A, Appeal Judgment, 9 May 2007.

40. *Prosecutor v. Blaškić*, Case No. IT-95-14-T, Trial Judgment, 3 March 2000.

41. *Prosecutor v. Blaškić*, Case No. IT-95-14-A, Appeal Judgment, 29 July 2004.

42. *Prosecutor v. Boškoski and Tarčulovski*, Case No. IT-04-82-A, Appeal Judgment, 19 May 2010.

43. *Prosecutor v. Deronjić*, IT-02-61-S, Sentencing Judgment, 30 March

2004.

44. *Prosecutor v. Delalić et al.*，IT-96-21-T，Trial Judgment，16 November 1998.

45. *Prosecutor v. Delalić et al.*，Case No. IT-96-21-A，ICTY，Appeal Judgment，20 February 2001.

46. *Prosecutor v. Thomas Lubanga Dyilo*，Case No. ICC-01/04-01/06-3121-Red，*Public redacted Judgment on the appeal of Mr Thomas Lubanga Dyilo against his conviction*，Appeals Chamber，1 December 2014.

47. *Prosecutor v. Erdemović*，Case No. IT-96-22-A，Appeal Judgement，7 October 1997.

48. *Prosecutor v. Fofana*，SLSC-2004-14-AR72 (E)，*Decision on Preliminary Motion on Lack of Jurisdiction Materiae: Nature of Armed Conflict*，25 May 2004.

49. *Prosecutor v. Furundžija*，Case No. IT-95-17/1-T，Trial Judgement，10 December 1998.

50. *Prosecutor v. Galić*，Case No. IT-98-29-T，Trial Judgement，5 December 2003.

51. *Prosecutor v. Galić*，Case No. IT-98-29-A，Judgment，ICTY AC，30 November 2006.

52. *Prosecutor v. Haradinaj*，Case No. IT-04-84-T，ICTY，Trial Judgment，3 April 2008.

53. *Prosecutor v. Kordić and Čerkez*，Case No. IT-95-14/2-A，Appeal Judgement，17 December 2004.

54. *Prosecutor v. Krnojelac*，Case No. IT-97-35-A，Appeal Judgement，17 September 2003.

55. *Prosecutor v. Krstić*，Case No. IT-98-33-T，ICTY，Trial Judgement，2 August 2001.

56. *Prosecutor v. Kunarac et al.*，IT-96-23&IT-96-23/1-A，Appeal Judgement，12 June 2002.

57. *Prosecutor v. Kupreskić et al.*，Case No. IT-95-16-T，Trial Judgement，14 January 2000.

58. *Prosecutor v. Musema*，ICTR-96-13-T，Trial Judgement，27 January 2000.

59. *Prosecutor v. Naletilić and Martinović* IT-98-34-T，Trial Judgement，31

March 2003.

60. *Prosecutor v. Ruggiu*，Case No. ICTR-97-32-I，Judgment and Sentence，1 June 2001.

61. *Prosecutor v. Rutaganda*，ICTR-96-3-T，Judgement and Sentence，6 December 1999.

62. *Prosecutor v. Sikirica，Došen and Kolundžija*，Case No. IT-95-8-S，Trial Judgement，13 November 2001.

63. *Prosecutor v. Simić et al.*，IT-95-9-T，Trial Judgement，17 October 2003.

64. *Prosecutor v. Strugar*，Case No. IT-01-42-T，Trial Judgement，31 January 2005.

65. *Prosecutor v. Tadić*，Case No. IT-94-1-AR72，*Decision on the Defence Motion for Interlocutory Appeal on Jurisdiction*，Appeals Chamber，2 October 1995.

66. *Prosecutor v. Tadić*，Case No. IT-94-1-T，Trial Judgment，7 May 1996.

67. *Prosecutor v. Tadić*，Case No. IT-94-1-A，Appeal Judgement，15 July 1999.

68. *Prosecutor v. Charles Ghankay Taylor*，Case No. SCSL-03-01-T，Trial Judgment，30 May 2012,审判庭刑事责任判决的全文可参见：http://www. sc-sl. org/LinkClick. aspx? fileticket＝k％2b03KREEPCQ％3d&·tabid＝10；审判庭刑罚判决的全文可参见：http://www. sc-sl. org/LinkClick. aspx? fileticket＝U6xCITNg4tY％3d&·tabid＝107.

69. *Prosecutor v. Charles Ghankay Taylor*，Case No. SCSL-03-01-A，Appeal Judgment，26 September 2013，http://rscsl. org/Documents/Decisions/ Taylor/Appeal/1389/SCSL-03-01-A-1389. pdf.

70. *Public Prosecutor v. Oie Hee Koi*，British Privy Council，4 December 1964，42 *ILR* 441.

71. *Public Prosecutor v. Oie Hee Koi and connected appeals*，British Privy Council，[1968] 2 *Weekly Law Reports* 715；[1968] AC 829.

72. *Re Christiansen* (1948)，Special Court，Netherlands，15 *ILR* 412.

73. *Reservations to the Genocide Convention* (Advisory Opinion)，ICJ Rep. (1953)，p. 15.

74. *Tokyo Trial*，the，in：R. John Pritchard and S. Zaide (eds.)，*The Tokyo War Crimes Trial：The Complete Transcripts of the Proceedings of the*

International Military Tribunal for the Far East，22 vols. ，Garland Publishing Inc. ，1981.

75. *Trial of Kurt Meyer (also known as the Abbaye Ardenne case)*，Canadian Military Court，Germany，10 to 28 December 1945，*LRTWC*，vol. iv，p. 97.

76. *Trial of Karl-Heinz Moehle*，British Military Court，Germany，15-16 October 1946，*LRTWC*，vol. ix，p. 75.

77. *Trial of Otto Sandrock and Three Others*，British Military Court for the Trial of War Criminals，Almelo，Holland，24th-26th November 1945，*LRTWC*，vol. 1，p. 35.

78. *Trial of Yamashita*，US Military Commission at Manila，7 December 1945，*LRTWC*，vol. iv，p. 1.

79. *R. v. West London Coroner*，*ex p. Gray*，[1988] QB 467，Divisional Court.

80. *US v. Lindh*，212 Suppl. 2nd，541 (2002).

81. *US v. Otto Ohlendorf et al.*（the Einsatzgruppen Trial），*TWC*，vol. iv.

82. *US v. Skorzeny et al.*，*LRTWC* vol. ix，p. 90.

83. *US v. Wilhelm von Leeb et al.*（the "German High Command Trial"），1947—1948，*TWC*，vol. xi；*LRTWC*，vol. xii.

84. *US v. Wilhelm von List et al.*（the "Hostages Trial"，1947—1948），*TWC*，vol. xi；*LRTWC*，vol. viii.

85. *Zamora*，the，[1916] 2 AC 77，British Privy Council.

目　　录

第一章　概念、历史沿革、性质

扩 展 阅 读

International Committee of the Red Cross (ICRC), *Commentary on the Geneva Conventions of 1949*, 1952—1958; reprint 1994—1995; ICRC, *Commentary on the Additional Protocols of 1977 to the Geneva Conventions of 1949*, ICRC, 1987; S. Nahlik, "A Brief Outline of International Humanitarian Law", 38 *IRRC* (1984), pp. 187-226; J. Pictet, *Development and Principles of International Humanitarian Law*, Martinus Nijhoff Publishers, 1985; H. McCoubrey, *International Humanitarian Law*, 2nd edn., Manchester University Press, 1998; H. Durham and T. McCormack (eds.), *The Changing Face of Conflict and the Efficacy of International Law*, Martinus Nijhoff, The Hague, 1999; J. Keegan (ed.), *The Book of War*, Viking, 1999; L. C. Green, *The Contemporary Law of Armed Conflict*, 2nd edn., Manchester University Press, 2000; I. Detter, *The Law of War*, 2nd edn., CUP, 2000; H. Levie, "History of the Law of War on Land", 82 *IRRC* (2000), pp. 339-350; A. Roberts and R. Guelff (eds.), *Documents on the Laws of War*, 3rd edn., OUP, 2000; F. Kalshoven and L. Zegveld, *Constraints on the Waging of War*, 3rd edn., ICRC, 2001; J. Carey, W. Dunlap, and R. Pritchard (eds.), *International Humanitarian Law: Origins*, Transnational Publishers, 2003; F. Bugnion, "The Role of the Red Cross in the Development of International Humanitarian Law", 5 *Chicago Journal of International Law* (2004), pp. 191-216; A. P. V. Rogers, *Law on the Battlefield*, 2nd edn., Manchester University Press, 2004; D. Schindler and J. Toman (eds.), *The Laws of Armed Conflicts*, 4th revised and completed edition, Martinus Nijhoff, 2004; J. -M. Henckaerts and L. Doswald-Beck, *Customary International Humanitarian Law*, ICRC and CUP, 2005, 3 vols; S. Neff, *War and the Law of Nations: A General History*, CUP, 2005; M. Sassòli, A. Bouvier and A. Quintin, *How does Law Protect in*

War？ ICRC，3rd edn.，2011，3 vols；D. Thürer，"International Humanitarian Law：Theory，Practice，Context"，338 *RdC*（2008），pp. 9-370；G. Solis，*The Law of Armed Conflict*，CUP，2010；D. Fleck（ed.），*The Handbook of Humanitarian Law in Armed Conflicts*，OUP，3rd edn.，2013；N. Melzer，*International Humanitarian Law：A Comprehensive Introduction*，ICRC，2016；R. Kolb and R. Hyde，*An Introduction to International Humanitarian Law*，CUP，2017；M. Sassòli，*International Humanitarian Law：Rules，Solutions to Problems Arising in Warfare and Controversies*（Principles of International Law series），Edward Elgar，2019.

王铁崖等编：《战争法文献集》，解放军出版社，1986 年；俞正山主编：《武装冲突法》，军事科学出版社，2002 年；中央军委法制局编：《中华人民共和国军事法规汇编：1949—2002》，解放军出版社，2002 年；王可菊主编：《国际人道主义法及其实施》，社会科学文献出版社，2004 年；王战平主编：《最高人民法院特别军事法庭审判日本战犯纪实》第二版，人民法院出版社/法律出版社，2005 年；亨克茨和多斯瓦尔德-贝克：《习惯国际人道法：规则》，法律出版社，2005 年。

一、概　　念

（一）基本概念

国际人道法是规范战争或武装冲突对敌对方或第三国的个人所造成影响的规则体系[1]，它既规范、保护相关个人的权利，还有条件地保护财产。这里的"个人"可以是对方的平民或军人、伤者或病者，抑或俘虏。国际人道法的具体规则包括条约和习惯法，主要体现在以下规则之中：1）1949 年 4 个《日内瓦公约》、1977 年针对上述四公约通过的两个附加议定书，以及 2005 年针对上述四公约所作第三议定书的规则；2）1899 年和 1907 年两次海牙和平会议所订立的《海牙公约》系列和相关声明中规范作战手段和方法及对被占领地区进行治理的规则。

　　1　M. O'Connell，"Historical Development and Legal Basis"，in：*D. Fleck*（*ed.*），*Handbook*，pp. 11-12.

（二）国际人道法、战争法、武装冲突法

1. 战争法

"战争法"是这一领域里法律规则的传统称谓[2]；在中世纪的欧洲，它指代的是"军事法"（*jus militare*）[3]。格劳秀斯（Grotius）在 1625 年出版了《战争与和平法》（*De jure belli ac pacis*）一书，其中就包含战争法规。从概念角度来说，战争法是与"和平法"相对应的法律体系。长久以来，战争被国家视作保证其实体权利得到尊重的自助手段，也是一种事实状态，即武装敌对状态[4]。尽管在国际实践中，对"战争"从未有过清晰的、法律上的定义，但基于以往的实践和理论，可以认为：战争的存在表现为要么有宣战的行为，要么敌对行动事实上持续存在。战争与和平之间存在诸多阶段的这一事实，一直困扰着国际法学者和实务界，他们也一直在寻找一个合适的法律框架，来处理和平到战争到和平这一变化过程的多变性所带来的法律争议。

19 世纪末以来，国际大环境的根本变化使得战争法的范围和内容发生了相应变化。首先，自 20 世纪 20 年代起，战争作为解决国家之间争端的手段不再具有合法性，这也使得宣战这一行为的合法性受到质疑[5]。1945 年通过的《联合国宪章》进一步确定了战争的非法性。其次，传统的战争概念（即主权国家间才存在战争），已经无法准确地描述 1945 年后发生的各种类型的武装暴力行为[6]，因为其中许多战争都没有经过事前正式宣战的步骤。自"武装冲突"（armed conflict）一词首次出现在 1949 年《日内瓦公约》和 1954 年《在武装冲突中保护文化财产公约》[7]中后，它很快被广泛接受、使用。再次，国际人道法不再局限于规范国际性武装冲突，其适用被扩展至非国际性武装冲突之中[8]，原因是在 1945 年后，国内武装冲突成为能够产生国际性效果的使用武力的主要形式；而与 1945 年之前相

2　L. Green, *The Contemporary Law of Armed Conflict*, 2nd edn., Manchester University Press, 2000, p. 15; *Henckaert and Doswald-Beck*, vol. i, p. xxv.

3　G. Draper, "The Status of Combatants and the Question of Guerilla Warfare", 45 *BYIL* (1971), pp. 173-218, at 173.

4　M. Whiteman, *Digest of International Law*, U.S. Government Printing Office, 1968, vol. 10, pp. 1-5：引用了不同学者的观点。

5　I. Brownlie, *International Law and the Use of Force by States*, OUP, 1963,第五章。

6　K. Holsti, *Peace and War: Armed Conflicts and International Order 1648-1989*, CUP, 1991, pp. 272-278.

7　1954 年 5 月 14 日在荷兰海牙缔结，全文参见《联合国条约集》，第 249 卷，第 216 页起。

8　参见 1949 年四个《日内瓦公约》的共同第三条。

比，国家间战争的发生几率在明显降低[9]，总之，国际人道法逐渐渗透到世界各地的战争或武装冲突中。

前南刑庭上诉庭在"塔迪奇"（*Tadić*）案中就注意到这一国际公法分支在称谓上的发展。在考察《前南斯拉夫国际刑事法庭规约》第3条关于战争法或习惯的规定内容时，上诉庭指出：

> "'违反战争法或习惯'这一表述是在过去'战争'和'战争法规'概念仍归盛行时所使用的传统术语，之后其被两个更宽泛的概念取代：（i）武装冲突——主要是通过1949年《日内瓦公约》被引入；（ii）相关联的概念'国际武装冲突法'，或者较新近适用的、更综合性的概念'国际人道法'，其形成是人权法学说对武装冲突法影响的结果。"[10]

前南刑庭由联合国安理会所建立，依据《前南斯拉夫国际刑事法庭规约》来起诉、审判严重违反国际人道法的行为，后者在该规约下包括传统的战争犯罪和其他类别的犯罪[11]。这一事实本身就说明了上述所引用的上诉庭说法的正确性。

因此，这本教科书将使用"国际人道法"作为国际公法体系下一个部门法律制度的标准称谓[12]。

关于诉诸武力的规则及其在1945年后的重要变化已经在本教科书上卷"和平法"下第十五章中有所论述。需补充的是，除了《海牙公约》《日内瓦公约》及其附加议定书之外，国际人道法还包含着其他相关条约，在本卷的第六章和第九章中会提到。

2. 1949年《日内瓦公约》与1899年和1907年《海牙公约》所含规则的区别

这两个条约体系构成了国际人道法的主要内容。两个体系均以人道主义原则为基础，旨在抑制使用武装暴力的效果。《日内瓦公约》侧重于保护个人免受武装冲突的影响；而《海牙公约》的规则则主要针对国家间使用武力的方式和方法加以规制。

前南刑庭上诉庭在上述的1995年"塔迪奇"判决中指出："【联合国】秘书长同样正确地承认海牙规则比日内瓦公约包含的范围更广，因为前者不仅包括对于

9　L. Moir, *The Law of Internal Armed Conflict*, CUP, 2002, p. 1.

10　*Prosecutor v. Duško Tadić*, Case No. IT-94-1-AR72, 2 October 1995, ICTY AC, *Decision on the Defence Motion for Interlocutory Appeal on Jurisdiction*, para. 87.

11　《前南斯拉夫国际刑事法庭规约》（《前南法庭规约》）第2条以及第4、5条。

12　各国武装部队似乎更倾向于使用"武装冲突法"的说法；《海战法指挥官手册补充注释》，第279页（该页引用了1994年10月1日由美国参谋长联席会议颁布的联席会议指令3121.01；附录A《交战规则》）。

武装暴力中受害者(平民)或不再参与敌对行动的人员(战俘)及伤病员的保护,还包含有关敌对行为的规定。"[13]

不过,两个条约的区别并不意味着二者没有联系。国际法院在 1996 年就曾指出:"适用于武装冲突的这两个法律分支彼此紧密联系,逐渐发展成为一个复杂的体系,即当今所说的国际人道法。"[14]这一紧密联系在 1977 年通过的《日内瓦公约》附加议定书中就得到体现,比如:《第一附加议定书》中就包括了与两个条约的主旨同时有关的新规则;这一点本书将在之后的章节中有所介绍。

二、历史沿革

人类应当免受战争蹂躏的这一理念,在古代所有民族的传统和习俗中都可以找到痕迹[15]。此后理论上的分野,转向"使用战争手段解决争端时的法律与道德基础为何"这一问题,而这是个涉及何时才能使用武力的问题;至于使用武力过程中遵守什么规则,属于连带性问题。后一类规则,由于战争的持续存在,一开始就呈现出客观性、具有针对性的特点[16]。公元前 1400 年,埃及就与外国订立过关于战俘待遇的协定[17]。中世纪时,使用诸如十字弩等武器被拥有宗教和世俗权力的教会所谴责[18]。"骑士法则"也通过仲裁或者相关法庭的审理而得到适用。但直到 19 世纪后期,在"工业革命"所带来的技术使得战争显现出日益整体化、高烈度、深度破坏的趋势之后,国际社会才做出集体努力立法,意图使战争的过程和手段受到限制,更为人性化[19]。在 19 世纪中,战争作为当时国际关系的一个固有因素,逐渐"上升"并开创了一个新的国际法律制度[20],当时是基于"对等"原则被适

13　在判决中,前南刑庭上诉庭评述了联合国秘书长报告(S/25704)的第 43 段内容;在提交给联合国安理会讨论的这一报告中,包含了前南刑庭规约的草案。安理会在第 827 号(1993)决议中通过了该草案。

14　*Legality of the Threat or Use of Nuclear Weapons*, Advisory Opinion, ICJ Rep. (1996) 226, para. 75.

15　H. McCoubrey, *International Humanitarian Law*, 2nd edn., Manchester University Press, 1998, pp. 8-13; S. Neff, *War and the Law of Nations: A General History*, CUP, 2005, pp. 13-38.

16　由于 19 世纪中实证法学派日渐重要的影响,这两个特点在实践中得以强化:S. Neff,上引书,第 85~86 页。

17　Pictet, *Development*, pp. 7-8.

18　G. Draper, "The Interaction of Christianity and Chivalry in the Historical Development of the Laws of War", 5 *IRRC* (1965), p. 3.

19　D. Schindler, "International Humanitarian Law: Its Remarkable Development and its Persistent Violation", 5 *Journal of the History of International Law* (2003), p. 165.

20　S. Neff,上引书,第 177~214 页。

用于战时国家间关系[21]。

（一）19 世纪

"克里米亚战争"（1853—1856 年）结束后，巴黎和会发表了《巴黎海战法宣言》，旨在禁止私掠，保护未承载禁运品的中立船舶，以及使得海军封锁这一做法规范化[22]，但其中没有关于保护战争中个人权益的条款。这场战争还带来了极为负面的影响：由于缺乏医疗救护措施，战时极端的恶劣条件导致英法远征军将近83000 人死于疾病，而截肢患者的死亡率高达 72%[23]。个人在战争之中的悲惨处境逐渐成为公众舆论注意的焦点。

1859 年，在第二次"意大利统一战争"期间，瑞士商人亨利·杜南（Henry Dunant）到意大利北部旅行，目睹了意大利—法国联军与奥地利军队之间发生在索费里诺（Solferino）附近的一场战役的惨状。令他震惊的是，所有的伤员都没人照顾，于是他组织当地平民来照顾伤员，尽管如此，仍有 60% 的伤员死亡在战场上[24]。这段经历使杜南产生了创建一个专门致力于在战时为伤病员提供医疗服务组织的想法。之后他出版了《索费里诺的回忆》（*A Memory of Solferino*）一书[25]。1863 年，国际红十字委员会（ICRC）在日内瓦依照瑞士法律成立，杜南成为五个创建者之一[26]。不过，"国际红十字委员会"这一名称直到 1880 年才正式开始使用，直至今日[27]。

美国"南北战争"见证了《利伯法典》（*Lieber Code*）的诞生，其正式名称是《美国军队陆战管理条例》，由 F. 利伯起草、林肯总统于 1863 年 4 月 24 日颁发的第100 号军令所宣告的[28]。该法典对于后来 1899 年和 1907 年海牙和平会议制定陆

21　G. Abi-Saab, "The Specificities of Humanitarian Law", in: C. Swinarski（ed.）, *Studies and Essays on International Humanitarian Law and Red Cross Principles*, ICRC/Martinus Nijhoff Publishers, 1984, pp. 265, 266-267.

22　1 *AJIL*（1907）, Supplement, pp. 89-90.

23　Pictet, *Development*, p. 25.

24　同上。

25　Kolb and Hyde, *Introduction*, pp. 37-38.

26　F. Bugnion, "The Role of the Red Cross in the Development of International Humanitarian Law", 5 *Chicago Journal of International Law*（2004）, p. 192. Cf. S. Nahlik, "A Brief Outline of International Humanitarian Law", 38 *IRRC*（1984）187, at 189.

27　Nahlik, 上注，第 190 页。

28　*Schindler and Toman*, p. 3 (Instructions for the Government of Armies of the United States in the Field). 还可看看：Q. Wright, "The American Civil War, 1861-1865", in: R. Falk（ed.）, *The International Law of Civil War*, The John Hopkins Press, 1971, p. 30.

战法规和惯例的公约体系有启发意义[29]。该法典共 157 条,包含多种规定,比如军事必要原则、对个人的保护和有关战俘、人质、游击队员、间谍、休战旗、休战和投降协定、内战以及叛乱等,反映了当时战争法发展的程度。当然,其中的某些规则已被现代国际法所摒弃,比如,第 17 条规定:"战争不独以武器实施。为加快对其的征服,对武装或未武装的敌方采用饥饿手段是合法的。"第 29 条提出:战争手段越有力,就越对人类有益;高烈度战争是短痛。第 67 条甚至规定:"国际法允许一主权政府向另一主权国家发动战争"。推行这些说法的行为在后来的国际实践中都带来难以估量的生命、财产的损失。

1864 年《改善战地武装部队伤者境遇的日内瓦公约》由 16 个国家签署,于 1865 年 6 月 22 日生效[30]。1864 年公约共 10 条,虽然没有序言阐明公约的宗旨和目的,但该公约的基本规则被之后的一系列日内瓦公约所继承,包括:不区分国籍地为伤员提供救助;医务人员、医疗机构及医疗队保持中立;使用白底红十字标识等。该条约直接影响了 1866 年的奥普战争(Austro-Prussian War),战争期间的普鲁士组织了战地医院和红十字组织,为伤者提供医疗照顾;1885 年塞尔维亚和保加利亚之间的冲突中,双方均适用了该公约,使得战争结束时的死亡率下降至 2‰[31]。该条约被后来的 1906 年、1929 年和 1949 年的《日内瓦公约》修订。1864 年日内瓦公约是国际法发展历史上第一个规定限制使用武力和保护战时医务和宗教人员的公约,为国际人道法的发展奠定了基础。

特别值得注意的还有 1868 年的《圣·彼得堡宣言》(*St. Petersburg Declaration*),该宣言强调,战争之合法目的在于削弱敌人的军事力量,为此不得使用加重伤病员痛苦或造成其不可避免之死亡的武器,使用这些武器是违背人道法的。之后的实践证明,这份宣言与 1864 年《改善战地武装部队伤者境遇的日内瓦公约》一起对国际人道法基本原则的形成具有决定性的影响。

(二)1899 年和 1907 年的海牙和平会议

1899 年,在俄罗斯沙皇尼古拉斯二世的倡导下,26 个国家齐集荷兰海牙通过了一系列公约和宣言,为"海牙法"的成型奠定了基础,这也是历史上第一次以有约束力之条约形式编撰而成的战争法。1907 年,第二次海牙和平会议在美国总统的倡导下召开,会议除修订了 1899 年第二公约和《关于禁止从气球上投掷投射

29　G. Draper,上引文章,45 *BYIL* (1971) 173, p. 179.

30　*Schindler and Toman*, p. 365.

31　Pictet, *Development*, p. 31.

物的宣言》外，还通过了另外 10 个关于陆战和海战行为的公约，每个公约中都包含着一个"普遍参加条款"(si omnes)，即：若参与战争的某一方不是公约缔约方，则公约对所有交战方失去拘束力[32]。

在 1899 年和 1907 年的文件中，最重要的是《陆战法规和惯例公约》及其规范陆战行为的附件[33]。该公约还在序言里提到了后世称为"马尔腾斯条款"(Martens Clause)的原则：

> "在颁布更完整的战争法规之前，缔约各国认为有必要声明，凡属他们通过的规章中所没有包括的情况，居民和交战者仍应受国际法原则的保护和管辖，因为这些原则是来源于文明国家间制定的惯例、人道法规和公众良知的要求。"

"马尔腾斯条款"说明相关公约并没有排除习惯法的效力；无论各国与公约的关系如何，习惯法对所有国家均适用[34]。1907 年《海牙第四公约》第三条规定，"在需要时"，违反该公约所附规则的交战一方负赔偿责任；该公约第一条还规定，交战方应对自己军队的组成人员做出的一切行为负责，这为后来"指挥官责任"理论的发展提供了起点。当然，该公约并未涉及个人刑事责任的规定。

(三) 第一次世界大战

海牙和平会议制定的规则大部分为其后发生的世界大战的交战国所接受[35]，但战争中违反规则的现象并不少见。例如，交战国将敌方医务人员控制在战俘营来照顾战俘，从而违反了 1906 年《日内瓦公约》。战争结束后，有关国家组织了对涉嫌违反战争法的人员的审判。然而，这些审判无论是在实体正义还是程序正义的层次上都不令人满意。在"兰多福里城堡"(Llandovery Castle)案中，德国最高法院查明，德国海军第 86 号潜艇(U-boat 86)的指挥官帕齐格违背上级指示，命令用鱼雷攻击一艘英国医务船，且随后对其下属下达向沉没船舶的幸存者开炮的命令[36]。由于帕齐格的失踪，该案主要是认定与开火事件有关的两位在押值班军

---

32 比如 1907 年第四公约第二条、第六公约第六条。

33 1899 年的第二公约和 1907 年的第四公约，内容基本一致。1899 年公约的缔约国中有 18 个没有批准 1907 年公约：*Schindler and Toman*, at 55.

34 *Legality of the Threat or Use of Nuclear Weapons*, Advisory Opinion, ICJ Rep. (1996) 226, para. 78.

35 L. Green, *The Contemporary Law of Armed Conflict*, Manchester University Press, 2nd ed., 2000, p. 70.

36 L. Friedman, *The Law of War*, vol. i, p. 868, at 870 and 878.

官的责任问题。因此,实施开火是帕齐格的责任,主要罪责归咎于指挥官帕齐格,被告只是服从、执行了他的命令[37]。尽管德国政府在判决后惩罚了本案的被告,但其他国家很难接受该审判足以为受害者伸张正义或维护国际法的权威。

(四) 第二次世界大战后的军事审判

"二战"结束后,盟国在其占领的德国和日本领土上建立了军事法庭,审判战争罪、破坏和平罪、反人道罪以及与犯罪组织相关的罪行(东京审判不包括最后一种犯罪)。对后来国际法发展至关重要的审判先例产生于以下几个法庭:1)纽伦堡国际军事法庭;2)远东国际军事法庭;3)根据盟国治理委员会第 10 号法令(Control Council Law No. 10)建立的 12 个美国军事法庭所作出的判决。这些审判确定了国际人道法和国际刑法的诸多规则,涉及诸如反人道罪、指挥官责任、侵略罪和文职官员对战争罪和反人道罪的责任等问题。这些判决还确立了另一国际刑法的重要原则:个人的官方地位不能免除其在国际法下的刑事责任[38]。

《国际军事法庭宪章》及其判决所体现的"纽伦堡原则",在 1946 年 12 月 11 日联合国大会通过的第 95(Ⅰ)号决议中得到确认,该审判的历史遗产体现在这些原则之中。1950 年,联合国国际法委员会依照联大决议第 177(Ⅱ)号的规定,从宪章和判决中总结出七个原则[39]。但是,这些原则在"冷战"已经开始的背景下,很快就成为联合国成员国间争论的焦点,从而导致国际法委员会对国际刑法的编纂与发展的努力陷于停顿[40]。

"二战"的经验也暴露了 1929 年《日内瓦公约》在保护医务人员和战俘方面的不足。虽然该条约删掉了原来的"普遍参加条款"[41],但对于把敌方医务人员扣留于战俘营的做法没有效果,而且,在此公约下,缔约方经协议可以剥夺俘虏的战俘地位(正如被德国占领军控制下的法国和比利时籍囚犯所受的待遇)。更糟糕的是德国和俄国的战俘所遭遇的厄运,因为苏联不是 1929 年公约的缔约国,所以,两国都没有承担公约的义务,结果每三个在苏联被拘的德国战俘中就有一个死在

37　L. Friedman, *The Law of War*, vol. i, p. 880, and 882.

38　《远东国际军事法庭宪章》第六条;《国际军事法庭宪章》第七条。

39　*Report of the International Law Commission Covering its Second Session*, 5 June—29 July 1950, UN Doc. A/1316, pp. 11-14.

40　R. Lee, "Introduction: The Rome Conference and its Contribution to International Law", in R. Lee (ed.), *The International Criminal Court: The Making of The Rome Statute*, Kluwer Law International, 1999, pp. 1, at 2-4.

41　1899 年和 1907 年《陆战法规和惯例公约》第二条都包含这一条件。关于这一要求发展的讨论参见:F. Kalshoven, *Arms, Armaments and International Law*, 191 RdC (1985), pp. 292-294.

当地，而每五个在德国控制下的俄国战俘中就有三个死在德国[42]。

（五）1949 年《日内瓦公约》

"二战"刚结束，国际人道法规则就得到修订，这一成果体现在四个多边条约之中。修订的努力起因于 1929 年日内瓦会议，该会议设想在未来的会议中更广泛地规范战时医用飞机的使用，并准备起草保护处在交战国领土上或被占领地上的敌国平民的公约；未来会议预期在 1940 年召开，但由于 1939 年"二战"的爆发未能实现。"二战"结束后，在起草四个日内瓦公约时，红十字国际委员会充分地考虑了"二战"的经验教训；在 1949 年 4 月 12 日至 8 月 12 日举行的日内瓦外交会议上，其提交的草案得到与会的 63 个国家代表通过、接受。

这些条约具有以下几个特征。第一，四个条约的共同第二条，规定了这些条约适用于所有缔约国的相互关系中。第二，条约当然适用于处于冲突中的所有缔约国，但冲突中的非缔约国也可以接受并且适用这些条约的规定。第三，在冲突中条约的所有缔约国必须在彼此关系中遵守条约的规则，不管是否存在冲突一方不是这些条约的缔约国的情况[43]；这一规定取代了《海牙公约》[44]和 1906 年《日内瓦公约》中的"普遍参加条款"。第四，四个条约采纳了"战争"之外"武装冲突"这一新用语。第五，游击队员在支持正规军作战时，被视为类似于民兵和志愿军事组织，且这一规定的适用被扩展至被占领地区[45]。第六，四个条约均包含着共同第三条，适用于非国际性武装冲突。第七，每个条约中都有一个标志性条款，规定缔约国有权起诉和惩罚严重违反条约的个人，不问其国籍[46]，这一条款在事实上规定了缔约国的普遍管辖权。

（六）1977 年附加议定书

1949 年后，国际社会多次呼吁对国际人道法进行修订。1968 年，在伊朗德黑兰召开的红十字会国际大会通过了武装冲突中有关人权的第 XXIII 号决议。红十字国际委员会也于 1973 年 6 月散发了针对 1949 年《日内瓦公约》而起草的两个

42　Pictet, *Development*, p. 37.

43　1949 年《日内瓦公约》的共同第二条。

44　1907 年《海牙第四公约》第二条规定："本公约第一条所指'规则'以及公约条款，只在缔约国之间适用，且只有在交战方全部都是公约缔约国时才适用。"这反映了 1899 年《海牙第二公约》第二条的规则。两个第二条只在措辞上有所不同。

45　这一新规则也是基于"二战"的经验教训，因为战时的游击队员在被俘后基本不受国际法的保护。

46　第一公约，第 49 条；第二公约，第 50 条；第三公约，第 129 条；第四公约，第 146 条。

附加议定书的草案[47]。1974 年至 1977 年期间,瑞士政府就此召集外交会议,超过107 个与会国在 1977 年 6 月 8 日通过了上述两个议定书。这一轮编撰谈判中争论的焦点,是尽可能准确地定义"武装部队"以及武装冲突结束后战俘遣返问题。

这两个议定书只对《日内瓦四公约》的缔约国开放签字(第一议定书第 92 条;第二议定书第 22 条)或加入(第一议定书第 94 条;第二议定书第 24 条)。截至2019 年 10 月,第一议定书和第二议定书的缔约国分别有 174 个和 168 个[48]。中国在 1983 年 9 月 14 日成为两个议定书的缔约国,而美国则均未参加[49]。

一般的看法是,这两个议定书关注的是特定的情况,而非特定的人群,而且对1949 年《日内瓦四公约》有所修订[50]。

(七) 20 世纪 90 年代早期的发展

前南斯拉夫地区的武装冲突(1992—1995 年)又一次使得国际人道法成为国际关系的焦点。联合国安理会于 1993 年 2 月通过第 808 号决议,之后在 5 月通过第 827 号决议,建立了前南斯拉夫国际刑事法庭,起诉、审判自 1991 年以来严重违反国际人道法的个人。第 808 号决议决定建立一个国际刑事法庭,而第 827 号决议正式宣告该法庭成立,并规定了法庭管辖权开始的日期是 1991 年 1 月 1 日,而结束日期留待以后确定[51]。

1994 年在卢旺达境内发生的种族灭绝事件同样得到安理会的回应:1994 年11 月,安理会通过第 955 号决议建立了卢旺达国际刑事法庭;中国在表决中弃权。该法庭的管辖范围包括 1994 年 1 月 1 日至 12 月 31 日期间发生在卢旺达境内的灭绝种族和严重违反国际人道法的行为。

(八) 罗马规约

《国际刑事法院的罗马规约》(简称"《罗马规约》")是国际人道法编撰历史上的另一个里程碑。1998 年 6 月 15 日到 7 月 17 日之间,联合国在意大利罗马召开外交会议,在会议结束时,120 个国家投票支持该条约文本,21 个国家弃权,美国、以

47　*Commentary on APs*,pp. xxxi-xxxii.

48　https://www. icrc. org/en/war-and-law/treaties-customary-law/geneva-conventions(访问于 2019 年 6 月 30 日)。

49　参见美国总统提交参议院同意的建议:《海战法指挥官手册补充注释》,第 306 页。

50　M. Sassòli, *International Humanitarian Law*,Elgar,2019,pp. 38-39.

51　法庭于 2017 年 12 月 21 日正式结束了其使命和存在,剩余工作由"余留机制"代理。

色列、中国和其他四个国家投了反对票[52]。该规约建立的管辖权包含了国际人道法下最严重的国际罪行，展示了国际社会旨在"结束这些罪行的实施者不受惩罚进而实现防止罪行再次发生的决心"[53]。

（九）国际人道法现状

在 20 世纪 90 年代出现的混合性质国际法庭同样适用国际人道法规则[54]，比较典型的例子是"塞拉利昂特别法庭"（The Special Court for Sierra Leone）。2002 年塞拉利昂政府和联合国共同建立该法庭，并授权它审判自 1996 年 11 月 30 日在塞拉利昂境内对实施的严重违反国际人道法和塞拉利昂法律的行为负最大刑事责任的个人。法庭规约在 2002 年 1 月 16 日，塞拉利昂政府和联合国联合通过法庭规约[55]，规约第三条规定，特别法庭有权对实施或命令他人实施严重违反 1949 年 8 月 12 日《关于保护战争受害者的日内瓦公约》共同第三条及其 1977 年 6 月 8 日《第二附加议定书》的行为人提出起诉，这些违法行为包括：对人的生命、健康和身心安康施以暴力，特别是谋杀以及诸如酷刑、残伤肢体或任何形式的体罚等虐待；集体处罚；劫持人质；恐怖主义行为；损害个人尊严，特别是侮辱性和有辱人格的待遇、强奸、强迫卖淫及任何形式的猥亵行为；抢劫；未经具有文明社会公认为必需的司法保障的正规组织的法庭宣判，径行判罪和处决；威胁实施上述任何行为。该规约第 4 条规定，特别法庭有权起诉实施下列严重违反国际人道法行为的人：故意命令攻击平民人口或未直接参加敌对行动的个别平民；故意命令攻击依照《联合国宪章》执行人道主义援助或维持和平行动，且根据国际法享有给予平民和民用物体的保护的人员、设施、物资、单位或车辆；征募不满 15 岁的儿童加入武装部队或组织，或利用他们去实际参与敌对行动。

目前，与塞拉利昂前交战派系有关系的 11 人已经受到特别法庭的起诉，包括利比里亚前总统查尔斯·泰勒。他们被控告犯有战争罪、违反人道罪和其他严重违反国际人道法的罪行，特别包括：谋杀、强奸、灭绝、恐怖行为、奴役、抢劫和焚烧、性奴役、征募儿童参加武装部队，以及袭击联合国维和人员和人道工作者及其他人员。"泰勒案"的一审判决已经在 2012 年 5 月 18 日公布，审判庭认为对他的

52　R. Lee，上引书，p. 26，n. 48.

53　《罗马规约》前言。

54　R. Mackenzie, C. Romano, Y. Shany and Ph. Sands, *The Manual on International Courts and Tribunals*, 2nd edn. , OUP, 2010, Part III.

55　Http://www. sc-sl. org/scsl-agreement. html（浏览于 2018 年 9 月 12 日）；2013 年，法庭工作正式结束，剩余工作由塞拉利昂政府和联合国建立的"余留特别法庭"来承担。

11 项指控全部成立,他作为从犯被判有罪,该庭于同年 5 月 30 日宣布给予他 50 年监禁的惩罚[56]。2013 年 9 月 26 日,上诉程序结束,上诉庭一致决定维持一审刑期[57]。

国际人道法在当今的其他国际性事件中也同样发挥着重要作用。2004 年 7 月 9 日国际法院对"巴勒斯坦被占领土修建隔离墙的法律后果"问题发表咨询意见[58],其中就对人道法与人权法的关系作出重要分析。联合国大会在 2003 年 12 月 8 日的第十次紧急特别会议上通过了第 ES10/14 号决议,要求国际法院对下列问题发表咨询意见:

> "考虑到国际法规则和原则,包括 1949 年《日内瓦第四公约》以及安全理事会和大会的有关决议,如秘书长报告所述,占领国以色列在包括耶路撒冷及周围地带的被占领巴勒斯坦领土构筑隔离墙有何法律后果?"

在请求发表这一咨询意见过程中,"阿拉伯国家联盟"代表在 2003 年 10 月 9 日要求安理会立即召开会议,审议"以色列不断违反国际法包括国际人道法的行为,并对此采取必要措施"[59]。国际人道法在整个事件中的相关性是显而易见的。在咨询意见第 106 段中,国际法院指出:

> "法院认为,人权条约所提供的保护在武装冲突中并未消失,除非受《公民与政治权利公约》第四条下刻减规则的影响。就国际人道法与国际人权法的关系而言,存在着三种情况:某些权利可能专属国际人道法规范,其他可能专属人权法规范,而又有些属于这两个部门法同时规制。为回答法院所面临的问题【联大提出的咨询问题】,法院将考虑这两个国际法部门法的内容,即:人权法和作为'特别法'的国际人道法。"

国际法院的上述判断是在考虑本案的适用法问题时做出的。它回答了人权法在武装冲突中的适用性问题,也指出了国际人道法在这种情况下作为"特别法"的地

---

[56] *The Prosecutor v. Charles Ghankay Taylor*, Case No. SCSL-03-01-T,审判庭刑事责任判决的全文可参见:http://www. sc-sl. org/LinkClick. aspx? fileticket=k%2b03KREEPCQ%3d&tabid=10;审判庭刑罚判决的全文可参见:http://www. sc-sl. org/LinkClick. aspx? fileticket=U6xCITNg4tY%3d&tabid=107。

[57] 参看:Case No. SCSL-03-01-A, http://rscsl. org/Documents/Decisions/Taylor/Appeal/1389/SCSL-03-01-A-1389. pdf(浏览于 2019 年 5 月 30 日)。

[58] *Legal Consequences of the Construction of a Wall in the Occupied Palestinian Territory*, Advisory Opinion, ICJ Rep(2004)136.

[59] 阿拉伯叙利亚共和国常驻联合国代表给安全理事会主席的信,2003 年 10 月 9 日,S/2003/973。

位[60]。因此，在两个部门法同时适用时，人权法作为一般法的相关部分，在必要时需让位国际人道法。

"9·11"事件之后，美国最高法院曾审理过的重要案件 *Hamdan v. Rumsfeld et al.* 也涉及人道法的问题[61]。本案中，一位也门公民在2001年涉及美国、阿富汗的武装冲突中被捕，美国军方将他转移至关塔那摩基地。2002年，美国军事委员会对其进行了审判，指控其犯有军事委员会管辖权下的"共谋罪"，被告不服提起申诉，主张军事委员会无管辖权；美国联邦法院支持了他的申诉，并查明其拥有战俘地位，享受1949年《日内瓦第三公约》即"战俘公约"的保护，并且认定军事委员会的设立违反了1949年《日内瓦公约》共同第三条。华盛顿特区联邦上诉法院推翻了上述判决，认为《日内瓦公约》不具有司法上的可执行性；而美国最高法院推翻了上诉判决并将案件发回重审，理由之一就是最高法院认为《日内瓦公约》共同第三条适用于本案，后者禁止未经"正常情况下【建立】的法庭"宣判而对被告径行判决和定罪，在本案中"正常情况下【建立】的法庭"应当是美国法律体系中的普通军事法庭，而非军事委员会。

在2003年3月美国对伊拉克发动的武装冲突中，交战双方均提及国际人道法。例如，美国依照《日内瓦第三公约》指控伊拉克虐待美国战俘，而伊拉克政府则指控美国使用不分皂白的轰炸方式导致附带平民伤亡[62]。安理会于2003年5月22日根据《联合国宪章》第七章通过第1483号决议，呼吁所有相关各方遵守其在国际法下特别是1949年《日内瓦四公约》和1907年《海牙第四公约》附带的《海牙规则》下的义务。在此背景下，《海牙第四公约》和《日内瓦第三公约》随着伊拉克领土冲突情势的展开发挥着越发显著的作用[63]。

从上可见，国际上的武装冲突也包含着对法律条文的精确理解，并借此通过权威意见来解决争端。过去的二十年里，随着世界范围内武装冲突数量的增加，国际人道法作为限制武装冲突烈度的重要法律手段的价值也与日俱增，其适用范围随着当今世界情形的发展而不断扩展[64]。相应的变化也体现在人道法基本条约里，比如，2005年12月8日日内瓦外交会议通过的《日内瓦四公约》的第三附

---

[60]　此前的发展，参看：D. Schindler，"The Different Types of Armed Conflicts according to the Geneva Conventions and Protocols"，163 *RdC* (1979)，pp. 155-156.

[61]　548 US 1; 415 F. 3d 33; 126 S. Ct. 2749; 2006 U. S. LEXIS 5185.

[62]　S. Murphy, *United States Practice in International Law* (2002-2004)，vol. 2，CUP，2005，pp. 344-345.

[63]　参见本卷第七章。

[64]　H. Münkler，"The wars of the 21st century"，85 *IRRC* (2003)，No. 849，pp. 7，19-21.

加议定书,在第二条里确立了又一个红十字识别标志:"红水晶"或"第三议定书标志",截至 2019 年 10 月,该议定书已有 76 个缔约国[65]。该议定书前言特别强调,对人道法保护的个人与物体不取决于是否带有此类标志,而且这类标志"无意承载任何宗教、民族、种族、地域或政治意义",目的在于保护标志的中立性[66]。另外,在战争手段方面,近些年来针对规则和实践的发展比较明显,这将在下面第五章里有进一步讨论。

三、国际人道法的性质

(一) 国际人道法为何存在?

武装冲突作为人类历史的阶段而存在,在 19 世纪成为一个不可回避的事实[67],那么通过国际人道法对其进行限制将具有永恒价值。该法律体系的目的不在于阻止这类冲突的发生,而是要减轻和降低其给人类带来的痛苦程度,对不再参加战斗的人员、平民、财产施予特定保护。这一套法律不仅为政府及其武装部队所遵守,叛乱或类似的团体及武装冲突的其他参与方也均要遵守。这一领域里的主要条约甚至要求即使是非缔约国在某些情形下也受条约条款的约束。

(二) 国际人道法的特点

国际人道法有四个一般性特点。第一,国际人道法与诉诸战争权(*jus ad bellum*)不重合,相互也不影响[68]。第二,其适用不受武装冲突性质的影响,在武装冲突中普遍适用,所以战争的合法性与非法性不是人道法适用的前提条件[69]。第三,其目的并不禁止武装冲突一方通过合法的战争手段战胜敌人,而是强调尽量保护个人的权益,约束战争手段的使用。第四,它的适用有一个假定:武装冲突

65　议定书原文以及批准情况,参见:https://ihl-databases. icrc. org/ihl/INTRO/615? OpenDocument。本议定书与 1977 年的两个附加议定书一样,只对《日内瓦四公约》的缔约国开放签字(议定书第八条)或加入(议定书第十条)。

66　伊斯兰国家倾向于使用"红新月"标志,伊朗放弃了使用"红狮与太阳"标志,以色列还在使用"红大卫值"——尽管很多国家反对,所以第三议定书才建立了"红水晶"标志,与现有的标志一起供各国选择使用:M. Sassòli, *International Humanitarian Law*, Elgar, 2019,第 243～245 页。

67　S. Neff, *War and the Law of Nations: A General History*, CUP, 2005, pp. 177-191, 357-358.

68　参见本教科书上卷第十六章。

69　D. Thürer, "International Humanitarian Law": Theory, Practice, Context, 338 *RdC*(2008)9, pp. 46-48.

的各方之所以诉诸武力，是为了实现某种合理的目标。

（三）国际人道法在国际公法中的地位

应该注意的是，国际人道法具有国际公法的诸多特征，其研究与适用的方法或许多基本概念都取自国际公法。所以，对国际人道法内容的经典论述主要是由诸如 H. 劳特派特等公法学者所撰写的，且红十字国际委员会的出版物也是遵循了国际公法渊源的理论收集资料，并依照国际公法的方法论去分析、梳理条约、习惯法[70]。这一共通的认知方式决定了本卷的方法论，所以，国际人道法作为国际公法的组成部分，是在特定时间即武装冲突时适用的规则体系，国际公法的方法论同样适用于国际人道法的研究和实践。重要的国际司法机构（如国际法院）会在涉及使用武力的案件中援引国际人道法。前南斯拉夫国际刑事法庭和卢旺达国际刑事法庭惯常依赖国际法院的判决，来解决习惯法或条约中包含的可适用法律的解释问题。另一方面，如果不研究国际人道法，那么对国际公法的研究和理解是不完整的。可以这样说，国际人道法是国际公法的一个特殊领域，且多数规则都是习惯法规则，有些已达到"强行法"的高度[71]。

（四）传统问题

武装冲突一开始，战时法（*jus in bello*）就开始适用。就这部分规则而言，名称从"战争法"到"国际人道法"的改变并没有使其摆脱传统问题。这些传统问题在今天实践中仍有价值，本卷内容也反映了这一现实。为方便起见，在此对这些传统问题作一概要介绍，实体规范在必要时将在后续章节中加以考虑。

第一，中立国的权利与义务是一个重要问题，它们是国际人道法的组成部分。例如，如果受伤人员被遗弃在中立国，或是交战国部队在中立国避难，而该中立国是《日内瓦第三公约》与《日内瓦第四公约》缔约国，那么该中立国可以依照条约规定将其拘留，并应确保他们不会再加入战斗。但中立法内容与实践范围较宽[72]，限于本卷篇幅，在此将不作详细的解读。

第二，本书不讨论"捕获法"问题[73]。这部分法律主要规定对敌国商船可由军舰捕获，而经捕获法院裁决后，对此类船舶的没收才具有最终效力。这种形式的

---

[70] *Sassòli，Bouvier and Quintin*，vol. i，pp. 153-154.

[71] 比如：*Prosecutor v. Kupreskić et al.*，Case No. IT-95-16-T，Trial Judgment，14 Jan. 2000，para. 520.

[72] M. Bothe，"The Law of Neutrality"，in：*D. Fleck (ed.)*，*Handbook*，pp. 549-580.

[73] S. Rowson，"Prize Law during the Second Waorld War"，24 *BYIL* (1947)，pp. 160-215.

捕获已为确立的国际法规则所承认[74]，许多国家在捕获程序方面都有明确的规则[75]。事实上，在武装冲突期间，只要是政府船舶或其他经授权的船舶就可以实施捕获行为，交战国就有义务设立捕获法院或类似法院，这是一项公认的习惯规则。《海牙第十二公约》规定设立的国际捕获法院，在某种程度上是捕获案件的上诉法院，但由于缺乏对该公约的支持而未能建立[76]。关于捕获程序的国内规则，只有符合国际法才是有效的。英国的实践似乎是把捕获法院当作适用国际法的国际法庭[77]，这一套规则本质上是国际法规则，因此，国内捕获法院直接适用国际法而不需要等待立法机构将其转化为国内法规则。

第三，"非常征用权"（angary）的概念是：为了攻击与防卫的目的，交战国在必要时有权破坏或使用在本国或敌国领土内或是公海上的中立国财产[78]。非常征用权的对象包括《海牙规则》第 53 条列出的所有类别，该条同时也确立了行使非常征用权须对任何损害给予赔偿的义务。此项权利与征用并没有太多差别；相反，实践表明，这是一种征用方式[79]。除了介绍该概念外，本卷对相关实践不予讨论。

第四，"战争对条约的影响"是联合国国际法委员会的一个议题，截至 2011 年，委员会已经结束起草工作，将草案提交给了联合国大会[80]。这里对该问题也不予深入讨论[81]。

第五，除提及《海牙规则》第 36 条至第 41 条外，对于"停战"这一机制也不予专门介绍[82]。

74　*Oppenheim's International Law*，7th edn.，vol. ii，pp. 483-484.

75　Ibid.，p. 870 and 871.

76　*Schindler and Toman*，p. 1093. 该公约从未生效。

77　*The Zamora* [1916] 2 AC 77，British Privy Council.

78　*Oppenheim's International Law*，7th edn.，vol. ii，p. 761.

79　*Lauritzen et al. v. Government of Chile*，Chilean Supreme Court，19 December 1955，23 *ILR* 708 at 727.

80　联合国大会在 2004 年 12 月决定将该议题纳入国际法委员会工作计划；国际法委员会在 2005 年发布了第一份报告与条款草案；2011 年，委员会通过了 18 条规则以及一份附件的草案（参看：*Yearbook of the International Law Commission*，2011，vol. II，Part Two），并提交联大讨论。2017 年 12 月，联大通过决议第 72/121 号，决定将此草案留待未来合适时机再作处理。

81　经典著作参看：A. McNair，*War and Treaties*，Clarendon Press，1940.

82　简单说，当代人道法对"停战"的理解已经超越了其早期的含义，停战（armistice）现在处于"停战"（truce 或 ceasefire）和彻底和平之间，它也反映在协定中，意味着武装对抗已经结束，冲突方无意在任何情况下再重启敌对行动。可参看：H. Levie，"The Nature and Scope of the Armistice Agreement"，50 *AJIL* （1956），pp. 880-906；Y. Dinstein，*War，Aggression and Self-Defence*，6th edn.，CUP，2017，pp. 44-51.

第六,除在此提及《海牙规则》第 32 条至第 34 条外,关于使用"停战旗"的相关规则不予专门介绍。

四、国际人道法与人权法的区别

(一) 人权法的性质与简要回顾

尽管人权法领域的规则主要是在"二战"之后发展起来的,但在此之前,人们对人权并非一无所知。1864 年与 1929 年的《日内瓦公约》对伤病者及战俘的待遇做出规定;1919 年 6 月 28 日订立的《凡尔赛和约》下的《国际联盟盟约》规定了"委任统治"制度,其基本原则是:"此等人民之福利及发展成为文明之神圣信托,此项任务之履行应载入本盟约"。此外,与东欧及巴尔干国家的和平条约均纳入了保护少数民族权利的条款。依据《凡尔赛和约》第 13 部分,国际劳工组织于 1919 年在日内瓦成立,旨在改善工作条件[83]。

习惯法对海盗与奴隶也早有规定,之后体现于 1926 年 9 月 25 日《禁止奴隶买卖和奴隶制公约》,该公约于 1927 年 3 月 9 日生效,在 1953 年修订,现有缔约方 99 个[84]。

但是,人权法的显著发展是在"二战"之后,先后产生了三代人权:第一代人权是公民与政治权利;第二代是经济、社会与文化权利;以及后来出现的"第三代"人权,也被称为"集体性"或"团体性"权利,诸如和平权、发展权、健康环境权[85]。然而,这些权利是否取得了习惯法地位或构成现行人权法的一部分,尚不明确。事实上,应谨慎考虑这些原则,尽管这些原则本身可能是值得赞赏的目标,但不应认为它们能超越或替换已被普遍接受的公民、政治、经济、社会与文化权利。无论在历史起源还是法律意义方面,这种集体性权利与个人权利都是截然不同的。人民自决权也是一项重要的、习惯法下的权利[86]。

---

83 它在 1946 年成为联合国组织的第一个专门性机构。

84 《联合国条约集》,第 212 卷,第 17 页:https://treaties. un. org/Pages/ViewDetails. aspx? src＝IND&mtdsg_no＝XVIII-2&chapter＝18&clang＝_en (浏览于 2019 年 6 月 8 日)。

85 I. Brownlie, *Principles of Public International Law*, 7th edn. , OUP, 2008, p. 567.

86 *Legal Consequences of the Separation of the Chagos Archipelago from Mauritius in 1965*, Advisory Opinion, 25 February 2019, paras 142, 151-161, at: https://www. icj-cij. org/files/case-related/169/169-20190225-01-00-EN. pdf (浏览于 2019 年 5 月 19 日)。法院在第 161 段中指出:自决权规则在 1965 年—1968 年之间已经是国际法的一部分。

《联合国宪章》(简称"《宪章》")在人权领域发挥着引领标杆的作用。《宪章》序言宣称,联合国决心"重申基本人权,人格尊严与价值,以及男女与大小各国平等权利之信念",这构成了建立联合国组织的基本价值之一。作为联合国宗旨之一,第一条也规定了"促成国际合作,以解决国际间属于经济、社会、文化及人类福利性质之国际问题,且不分种族、性别、语言或宗教,增进并激励对于全体人类之人权及基本自由之尊重"。

联合国体系下诞生的人权文件对国际人道法的发展具有重大影响。1948年12月10日的《世界人权宣言》虽然不是法律文件,却含有构成一般法律原则或代表基本人道考虑的条款。作为解释《联合国宪章》条款的权威指南,这一宣言被赋予重要价值;该宣言也被国际法院与欧洲人权法院在判决中参照引用[87]。截至2019年5月,《灭绝种族罪公约》已有151个缔约国[88],其条款已被纳入《前南国际刑庭规约》《卢旺达国际刑庭规约》《罗马规约》。国际法院在"《灭绝种族罪公约》保留问题"咨询意见中指出,灭绝种族罪"震撼了人类的良知,是人性的严重泯灭……与道德规律、联合国的宗旨与目的相悖"[89]。在之后的一个案件中,国际法院认为,该公约中的权利义务具有"针对一切人适用"(erga omnes)的特性[90]。

在国际司法机构适用国际人道法过程中,1966年《公民权利和政治权利国际公约》具有重要影响。该公约规定的权利与典型社会问题密切相关,涉及个人的自由与安全、法律面前平等、公正审判,等等。具有同等影响的还有《禁止酷刑和其他残忍、不人道或有辱人格的待遇或处罚公约》,该条约在1984年12月10日由联合国大会第39/46号决议通过,开放签署、批准与加入[91],截至2019年5月,已有166个缔约国[92]。按照"富荣基雅案"[93]与引证该案的"阿尔—阿德萨尼案"的判断[94],禁止酷刑已被确认为国际强行法规则,前者涉及酷刑和其他不人道待遇

[87] *Case concerning United States Diplomatic and Consular Staff in Tehran*, ICJ Rep. (1980) 3, para. 91; ECHR: the *Golder* case (1975), 57 *ILR*, pp. 201, 216-217.

[88] At: https://www. un. org/en/genocideprevention/genocide-convention. shtml(浏览于2019年6月15日)。原文参看:《联合国条约集》,第78卷,第277页。

[89] ICJ Rep. (1953), pp. 15, 23.

[90] *Case concerning Application of the Convention on the Prevention and Punishment of the Crime of Genocide* (Bosnia and Herzegovina v. Serbia and Montenegro), Judgment (preliminary objections), ICJ Rep. (1996) 595, 615.

[91] 《联合国条约集》,第1465卷,第85页。

[92] At: https://treaties. un. org/Pages/ViewDetails. aspx? src = TREATY&mtdsg _ no = IV-1&chapter=4&clang=_en.(浏览于2019年2月5日)。

[93] Case No. IT-95-17-1/T, Trial Judgment, 10 Dec. 1998, para. 144.

[94] EHRR, Judgment of 11 Nov. 2001, para. 61.

的严重国际人道法的行为，一审判决认为，"鉴于所保护价值的重要性，该原则已发展为强制规则或强行法，此种规则在国际法体系中具有比条约法甚至'一般的'的习惯规则具有更高的地位"[95]。

（二）人权法与国际人道法规则的关系

人权法与国际人道法规则间的差别可简要归纳如下。首先，两者有各自的适用时期：战争期间或和平期间，但由于最近实践的发展，这种区分已经消失。在"威胁使用或使用核武器的合法性"咨询意见中，国际法院拒绝承认这种区分[96]，并在"在巴勒斯坦被占领土修建隔离墙的法律后果"咨询意见中予以重申[97]。其次，国际人道法不限于对个人的保护，还延伸至对财产与环境的保护。最后，国际人道法的实施机制包括国家、为实施国际人道法而特设的国际司法机构。人权法的实施依赖于国家履行、国际层面的监督机构，以及区域性人权法院。从强制执行的机构角度来看，两类规则似乎保持了彼此间的界限。

另一方面，两者的相同点和互补的方面不断增加，联系日益密切[98]。粗略比较，即可发现两者间的相同点。

首先，两者的基本前提在很大程度上是相同的，都源于人道原则[99]。比如，联合国大会在 1968 年以 110 票赞成、0 票反对通过的题为"武装冲突中对人权之尊重"的第 2444（XXIII）号决议，就肯定了国际人道法与人权法共有的几项原则，包括："（a）冲突各方采取方法以伤害敌人之权并非无限制者；（b）对于平民以其为平民而施以攻击之行为应予禁止；（c）必须时将参与敌对行为之人与平民两者划分，俾使后者尽量免受伤害。"

其次，在武装冲突与占领情形下，人权法对国际人道法加以补充[100]。国际法院在"威胁使用或使用核武器的合法性"咨询意见中指出，1966 年《公民权利和政治权利国际公约》在战时并不停止适用，各方仍应遵守该公约第四条规定的条

---

[95]　Trial Judgment of 10 Dec. 1998，para 153.

[96]　ICJ Rep. （1996）226，para. 25.

[97]　ICJ Rep. （2004）136，para. 106.

[98]　Cf. T. Hadden and C. Harvey, "The law of internal crisis and conflict", 81 *IRRC* （1999），No. 833，p. 119；D. Thürer,"International Humanitarian Law: Theory, Practice, Context", 338 *RdC* （2008），chapter 3.

[99]　R. Provost, *International Human Rights and Humanitarian Law*，CUP, 2002, pp. 26-27.

[100]　Cf. D. Momtaz, "Le Droit International Humanitaire Applicable aux Conflits Armés non Internationaux", 292 *RdC* （2001），pp. 9 at 34-37.

件[101]。国际法院认为该公约适用于以色列所占领土内的居民,因为以色列官员或其代理人的所有行为都会影响公约所保护的权利[102],而且,

> "同样值得注意的是,被以色列占领的领土已有37年置于作为占领国的以色列的领土管辖之下。据此行使权力的过程中,以色列也应遵守《经济、社会和文化权利国际公约》的规定。"[103]

最后,两者在国际刑事程序中互为补充。在前南国际刑庭的实践中,不论在程序层面还是实体层面,引用人权法规则的频率都是很高的。例如,在"富荣基雅案"中,审判庭就"强奸是否是酷刑"的问题指出,"人权领域的国际条约规则强化了国际人道法中在武装冲突中禁止酷刑的规范"[104];判决第144段还指出,禁止酷刑是人权法中的绝对权利,在紧急情势下也不得克减。为了定义酷刑,审判庭参照了1984年《禁止酷刑公约》,其理由是:该定义反映了酷刑问题上的习惯法,在前南国际刑庭与卢旺达国际刑庭的实践中应予适用[105];所作的上述论述中,对平时与战时未作区分。此外,关于《前南国际刑庭规约》中"不人道"罪行的表述,前南国际刑庭在"库普莱斯基奇等人案"中指出:

> "关于'其他不人道行为'的解释,相对集中的参照标准是国际人权规范,诸如《世界人权宣言》(1948)、联合国1996年两项国际人权公约的规定。总结这些文件的各种规定,可以确认属于人的一组基本权利,符合相关情形时,对这些权利的侵犯将构成反人道罪。"[106]

这一论点是针对国际人道法对此问题表述的模糊而发。审判庭并没有拘泥于两个法律体系的区别,相反,它大胆地从既有国际人权文件中寻求解释的依据。这一做法得到前南国际刑庭上诉庭的肯定:"并非任何伴有必备企图的行为达到迫害程度就构成反人道罪""只有对基本人权的大量或公然践踏才满足这一标准"[107]。

在程序方面,《前南国际刑庭规约》第21条完全体现了《公民权利和政治权利

---

101 ICJ Rep. (1996) 226, para. 25.

102 *Legal Consequences of the Construction of a Wall in the Occupied Palestinian Territory*, Advisory Opinion, 9 July 2004, ICJ Rep. (2004) 136, paras. 107-111.

103 Ibid., para. 112.

104 IT-95-17/1-T, Trial Judgment, 10 Dec. 1998, para. 143.

105 Ibid., para. 159.

106 *Prosecutor v. Kupreskić et al.*, IT-95-16-T, Trial Judgment, 14 Jan. 2000, para. 566.

107 *Prosecutor v. Blaškić*, IT-95-14-A, Appeal Judgment, 29 July 2004, para. 139.

国际公约》的规定。

五、国际人道法与中国的关系

中国与国际人道法的联系有相当长的历史，并作为战胜国之一参加了"二战"后举行的东京审判[108]。之后，针对"二战"中日本占领军在中国领土上犯下的战争罪和反人道罪，在中国领土上组织了一系列军事审判，大致时间跨度是 1928 年至1945 年。据统计，在这些年间中国所受的损失总和，以 1946 年时美元比价估计，达 350 亿美元[109]。对于中国人民来说，东京审判以及中国领土上的军事审判是重要的历史事件。中国的参与体现在如下两个方面。其一，中国派员参加了东京审判的法庭和检控处工作。其二，东京审判的判决书中对日本侵华战争给予相当篇幅的记载，原因是"二战"中诸多日本政治、军事要人发迹于侵略中国[110]，且日本侵华战争本身就是判决书中涉及的战争罪和反人道罪的重要证据[111]。东京审判的判决书所适用、厘清的原则成为中国战后军事审判的指南[112]。

东京审判期间与之后，在中国南京也开始了对日本乙级和丙级战犯的军事审判，所适用的法律包括国际法和审判战犯的特别法律（后者公布于 1946 年 10 月23 日）[113]。这些审判的判决指出，所涉罪行违反了 1907 年《海牙第四公约》所附规则的第 4、23 条（3）、23 条（7）、28 条、46 条和第 47 条的规则，以及 1929 年《有关战俘待遇的日内瓦公约》的第 2 条、第 3 条[114]。

中华人民共和国成立以后，最高人民法院于 1956 年 4 月在沈阳和太原建立了特别军事法庭，来审理几类日本战犯的罪行[115]。特别军事法庭的适用法是全国人大常委会与 1956 年 4 月 25 日通过的《关于处理在押日本侵略中国战争中犯罪

108　梅汝傲著：《远东国际军事法庭》，法律出版社 2005 年版，第 36～37 页。

109　姜良芹、郭必强编辑：《赔偿委员会调查统计》，见于：张宪文主编：《南京大屠杀史料集》（第 22卷），江苏人民出版社 2006 年版，第 10 页。

110　N. Boister and R. Cryer, *The Tokyo International Military Tribunal: A Reappraisal*, OUP, 2008, pp. 10-11.

111　Ibid., pp. 144, 192-192.

112　梁西主编：《国际法》（第二版），武汉大学出版社 2003 年版，第 528 页。

113　United Nations War Crimes Commission, *Law Reports of Trials of War Criminals* (1949), vol. 14, 152-60.

114　胡菊荣编：《南京审判》，见于：张宪文主编：《南京大屠杀史料集》（第 24 卷），江苏人民出版社2006 年版，第 395 页。

115　王战平主编：《最高人民法院特别军事法庭审判日本战犯纪实》（第二版），人民法院出版社、法律出版社 2005 年版。

分子的决定》，该决定特别包括了"公然违背国际法准则和人道原则"的罪行[116]。审判结束时，45 名被告被判有罪[117]。

迄今为止，中国已批准了包括 1949 年《日内瓦四公约》和 1977 年两个附加议定书在内的主要人道法条约。下面以 1949 年的公约为例来说明。1949 年 12 月 10 日，中国成为四个《日内瓦公约》的签字国，并于 1956 年 12 月 28 日批准了这四个公约，同时作出了一系列保留。这些保留全文如下：

"1. 针对在 1949 年 8 月 12 日《改善战地武装部队伤者病者境遇的日内瓦公约》第 10 条下被拘留的伤者、病者或者医务人员及随军牧师，中华人民共和国不承认在该条之下由拘留国所提出的、由中立国或人道组织来承担保护国所承担作用的请求的有效性，除非这一请求得到了受保护人本国政府的同意。

2. 针对在 1949 年 8 月 12 日《改善海上武装部队伤者病者及遇难者境遇的日内瓦公约》第 10 条下被拘留的伤者、病者或者医务人员及随军牧师，中华人民共和国不承认在该条之下由拘留国所提出的、由中立国或人道组织来承担保护国所承担作用的请求的有效性，除非这一请求得到了受保护人本国政府的同意。

3. 针对 1949 年 8 月 12 日《关于战俘待遇的日内瓦公约》第 10 条下的战俘，中华人民共和国不承认在该条之下由拘留国所提出的、由中立国或人道组织来承担一个保护国所承担作用的请求的有效性，除非这一请求得到了受保护人本国政府的同意。关于第 12 条，中华人民共和国认为：最初的战俘拘留国在将战俘移送至本公约的另一缔约国看管期间，并不因此免除其遵守公约的责任。关于第 85 条，针对该条下规定的战俘拘留国根据纽伦堡和东京军事法庭审判战争罪和反人道罪过程中所确立的原则而订立的国内法，进而予以定罪的战俘的待遇问题，中华人民共和国不受该条款约束。

4. 尽管 1949 年 8 月 12 日《关于战时保护平民的日内瓦公约》不适用于敌占领土之外的平民，从而无法完全满足人道主义的要求，但是它还是体现了被占领土上和其他情形下平民的利益，因此批准本公约，并作出如下保留：关于第 11 条，中华人民共和国不承认在该条之下由拘留国所提出的由中立国或人道组织来承担保护国所承担作用的请求的有效性，除非这一请求得到了受保护人本国政府的同意。关于第 45 条，中华人民共和国认为最初的受

116　同注释 115，第 2 页。

117　王战平主编：《最高人民法院特别军事法庭审判日本战犯纪实》（第二版），人民法院出版社、法律出版社 2005 年版，第 306～336 页，第 472～481 页，第 631～646 页，第 701～704 页。

保护人拘留国将被保护人移送至本公约的另一缔约国看管期间，并不因此免除其遵守公约的责任。"

有关中国对于国际人道法条约的履行，有必要提及《中华人民共和国国防法》[118]，该法第 67 条规定：中华人民共和国在对外军事关系中遵守同外国缔结或者加入、接受的有关条约和协定。这些条约包含《日内瓦四公约》和两个附加议定书在内的诸多重要条约。尽管没有特定证据表明这些条约已经分别转化为中国法律的一部分，第 67 条规定使得中国武装部队在采纳政策和命令时须考虑中国在相关条约下承担的义务[119]。

中国一直积极支持国际人道法的施行。其一，中国政府支持了前南斯拉夫国际刑事法庭的建立，对安理会第 808 号和第 827 号决议投了赞成票。其二，在参加联合国安理会关于"武装冲突中平民问题"的系列讨论中，中国政府所表达的对国际人道法的态度是一致的[120]。2004 年 12 月 14 日，在安理会第 5100 次会议上，中国代表认为，武装冲突中平民的保护问题日益得到国际关注，联合国机构对此也作出很大努力，在减轻武装冲突中平民的境遇发挥积极作用[121]。但是，中国代表认为，在许多情况下，平民的困境并没有得到有效的改善，国际社会在确保满足平民居民的基本需要方面仍需要付出更多努力，因此，中国代表强调冲突各方都应遵守国际人道法并履行保护平民的义务。2006 年 12 月 4 日，中国常驻联合国代表在安理会指出，保护平民的责任主要取决于武装冲突中各方政府，在协助冲突各方时，国际社会以及其他非冲突方应当避免绕开冲突方而进行干涉[122]。其三，中国政府还支持安理会通过有关或涉及国际人道法的决议，包括：1)旨在保护武装冲突中新闻记者和其他媒体的第 1738 号决议(2006 年 12 月 23 日)；2)消除恐怖主义活动对国际和平与安全的威胁的第 2462 号决议(2019 年 3 月 28 日)[123]；3)保护身处武装冲突中的平民的第 2475 号决议(2019 年 6 月 20 日)[124]，等等。

21 世纪初，中国政府批准红十字国际委员会在北京设立东亚地区代表团的申请，该机构自 2006 年开始工作。

118　1997 年 3 月 14 日全国人民代表大会通过，中华人民共和国国家主席于同一天颁布：中央军委法制局编：《中华人民共和国军事法规选编》(1949—2002)，解放军出版社 2002 年版，第 85 页。

119　《联合国条约集》，第 260 卷，第 438～444 页。

120　比较：中国代表在 2004 年 6 月 21 日发表的声明，《中国国际法年刊》(2004)，第 442～443 页。

121　UN Press Release, S/8267: http://www. un. or/News/Press/docs/2004/sc8267.

122　S/PV. 5577, pp. 7-8.

123　S/PV. 8496, 28 March 2019.

124　S/PV. 8556, 20 June 2019.

第二章 法律渊源

扩展阅读

A. Cassese, "The Spanish Civil War and the Development of Customary Law", in A. Cassese (ed.), *Current Problems of International Law*, Giuffre, 1975, pp. 287-318; T. Meron, "The Geneva Conventions as Customary Law", 81 *AJIL* (1987), pp. 348-370; T. Meron, *Human Rights and Humanitarian Norms as Customary Law*, OUP, 1989; C. Bruderlein, "Customs in International Humanitarian Law", 31 *IRRC* (1991), No. 285, pp. 579-595; B. Cheng, *General Principles as Applied by International Courts and Tribunals*, CUP, 1993; 李浩培,《国际法的概念和渊源》, 贵州人民出版社, 1994 年; M. Byers, *Custom, Power and Power of Rules*, CUP, 1999; T. Meron, "The Humanization of Humanitarian Law", 94 *AJIL* (2000), pp. 239-278; A. Cassese, "The Martens Clause in murder or other cases arising from armed conflict", in: S. H. Yee and T. Y. Wang (eds.), *International Law in the Post-Cold War World*, Routledge, 2001, pp. 77-95; J. Gardam, "The Contribution of the International Court of Justice to International Humanitarian Law", 14 *LJIL* (2001), pp. 349-365; J.-M. Henckaerts and L. Doswald-Beck, *Customary International Humanitarian Law*, ICRC and CUP, 2005, 3 vols; I. Brownlie, *Principles of Public International Law*, OUP, 7th edn., 2008, chapter 1; H. Thirlway, *The Sources of International Law*, OUP, 2014; M. Shaw, *International Law*, 8th edn., OUP, 2017, chapter 3.

一、渊源概说

《国际法院规约》第 38 条列举了国际法的渊源, 原文如下:

"一、法院对于陈述各项争端, 应依国际法裁判之, 裁判时应适用:

(一) 不论普通或者特别的国际协定, 确立诉讼当事国明白承认之规条者。

（二）国际习惯，作为通例之证明而经接受为法律者。

（三）一般法律原则为文明各国所承认者。

（四）在第五十九条规定下，司法判例及各国权威最高之公法学家学说，作为确定法律原则之补助资料者。

二、前项规定不妨碍法院经当事国同意本'公允及善良'原则裁判案件之权。"

国际人道法的实质渊源和形式渊源这一问题，其实是国际公法下同一学说的延伸[1]。国际人道法的实质渊源和形式渊源，也可以比照国际公法做出类似的区分。在国际公法下，两种渊源的区别正如费茨摩里斯所言，"（它们的）本质区别在于，（实质渊源）引起了法律内容（的变化），（形式渊源）则赋予该内容以法律的强制性特征"。这同样准确地描述了国际人道法的法律渊源。但正如下面讨论所示，人道法在这个问题上有自己的特点，而这些特点对公法渊源理论的影响还有待进一步思考。

（一）渊源等级

虽然上述第 38 条顺序列举了几种渊源，但是它并没有借此表明所列举渊源的位阶。在实际应用中，某种法律渊源会比其他几种更易于认定相关规则，从而得到实践的青睐。基本原则是：从第 38 条第一款所列举的前三个法律渊源中找到的规则具有同等的效力[2]。但司法判例和公法学家著作的重要性则被普遍认为低于前三个渊源，尽管从下面对实践的论述中不难发现，这里所讲的"低"并不是对这两个渊源准确的描述。

（二）"一般国际法"与习惯法

在实践和理论中，一般国际法常被视为与习惯法同义[3]，尽管这样有可能造成认知上的混乱[4]。在 2012 年到 2018 年间，联合国国际法委员会针对"确定习惯国际法"这一题目进行了研究，并在 2018 年完成了工作，向联大提交了一系列结

1　参见本书上卷第二章。

2　I. Brownlie, *Principles of Public International Law*, 7th edn., OUP, 2008, p. 5.

3　*North Sea Continental Shelf Cases*, Judgment of 20 Feb. 1969, ICJ Rep. (1969) 3, para 63（"条约中所载普遍性或习惯性法律下的规则与义务必然对国际社会所有成员均有效力"）。

4　A. Roberts and S. Sivakumaran, "The Theory and Reality of the Sources of International Law", in: M. Evans (ed.), *International Law*, 5th edn., OUP, 2018, pp. 89 at 92.

论和注释[5]。在结论一的注释中,委员会就注意到"一般国际法"与习惯法交叉使用的做法[6],并提及国际法院法官在个人意见中对此问题的论述[7]。本卷接受委员会选择的"习惯法"这一用法。

二、渊源一:条约

作为国际人道法渊源的条约,既有多边条约,也有双边条约。沿用本书上卷的理论,条约有以下几种:1)双边条约;2)创设基本规范的多边条约,或"造法性条约";3)创立国际机制的多边条约。关于2)和3),可以参考1949年《日内瓦公约》、1977年《附加议定书》和1998年的《罗马规约》。

可以说,双边条约成为国际法的渊源已是事实。1992年5月,波斯尼亚交战各方之间签订的条约可以证实这一观点。在1992年5月22日,波斯尼亚和黑塞哥维那共和国领土内发生冲突的各个派别达成了一项协议,协议的内容反映了这一系列国内武装冲突的特性,基本的参考点是1949年《日内瓦公约》共同第三条[8]。该条不仅阐述了规制国内冲突的规则,而且在其第三款中规定:经冲突中各方的同意,《日内瓦公约》中一般只适用于国际武装冲突的法条可以适用于本冲突之中。在协议中,A.伊泽特贝戈维奇(波黑共和国总统)的代表、R.卡拉季奇(波黑塞族民主党主席)的代表和M.布尔基奇(波黑克罗地亚民主共同体主席)的代表承诺遵守共同第三条中有关国内武装冲突的实体规则;此外,他们还同意依照共同第三条第三款的规则,适用《日内瓦公约》中有关国际性武装冲突的一些条款[9]。应当指出的是,仅就该协议而言,各当事方类似于传统意义上的交战方,或某种意义上的国家实体。在1992年10月1日,波黑冲突的当事方之间又签订了另一个协定,其第三条第一款规定:依据1949《日内瓦公约》的界定,没有被起诉

5　"Draft conclusions on identification of customary international law, with commentaries", in: *Yearbook of the International Law Commission* (2018), vol. II, Part Two (ILC Draft Conclusions).

6　Ibid., Conclusion 1, commentary (2).

7　*Certain Activities Carried Out by Nicaragua in the Border Area* (*Costa Rica v. Nicaragua*) *and Construction of a Road in Costa Rica along the San Juan River* (*Nicaragua v. Costa Rica*), Judgment, ICJ Rep (2015) 665, at p. 782 (separate opinion of Judge Donoghue, para. 2) and pp. 846-849 (separate opinion of Judge *ad hoc* Dugard, paras. 12-17).

8　Agreement No. 1, 22 May 1992, in: M. Mercier, Crimes *Without Punishment*, *Humanitarian Action in Former Yugoslavia*, East Haven, 1995, pp. 203-207.

9　Ibid., Art. 2, paras. 1-6.

严重违反国际人道法的个人，将全部被释放[10]。

以上协定反映了冲突各方的这一判断：虽然彼此间发生的是国内武装冲突，但鉴于这些冲突的规模，他们同意将《日内瓦公约》中只适用于国际武装冲突的某些条款扩展适用到当前情势中。红十字国际委员会也含蓄地接受了这一观点：正是基于委员会的邀请和主持，这些协定才能够达成[11]。对此，前南刑庭上诉庭指出：

> "在红十字国际委员会主持下签订的、有关波黑冲突的协定的当事方，已经明确承诺将惩罚违反国际人道法行为的责任人。因此，前面提到的1992年5月22日协定的第五条第二款规定，'每一缔约方都承诺，在被告知（尤其是通过红十字国际委员会）任何违反国际人道法的行为时，迅速展开调查并积极寻求真相，采取必要措施来制止违法行为并预防其再次发生，且依照现行法律惩罚责任人'"[12]。

上诉庭还指出："在审判庭和上诉庭面前，辩诉方和检控方已经就冲突各方所订立协议的适用问题提出了各自主张。因此，本法庭有必要对此问题发表意见。应当再次强调的是，起草者明确主张法庭应当适用习惯法的唯一原因就是为了避免在某一冲突当事方并非某一条约的缔约方时，违反'法无明文规定不为罪'原则……除了习惯法，本法庭还被授权适用满足以下条件的条约：（1）在罪行被指控时毫无疑问地适用于当事方，且（2）不冲突或减损国际法强制性规范，即国际人道法的大部分习惯规则。"[13]

上诉庭认为，由于这些协定的特定内容，使得违反其规则的行为落入法庭的管辖权之下，但是由于本案中对被告的指控并不包括违反这些协定的行为，所以，法庭没必要在此考虑是否依照协定行使管辖权的可能性[14]。

从某种角度来说，该判决是对国际文件或"准条约"效力的宽泛解释。那么，这样做是否有法律上的理由呢？在《国际法院规约》第38条第一款第a项下，国际条约作为法律渊源，可能是"普遍性"的，也可能是"特殊性的"，但是在实践和理

---

[10] *Prosecutor v. Tadić*, Case No. IT-94-1-AR72, *Decision on the Defence Motion for Interlocutory Appeal on Jurisdiction*, Appeals Chamber, 2 October 1995, Separate Opinion of J Abi-Saab, p. 6.

[11] *Prosecutor v. Tadić*, Case No. IT-94-1-AR72, *Decision on the Defence Motion for Interlocutory Appeal on Jurisdiction*, Appeals Chamber, 2 October 1995, para. 73.

[12] 同上，第136段。

[13] 同上，第143段。

[14] 同上，第144段。

论中对这两种归类都从来没有过权威的解释[15]。"普遍性条约应该是多边条约"这一假设没有太大争议,不过,"特殊性"条约指的是哪一种类型?

这里的看法是,条约可以被包括在双边或多边协定里面。此类协定可能并不反映习惯法,但它们可以被适用于正在进行的武装冲突的当事方之间,产生法律效力,因此,国际司法机构可以依据它们(作为国际法规则)获得管辖权。

上述的 1992 协定还有一个问题。这些协定是否属于 1969 年《维也纳条约法公约》中所指的"条约"?正如我们所知,根据《维也纳公约》第二条,"条约"是指国家间缔结的,并由国际法规制的国际协定,无论它是由单个还是多个文书组成,也无论其具体名称。波黑冲突中的各方并非都被承认为国家[16]。所以,这些具有法律效力的协定的性质是什么?

再有,也许这些(前)南斯拉夫社会主义联邦共和国的组成部分在 1992 年协定通过之前就受到《日内瓦公约》共同第三条或者其他规则的约束,因为该共和国解体前本身是上述四公约的缔约国[17],这些公约直接适用于该国的所有领土[18]。

但是如果上述冲突方通过订立新的、单独的条约来使这些规则在它们之间生效,这将带来完全不同的问题,因为这里的协定既不是国家间的协定,也不是条约。如果这样的双边协议可以为国际司法机构提供管辖权基础,那么做出这一判断的司法机构是否在"司法立法"?

此种协议,以及将来具有类似性质的协议,会带来国际法中一种新型条约吗[19]?国际人道法的终极目的是为了保护武装冲突中的受害者,这无疑具有创造新型条约或准条约的潜力。对这一问题,以后会在其他地方进行讨论。

---

15 A. Pellet,"Article 38", in: A. Zimmermann, C. Tomuschat, K. Oellers-Frahm, and C. Tams (eds.), *The Statute of the International Court of Justice*, 2nd edn., OUP, 2012, pp. 809-812.

16 比如:波黑"塞族共和国"的国家资格没有得到过国际承认: J. Crawford, *The Creation of States in International Law*, 2nd edn., OUP, 2006, pp. 406-407.

17 但波黑共和国还是通过宣言告知条约的保存方——瑞士政府,它将从前南共和国继承 1949 年四个《日内瓦公约》和 1977 年《附加议定书》: 33 *IRRC* (1993), p. 196.

18 参看 1978 年《有关条约的国家间继承的维也纳公约》,《联合国条约集》,第 1946 卷,第 3 页起,第 34 条。

19 类似协议存在于过去几十年间发生在非洲的武装冲突中,它们中的大部分都由红十字国际委员会促成,就像 1992 年波黑协定一样: C. Ewumbue-Monono, "Respect for international humanitarian law by armed non-state actors in Africa", 88 *IRRC* (2006), No. 864, pp. 905, 911-913.

三、渊源二：习惯法

习惯法有其客观和主观要件，即国家实践和法律信念或确信[20]。"普遍性实践"应当包括主要国家的一贯做法，这些国家的利益在特定情况下所受影响要大于其他国家[21]。此外，不存在任何规模可观的相反实践，与推定的规则不符，否则不符合"普遍性实践"的要求[22]。国际公法的理论在此领域里通用[23]。

至于"法律确信"，国际法院严格遵循了"荷花号案"判决[24]："即使已发现的少数司法判决足以证明本案中所提到的情形，这也只能证明，在实践中国家放弃启动刑事程序，但并不能证明这些国家承认自己有义务这样做；因为只有当这一放弃行为的基础是他们意识到自己有责任这样做时，才能谈到国际习惯的问题。这里所依据的事实并不容许推断国家已经意识到有这样的义务；另一方面，其他情势则证明，事实恰恰相反。"

（一）习惯法与条约的关系

对这个问题的讨论着重的是习惯法与条约的实体规则的关系，而不注重具体条约的程序规则，比如签署、批准、加入、修改或保管机构。这个问题有如下几个侧面需要点明。

首先，条约可以编纂习惯，或阐明既存的习惯法规则，或为其所包含的规则成为习惯法的过程奠定基础。在这里，条约成为证明习惯法规则的证据，也即实质渊源。它们的作用就是为法庭或者政府寻找习惯法规则提供材料。

其次，如"尼加拉瓜案"所示，就同一法律问题，习惯法和条约规则可以并存，且不互相替代[25]。

再次，要成为习惯法，条约规范必须在根本上具备创设规范或说"造法"的性质，并且由伴随着必要法律确信的、普遍性实践所支持。

20　*ILC Draft Conclusions*，Conclusion 2.

21　Ibid.，Conclusion 8 ("普遍性"被定义为：相关实践必须足够广泛、有代表性，并且有一贯性).

22　Ibid.，Conclusion 7 and commentary.

23　Eritrea/Ethiopia Claims Commission，*Prisoners of War*，*Ethiopia's Claim* 4 (*Ethiopia/ Eritrea*)，Partial Award of 1 July 2003，paras. 22-32.

24　PCIJ，Series A，No. 10，1927，p. 28；*North Sea Continental Shelf Cases*，Judgment of 20 Feb. 1969，ICJ Rep. (1969) 3，para 78.

25　*Military and Paramilitary Activities in and against Nicaragua* (*Nicaragua v. USA*)，Merits，Judgment of 27 June 1986，ICJ Rep. (1986) 14，para. 177.

最后，习惯法中的强行规则（国际强行法）优先于条约。国际法强行规则为国际社会所承认，不得以任何形式减损之（即使是通过条约），且只能被具有相同性质的另一条规则改变[26]。

条约虽然可以反映或者编纂习惯法，但仅仅为习惯法的存在提供了载体。即使是"造法性"条约也需要经历一定的过程，才能转化为习惯法并成为实体法的一部分。因为根据国际法下公认的原则，条约对于第三方并不具有约束力，造法条约如果不能在通过时得到国际社会全体成员的接受（比如有国家投反对票），那它的实体规则只能等待所有国家在实践中履行之，才有可能成为习惯法，摆脱条约机制的束缚。

虽然国际人道法的内容繁复多样，但多数条约在体例上类似于1907年《海牙公约》和1949年《日内瓦公约》，具体、明确、有针对性；当然，这也造成条约无法涵盖所有冲突和新问题的困境[27]。不过，经过上百年的发展和运用，这个领域的条约为查明有关习惯法规则提供了一种最为正式和直观的渊源。在本领域中，"条约"作为正式渊源，其首要代表者就是对世界上所有国家具有普遍约束力的1949年《日内瓦公约》[28]。当然，这四个公约的规则也是习惯法。至于它们是因为国家的普遍接受而成为习惯法，还是在成为习惯法以后才成为普遍接受的条约，是一个有趣的问题[29]。另外，在新国家独立后，这些新政治实体几乎没有例外地立即宣布接受这四个条约的规则，也是1949年来实践中比较瞩目的特点[30]，这种迫切性反映出四个条约的规则属于武装冲突法的基本规则，也是最重要的规则。不过，虽然到目前为止这一观点依然有效，但值得注意的是：鉴于《第一附加议定书》等后续条约的出现，应该说这四个条约并没有穷尽国际人道法的内容。

---

[26]　*Vienna Convention on the Law of Treaties*，Arts. 53 and 64.

[27]　Henckaert and Doswald-Beck, vol. i, pp. xxviii-xxix.

[28]　从2014年4月2日到本卷交稿时为止，这四个公约已被196个国家批准、同意、接受，成为国际法领域中少见的、被所有国家普遍接受的条约：https://www.icrc.org/en/war-and-law/treaties-customary-law/geneva-conventions（浏览于2019年5月13日）.

[29]　Cf. F. Seyersted, *United Nations Forces in the Law of Peace and War*，Sijthoff，1966，p. 314 and chapter v.

[30]　比如：33 *IRRC*（1993），p. 182（Bosnia-Herzegovina）；pp. 182-183（Tajikistan），p. 183（Estonia）；p. 184（Czech）；但是也有例外情况：Eritrea/Ethiopia Claims Commission, *Prisoners of War*，*Ethiopia's Claim* 4（*Ethiopia/Eritrea*），Partial Award of 1 July 2003, paras. 24-28（在1993—2001年间，厄立特里亚没有通过"自动"继承而成为《日内瓦公约》缔约国，且它在这些年间明确表示了不是缔约国的立场）.

（二）第 S/25704 号报告及其对习惯法的认定

1993 年 5 月 3 日，联合国秘书长向安理会提交了一份重要文件，即第 S/25704 号报告，其结论是基于包括中国在内的各成员国的评论作出的。秘书长指出：

> "根据第 808 号决议（1993）第一段，【未来的】国际法庭应起诉自从 1991 年起在前南斯拉夫领土内犯有严重违反国际人道法罪行的个人。这方面的法律存在于条约法和习惯法之中。虽然有些国际习惯法并没有体现在条约中，但是一些主要的国际人道条约法已经成为了习惯法的一部分。"[31]

秘书长还认为："'法无明文规定不为罪'原则的适用，要求【该】国际法庭适用那些已经毫无疑问成为习惯法部分的国际人道法规则；这样，只是一些而不是所有国家遵守的特定条约的问题就不会产生。这对一个起诉严重违反国际人道法的个人的国际法庭来说显得尤为重要。"[32]

然后，秘书长列举了已经成为习惯法的以下条约：1）1949 年 8 月 12 日订立的《保护战争受害人之日内瓦公约》【含四个《日内瓦公约》】；2）1907 年 10 月 8 日通过的《陆战法规和习惯的海牙第四公约》及其附件《陆战规则》；3）1948 年 12 月 9 日通过的《防止及惩治灭绝种族罪公约》；和 4）1945 年 8 月 8 日《国际军事法庭宪章》。

值得注意的是，这一报告对《日内瓦公约》的 1977 年附加议定书没有评论。这在当时可能是明智之举，因为法国仅仅在 2001 年批准了《第一附加议定书》，而美国至今没有批准这两个附加议定书。

联合国秘书长的结论被后续实践所证实。国际法院在"隔离墙咨询意见"中声明：

> "对于国际人道法，本法院首先注意到以色列并非 1907 年海牙第四公约的缔约国，《海牙规则》是公约的附件。法院注意到，根据公约用语，这些规则是为了'修订当时既存的、有关战争的普遍性法律和习惯而准备的'。之后的纽伦堡国际军事法庭认为，'公约中包含的规则已经被所有文明国家所承认，且被认为是在宣告战争法规和习惯'。本法院在审查交战国在军事行动中的权利和义务时，也得出了相同的结论。【在此法院引用了 *Legality of the*

---

[31] 报告第 33 段。
[32] 报告第 34 段。

Threat or Use of Nuclear Weapons，Advisory Opinion，ICJ Rep.（1996 (I)）256，para. 75】法院认为,《海牙规则》的条款已经成为了习惯法的一部分,而这一事实已经被所有本案程序的参与国所承认。"[33]

其他习惯法规则的例子可以在 1899 年《海牙第二公约》和 1907 年《海牙第四公约》序言中的"马尔滕斯条款"里找到。根据其起源,这一条款是由 F. de. 马尔滕斯教授所提出的,他代表沙皇尼古拉斯二世出席了 1899 年海牙和平会议。根据 1899 年《海牙第二公约》和 1907 年《海牙第四公约》的序言,该条的原文是:"在颁布更完整的战争法规之前,缔约各国认为有必要声明,凡属他们通过的规则中所没有包括的情况,居民和交战者仍应受国际法原则的保护和权威之下,因为这些原则来源于文明国家之间制定的惯例、人道法律和公众良知的要求。"

这一条款的基本规定还在 1949 年《日内瓦公约》的退约条款中得到体现(GC I 第 63 条、GC II 第 62 条、GC III 第 142 条和 GC IV 第 158 条)。在更现代的版本中,《第一附加议定书》第一条第二款规定:"在本议定书或其他国际协定所未包括的情形下,平民和战斗员仍受来源于既存习惯法、人道原则和公众良心的国际法原则的保护和支配。"[34]因此,即使在缺乏人道法条约的情况下,习惯法也会继续适用,而且这一条款宣示了"可能导致国家禁止某种特定武器或战争方式的因素。"[35]

国际法院随后在 1996 年"威胁使用或使用核武器的合法性"咨询意见中指出,该条款属于国际人道法的特殊原则,就如同区分原则、禁止攻击平民原则、限制战争方法原则等一样[36]。沙哈布丁法官在其不同意见中指出,该条款本身是国际人道法原则的渊源,"在缺乏相关条约法规则时,人性化考量可以发挥法律效力来规范军事行动"[37];他还提出,该条款为视"人道原则"和"公众良知"为国际法原则的做法提供了权威支持[38]。下面一章将深入讨论人道法的基本原则,其中还会再提及这一条款与其他原则的关系问题。

---

[33] *Legal Consequences of the Construction of a Wall in the Occupied Palestinian Territory*，Advisory Opinion，9 July 2004，ICJ Rep.（2004）136，para. 89.

[34] 《第一附加议定书》,第一条第二款;《第二附加议定书》,序言第四段。中文来源于红十字国际委员会 2006 年出版的中文版《日内瓦四公约及其附加议定书》。

[35] C. Greenwood, "Historical Development and Legal Basis", in: D. Fleck (ed.), *Handbook*, pp. 33-34.

[36] *Legality of the Threat or Use of Nuclear Weapons*，Advisory Opinion of 8 July 1969，ICJ Rep. (1996) 226，para. 78.

[37] Ibid., p. 493.

[38] Ibid., p. 406.

该条款特别提到了人道原则，这一原则被认为等同于"人性的基本考虑"[39]。后一个表述来源于国际法院在"科孚海峡案"中的判决，具体的语境是阿尔巴尼亚未能履行警告国际船舶其领海内存在水雷的义务[40]；同样的用词还出现在国际法院"尼加拉瓜案"判决中，因为在尼加拉瓜港口内或者附近放置水雷后，美国政府未能履行将此通知开往这些港口的国际船舶的义务[41]。

四、渊源三：文明国家承认的普遍性法律原则

在本书上卷第二章第四节中对此问题已经做过较多讨论，这里要探讨的问题是：对于国际人道法来说，这一法律渊源的用处是什么？实践中这一法律渊源的作用并不明显。比如，国际法院在"科孚海峡案"判决中提到，在本案中，1907《海牙第八公约》所含国际人道法规则不适用，适用的是"某些公认的原则，即基本的人性考虑，【而这一考虑】在和平时期比在战争时期更加必要"。[42] 虽然《国际法院规约》与此类原则的联系显而易见，但是国际法院在上述论断中并没有把这类因素等同于规约下的普遍性法律原则。

国际人道法对个人刑事责任的肯定，给予了普遍性法律原则这一渊源以新的生命[43]。在这一领域中，当条约法或习惯法无法为国际法官提供用于处理手上案件的清晰规则时，被最有代表性的国内法系统所适用的普遍性法律原则就成为了一种便利的法律渊源[44]。由于这些国际刑事案件仅涉及个人责任，且此类原则已在各国法律体系下平等适用于个人，所以它们自然而然地在国际刑事程序中被广泛适用。值得再次强调的是，F. A. 曼曾注意到早前探讨这一渊源的学术著作并没有解释这些原则是如何被发现的，对他而言，这是一个纯粹的方法论问题，而这一方法就是比较法的方法[45]。

39　T. Meron, "The Humanization of Humanitarian Law", 94 *AJIL* (2000), pp. 79, 82.

40　*Corfu Channel Case* (*UK v. Albania*), ICJ Rep. (1949) 4, p. 22.

41　*Military and Paramilitary Activities in and against Nicaragua* (*Nicaragua v. USA*), Merits, Judgment of 27 June 1986, ICJ Rep. (1986) 14, para. 215.

42　*Corfu Channel Case* (*UK v. Albania*), ICJ Rep. (1949) 4, p. 22.

43　Cf. E. Greppi, "The Evolution of Individual Criminal Responsibility under International Law", 81 *IRRC* (1999), No. 835, p. 531.

44　这章继续沿用上卷第二章第四节的术语"普遍性法律原则"，而不用"一般法律原则"的说法，前者更贴近事实。

45　F. Mann, "Reflections on a Commercial Law of Nations", 33 *BYIL* (1957) 1, at 36.

在此举一个例子：前南刑庭上诉庭裁决的"艾德莫维奇案"[46]。该案当事人是一名在波黑武装冲突期间加入波斯尼亚塞族军队的克罗地亚族士兵，他无意中参与到整个冲突中最臭名昭著的罪行之一：针对穆斯林平民的"斯雷布雷尼察"大屠杀；他自己招供杀死了 70 人，之后出于负罪感和良知向前南刑庭自首，并就"谋杀行为"构成的反人道罪指控认罪。在获得十年刑期宣判之后，他上诉了；上诉律师指出，上诉人在杀人时处于外力胁迫之下，尽管在一审时他没有强调这一辩护理由。

关于胁迫这一问题的认定与其法律后果，上诉法官意见迥异。由三位法官支持的多数意见支持普遍性原则：胁迫可以构成免责事由，但谋杀案件除外。麦克唐纳法官（美国）和沃拉法官（马来西亚）在共同意见中提出，"我们【解决这一问题】的方法必定不会导致对世界上每个法系之具体规则的直接比较，但会是一个对我们能够找到的、不同法律体系下司法实践的普查，这样就可以查明与本国际法庭的宗旨和目标相符的那些体系中具体规则后面的基本趋势、政策或原则。"[47]然而，卡塞斯法官（意大利）和斯蒂文法官（澳大利亚）的不同意见与法庭的多数结论大相径庭，他们认为这一辩护理由应当适用于所有罪行，但要受到严格限制；在本案中，他们认为被告人在案发时没有任何选择，无论如何都无法避免开枪杀人，所以应当免除对他的所有指控。在他的不同意见中，李浩培法官（中国）参照了有关胁迫的国际案件而非国内实践，得到了与本案多数意见相符的结论。

五、渊源四：司法判例

"艾德莫维奇案"成为说明以下问题的案例：1)存在着普遍性原则这一渊源；2)相关原则产生的方式。由此产生了一个问题，即法律规则是否可能由司法判例中推断出来。当然，首先应当注意到的是，外力胁迫并非是一个司法创新，它在国内法下有很长的发展历史。在纽伦堡军事审判时，美国军事法官们依据他们最熟悉的国内法——而非国际法——来理解并适用这一概念；这一概念一旦适用于国际刑事程序中，就被该语境赋予了适用资格，成为国际法下的概念。这个语境就是这些案件都是国际法案件。之后，其他案件在解释这一概念在国际法案例中的含义时，就可以获益于国际法判例，而非国内法判例。因此，严格来说，有关这一概念的军事审判判例并没有体现司法判例在国际法下造法的作用。

46　Case No. IT-96-22-A，Appeal Judgment，7 October 1997.

47　Ibid.，Joint Separate Opinion of JJ Macdonald and Vohrah，para. 57.

但是，在此也存在不同看法。在"艾德莫维奇案"中，李浩培法官提出不同意见："对于这个问题，无论是可适用的条约法还是习惯国际法，都无法提供解决方案"[48]。在认定国内法不能提供《国际法院规约》第 38 条第一款（c）项下的普遍性法律原则后，他回顾了"二战"后设立的军事法庭的判例，得出结论：这些判决证明存在着一个"普遍性法律规则"，即胁迫可以构成完全的免责理由，然而它并不适用于严重罪行"[49]。

他的结论表明，法律规则也许可以从判例法中获得，但是获得此种成果的方式与习惯法形成的方式不同。总而言之，李法官的不同意见涉及通过研究司法判例获得法律规则这一问题。

胁迫作为国际刑事程序中的免责理由，起源于包含胁迫在内的免责理由在国内刑法实践中长期存在这一事实，这些免责理由经过国内法系多年适用也基本没有太多变化。不同于因现代情势而创设新罪名或对刑罚的改良，胁迫这一免责理由被证明属于始终不受社会变革影响的一类刑法概念。不过，这种长期性（或惯性）似乎同样适用于普通法系和大陆法系国家之间就此辩护理由存在的实践中的差异，尤其是当法官审理严重罪行的时候[50]。但是可以说，胁迫这一免责理由在国际层面上的存在有国内法中的先例作为渊源（毕竟在国内法与国际法中"胁迫"都是同一个单词——duress），问题是能否因此断言这个先例渊源还包括国际司法判例。考虑到国内法罪行和国际罪行犯罪条件的迥异，对以上问题的答案应当是部分肯定的：对当今国际司法机构来说，胁迫这一免责理由来源于国际司法判例，并由于这些判例的作用，发展成为当今实体法的一部分。换句话说，尽管在20 世纪 40 年代的军事审判中，该理由是作为"普遍性法律原则"进入国际法领域的，也即作为国内法体系中通用的概念进入国际法体系，但是在这些审判中，法官依据案件的具体事实情况，在解释和适用这个原则时，已经超越了国内法的范畴，加入了国际法的因素，在后续国际实践中，该理由的内容进一步与国际法概念、规则融合，逐渐达到今天我们熟知的程度。

那么国际法规则会只从国际司法判例中产生吗？

这里的立论是："指挥官责任"这一国际法中重要学说的根源归于国际司法判例。考虑到国际层面上有关"指挥官责任"的案例不断涌现，似乎可以说，这类型案件有可能，或至少部分证明"法官造法"或者国际司法实践创设规则的事实。

48　Ibid., Separate and Dissenting Opinion of J. Li, para. 2.

49　Ibid., para. 5.

50　Cf. the *Erdemović* case, Case No. IT-96-22-A, the survey at pp. 41-56 of the *Joint Separate Opinion* of JJ. McDonald and Vohrah of 7 October 1997.

指挥官责任并不等同于国内法下众所周知的连带责任或者严格责任。事实上，从一开始它就不是国内刑法中任何部分的复制品。

　　W. 帕克斯在这一问题上是首屈一指的专家。在他那篇被多次引用的、有关指挥官责任的文章中，他提到了 1474 年由来自于"神圣罗马帝国"盟国的 28 个法官组成的"国际"法庭，对 P. 冯·哈根巴赫作为一个骑士而没能制止手下犯罪这一问题的审判[51]。这一孤立的案例本身虽然是一个司法干预的例子，但是现代国际法（包括战争法）直到 16 世纪后半叶才成为一个独立学科，可以说，这个案例与当今司法实践中的"指挥官责任"理论仍然相距甚远。其实直到格劳秀斯时代，国际法才成为凭借所有或许多国家的意愿而获得拘束力的法律。帕克斯承认，在 1474 年后，"指挥官责任"的后续发展仅局限于国内法实践之中。

　　在国际层面上，各国的军事法律可能对 1907《海牙第四公约》附加规则第一条中的指挥责任概念的创设有所帮助，但是，虽然这一条款规定必须有人为其下属的行为负责，但是并没有提到负责人的刑事责任。此外，这一概念是缔约国对其军队、民兵适用战争法律、权利和义务的前提条件。所以，不难理解为什么在对 1996 年《危害人类和平与安全罪法草案》的评论中，联合国国际法委员会指出：军事指挥官因没能制止或压制其下属的违法行为而导致的刑事责任并没有被规定在《纽伦堡宪章》中，也没有被纽伦堡军事法庭适用[52]。然而，这种刑事责任被"二战"后诸多国际司法判例所承认。在提到指挥官对不是基于他的命令、但由其下属所实施行为的责任时，任何学者都会毫不犹豫地指出这一概念始于"二战"后的"山下奉文案"[53]。

　　综观"山下奉文案"，我们可以清楚地发现，当时不存在任何清晰的国际法规则要求指挥官在这样的案件中承担个人责任。在美国军事委员会面前，检察官承认：与指挥官责任相关的法律并没有被频繁适用过，但他同时强调，国际法——甚至包括国际条约（如 1907 年《海牙第四公约》第一条）公认指挥官有责任控制他的部队，以保证他们没有广泛、公然、严重违反战争法的行为[54]。但是，该法条依旧没有规定指挥官在他领导下的军队违反公约的情形下应负刑事责任。考虑到

　　51　W. Parks, "Command Responsibility for War Crimes", 62 *Military Law Review* (1973) 1, pp. 4-5.

　　52　*Report of the International Law Commission on the work of its forty-eighth session*, 6 May-26 July 1996, UNGA, *Official Records*, 51st Session, Supplement No. 10 (A/51/10), p. 35.

　　53　A. Rogers, *Law on the Battlefield*, Manchester University Press, 1996, p. 130. Cf. L. Green, "Superior Orders and Command Responsibility", 27 *Canadian Yearbook of International Law* (1989), pp. 167, 194.

　　54　*LRTWC*, vol. iv, p. 32.

国家责任原则——无论是军事性质还是其他行为，一旦该行为对他国国民造成伤害，且由国家代理人或代表所实施，国家就对此不法行为负有赔偿责任，检察官还主张该原则可以毫无困难地适用于战争法领域里，导致刑事责任的确认。在该案的具体情形之下，检察官这一建议显示出"造法"或鼓励委员会造法的清晰意图。另一方面，应当注意山下奉文在军事委员会前已经承认了他知道自己在国际法下负有控制军队、防止他们实施不法行为的义务。但是，他主张：依照当时的日本军法，只有指挥官命令、允许或纵容下属犯罪的行为才会导致他个人的刑事责任，而未能阻止犯罪这一行为只会导致他的上级的连带行政责任[55]。毋庸置疑，在当时，国际法下公认的义务（该义务不必然导致个人刑事责任）和国内军法下定义的刑事责任之间存在着区别。

关于山下奉文的责任，美国最高法院认为他"有义务采取能力范围之内的措施，来适当地保护当时的战俘和平民"，该义务的法律依据为：《海牙规则》（1907年《海牙第四公约》附件）第 1 条和第 43 条、1907 年关于海战的《海牙第十公约》第 19 条、1929 年《改良战场伤病员待遇的日内瓦公约》第 26 条[56]。然而，以上条款都没有考虑到在下属违反这些条款时指挥官的个人刑事责任的问题。

如果国内法有要求，以上条约缔约国的指挥官就有义务来实施这些条款，但从国际层面看，未能实施这些条款的行为将构成罪犯所属国籍国之条约义务的违反。没有国际法许可，国际刑事法庭并没有权力来适用这些条款。不过，本案最重要的特点是，"山下奉文案"从追究（个人）直接责任"跳跃"到了追究"指挥官责任"，从那时起，一条新的法律原则就出现了；到今天，从它已经衍生出了一系列关于指挥官未能履行其控制下属义务的规则。

对于这一问题还存在其他三种观点。第一种观点，格林教授认为，即使在封建时期也存在着明确规则：指挥官对于其所控制的下属所犯罪行，可能负有与罪犯同等责任，支持这一观点的证据是 1439 年法国国王查理七世所颁布的条例[57]。到目前为止，后续时代的军事审判、国内立法或者法律编纂会议中都没有提过这一法国立法。另外，之后与此问题相关的事件发生在 1815 年，当时"维也纳会议"宣布拿破仑为"世界的敌人和扰乱者"。除此之外，没有进一步证据证明格林教授的观点。

55　Ibid., p. 29.

56　*In re Yamashita*, 327 U.S. 1 (1946), at p. 16.

57　L. Green, "War Crimes, Crimes against Humanity, and Command Responsibility", in: L. Green (ed.), *Essays on the Modern Law of War*, 2nd edn., Transnational Publishers, 1999, p. 283.

　　第二种观点同样令人难以接受,即在第二次世界大战伊始,就存在有关"指挥官责任"的习惯法,规定在1907年关于陆战法规和惯例的《海牙第四公约》(尤其是附带规则的第一条第一款)和1929年《日内瓦公约》的第26条[58]。然而,无论是1907年公约还是1929年公约,都没有规定违反其条款的个人责任。"指挥官责任"是指指挥官对于其下属所犯罪行所负有的个人责任。1907年公约在这方面走的最远,其第三条规定如下:"如果必要,违反了《规则》条款的交战方应当支付赔款,它应当为其武装部队成员犯下的所有行为负责"。这样的规则很难被认定为指挥官应对其下属所犯罪行承担责任的有效证据。事实上,它其实等同于对此种责任的拒绝,并可能导致交战国在没有必要时,直接忽略这些违法行为。即使在这些违法行为不能被忽视的情况下,法律也只要求赔款,而不是国际刑事审判。

　　第三种观点认为"指挥官责任"问题只在第一次世界大战末出现过[59]。该观点的依据是1920年"战争发起者责任和刑罚执行委员会"的报告。然而,"莱比锡审判"是否能够成为任何意义上适用指挥官责任概念的先例,很值得怀疑;毕竟该审判没能对威廉二世及其以下的指挥官进行任何有意义的审判。该委员会有关指挥官责任工作的积极意义在于,它引入了否定领导人和指挥官国际责任的这一新视角。但是此举仅对这方面国际法的发展发挥有限影响,因为当时没有相关实践反映委员会报告的积极贡献。

　　因此,在"山下奉文案"之前并不存在有关"指挥官责任"的习惯法。"山下奉文案"通过追究指挥官的个人刑事责任,开启了国际刑法史上的新篇章。该案判决显示,作为认定本案罪魁祸首因违反法定职责而有罪的判决,并没有明确的国际成文法的基础。之后,国内法下最接近于"指挥官责任"的案例,应该就是由重大过失造成的一类罪名[60]。然而,那些经常处理史无前例或在国内法下闻所未闻罪行的国际刑法律师们,很难接受"过失"作为此类罪行的主观要件。鉴于重大过失罪行和指挥官责任案例所涉罪行具有不同程度严重性这一事实,使得在二者间做类比的设想失去意义。所以,"指挥官责任"案件自成一类,它所考虑的问题是:1)指挥官是否有注意或控制义务;2)而其不作为是故意还是明知情况下的故意

58　W. Parks, *op. cit.*, p. 14.

59　*Commentary on APs*, p. 1007, para. 3530.

60　在这里,"疏忽大意"的罪名不构成有效类比,因为此类罪名下的被告必须预见到其行为存在风险(比如对他人的健康或幸福)但仍然执意从事这一行为,而未能预见这一风险不足以构成疏忽大意。这一普遍性原则可以在国内法案例中找到,比如: *R. v. West London Coroner*, *ex p. Gray*,[1988] QB 467, Divisional Court, per Lord Watkins L. J. 在涉及指挥官责任的案件中,指挥官本人很可能不能预见他无为所带来的风险,特别是当他被任命时,他将指挥的军队没有违反战争法的历史。

忽视所导致[61]；3)以及该违法行为是否导致严重结果或直接责任人仍未受惩罚。最后一个问题不应该被理解为是指挥官的过失导致了下属犯罪；相反，指挥官过失并非有助于下属的罪行。

"指挥官责任"理论在当今实践中的所表现出来的成熟，既有"二战"后军事审判先例的助力，也有前南刑庭判例的决定性影响。在 1998 年"塞勒比奇案"一审判决公布后，这类责任的构成要件就在国际法领域里基本定型了[62]。

因此，国际人道法为国际法这一学科带来了新的发展契机——法官可以创设法律，也将有更多机会来丰富本领域的规则。

六、渊源五：权威学者著作

在本领域中，奥本海和布朗利这样权威法学家著作的影响力毋庸置疑，但是在实践中，国际法官才具有宣示法律并将其适用于案件的使命，因此，即使学者在具体问题上的分析仍被证明对促进法官和实务工作者的思路有巨大影响，但国际上最高水准的学术著作对当代国际人道法发展的总体影响力也是有限的[63]。

L. 奥本海被公认为对国际公法（包括战争法）作为一门课程和专业的发展做出了开创性贡献，他的专著式教科书最早出版于 1905—1906 年，几经出色修订，仍是国际公法中最好的教科书之一；就人道法部分而言，最出众的是由 H. Lauterpacht 编辑的、郎曼出版社出版于 1952 年的第 7 版。就本卷而言，其他 20 世纪的权威学者包括（但不限于）英国的 J. Brierly、A. McNair、H. Lauterpacht、R. Jennings、I. Brownlie、D. Bowett 和 C. Greenwood；美国的 M. Whiteman、R. Baxter、O. Schacter、P. Jessup、M. McDougal 和 T. Meron；意大利的 R. Ago 和 A. Cassese；法国的 J. Basdevant、C. Rousseau 和 A. Pellet；圭亚那的 M. Shahabuddeen；埃及的 G. Abi-Saab 和 M. Sherif Bassiouni；芬兰的 E. Castren；乌拉圭的 E. Jimenez de Arechaga；瑞士的 J. Pictet、D. Fleck；比利时的 E. David；澳大利亚的 D. O'Connell，等等。

61　*Prosecutor v. Ignace Bagilishema*，Case No. ICTR-95-1A-A，Judgment（Reasons），Appeals Chamber，3 July 2002，para. 35.

62　*Prosecutor v. Delalić et al.*，Case No. IT-96-21-T，Trial Chamber，Judgment of 16 November 1998，para. 346. Also see B. B. Jia，"International Case Law in the Development of International Law"，382 *RdC*（2015）187，at 301-302.

63　即使十分谨慎，也难免产生争议：S. Helmersen，"Finding 'the Most Highly Qualified Publicists'：Lessons from the International Court of Justice"，30 *EJIL*（2019），pp. 509-535.

此外,红十字国际委员会法律部在人道法普及和系统研究方面,发挥了特别突出的作用。1952—1960 年,委员会出版了 1949 年《日内瓦公约》逐条注释;1987 年,委员会出版了 1977 年两个《附件议定书》的逐条注释[64]。这两套注释自面世以来,就是各国和 20 世纪 90 年代以来出现的国际刑事司法机构的必备参考书,在国际司法机构庭审、判决起草过程中被高频率引用,引用程度在本领域所有出版物中无出其右。在 2005 年,委员会与剑桥大学出版社联合出版了耗时八年打造的、有关人道法领域习惯法的三卷研究成果,具有权威性[65]。

---

[64]　这些注释的全文电子版都可以在 ICRC 网站上找到,其中对 GCI 和 GCII 的更新版注释分别出版于 2016 年和 2017 年:https://ihl-databases. icrc. org/applic/ihl/ihl. nsf/Treaty. xsp? documentId = AE2D398352C5B028C12563CD002D6B5C&action=openDocument. 这两本注释的纸版由委员会和剑桥大学出版社出版。

[65]　J. Bellinger III. and W. Haynes II, "A US government response to the International Committee of the Red Cross study Customary International Humanitarian Law", 89 *IRRC* (2007), pp. 443-471.

第三章　国际人道法基本原则

扩 展 阅 读

B. Rodick, *The Doctrine of Necessity in International Law*, Columbia University Press, 1928; D. Greig, "The Underlying Principles of International Humanitarian Law", 9 *Australian Yearbook of International Law* (1985), pp. 46-85; V. Degan, "General Principles of Law", 3 *Finish Yearbook of International Law* (1995), pp. 1-102; E. David, "Respect for the Principle of Distinction in the Kosovo War", 3 *YIHL* (2000), pp. 81-107; D. Thürer, *International Humanitarian Law: Theory, Practice, Context*, Hague Academy of International Law, 2011, pp. 59-93; *Sassòli, Bouvier and Quintin*, vol. i, pp. 158-162; N. Melzer, *International Humanitarian Law: A Comprehensive Introduction*, ICRC, 2016, pp. 17-20.

一、导　言

(一) 原则与规则

　　法律原则往往是用很笼统的措辞来表达的[1]，其重要性在于它们以最直接的方式体现了某一法律规则体系的突出特点和主要目的。有了它们的存在，国际法官就不会因已知法律渊源中不存在直接相关规则而面临无法可用的情况。

　　《国际法院规约》第38条第一款中规定了国际法院用于寻找相关法律的法律渊源，然而它没有穷尽联合国主要司法机关寻找法律规则的路径。在实践中，"为了使国际法在司法程序的应用成为一个可行的制度"，国际法院和其他司法机构"已经采用了法律推理和类比私法元素以使得国际法在案件中具有适用性"，而这

　　1　人道法领域中也同样如此：J. Pictet, "Les principes du droit international humanitaire", 48 *IRRC* (1966), No. 573, pp. 411, at 419.

样做的结果,就是在国际法中增加了受国内法历史和逻辑影响的新元素[2]。就法律原则的作用而言,存在着两种看法,其一,与具体规则不同,原则本身并不具有直接解决纠纷的能力;其二,原则与规则的区别不大,不必在理论上对此作出过细的区分,况且实践中存在着通过原则解决具体案件的例子。

在解释第一种看法时,郑斌教授的经典著作曾引用过一个判例[3],其中的混合求偿委员会认为:"法律规则……基本上是实用而且有强制力的,既存在治理规则,也存在艺术规则,而原则表达普遍性真理,它可以指导我们的行为,为我们生活中的各种行为提供理论基础,其在现实生活中的适用也会产生某种特定的后果。"[4]他继而指出:国际法中的这一部分内容并不包含出于实用目的而制定的具体规则,而是包括法律规则背后的普遍性原理,后者表达了相关法律的根本特质。

普遍性法律原则被列入《常设国际法院规约》第38条第一款(c)项,并继而再现于《国际法院规约》同一条款中,其依据在于"诉诸普遍性法律原则已经成为国际法院判决中常见的做法"。[5] 这一国际法的渊源并非是1920年的一项创新,国际法官被允许做的也是国内法官一直在做的事情。无论是在国内法还是国际法的范畴内,普遍性法律原则都可能不成文。

但是,正如上一章中有关论述所示[6],理论上在存在着第二种看法:原则并非抽象到无法适用于具体问题的地步。对此,在国际法院的实践中也存在着佐证:

> "特别协定的第二条第一款规定:'分庭被要求依照可适用于本争端双方之间的国际法原则与规则',那么这里就需要辩明可适用国际法的问题。在分庭看来,'规则'与'原则'联系在一起这一用法,只是在用双重用语表达同一个意思,既然在本案中'原则'明显指代法律原则,这意味着,它也包括国际法规则,在这后一种情形下,'原则'一词也可以使用,因为它指代的是更为普遍性、根本性的规则。"[7]

从某种角度说,"原则"是"规则"的抽象表示,且是规则中对整个法律体系具有根本重要性的那种。在上述案例中,国际法院专注于海洋划界法律的原则和规则,

---

[2]　I. Brownlie, *Principles of Public International Law*, 7th edn., OUP, 2008, pp. 16-17.

[3]　本书上卷第二章第四节。

[4]　B. Cheng, *General Principles of Law*, CUP, 1993, p. 24, citing the opinion of the Italian-Venezuelan Mixed Claims Commission in the *Gentini* case of 1903.

[5]　H. Waldock, "General Course on Public International Law", 106 *RdC* (1962) 2, at 57.

[6]　本卷第二章第四节。

[7]　*Delimitation of the Maritime Boundary in the Gulf of Maine Area* (Canada/USA), Judgment of 12 October 1984, ICJ Rep. (1984) 246, para. 79.

且在推理过程中很快就发现了"原则"：大陆架划界需要以合意——协议——为基本原则[8]。在这里，问题是如何判断某一规则/原则是否是根本性的。本章要探讨的就是这个问题：国际人道法下有哪些基本原则？

（二）确认国际人道法基本原则的方法

《国际法院规约》第 38 条下的"普遍性法律原则"，并非一定与国际法基本原则相重合[9]；普遍性法律原则来自于世界主要法系的实践，而国际法原则的基础是国际习惯法，产生于该领域中的国际实践和规则，即已长期存在且被普遍接受，以至于不再需要国家实践的证据来加以证明其存在。如在前面章节中讨论的那样，找出普遍性法律原则的方法是通过比较法研究[10]；而为了确定国际法原则，对国家实践的考察必不可少。在存在多样化的、具有相似性质和功能的规则的情况下，找到联系这些规则的"黄金线索"将会大大简化分析过程，因为国际法原则就是捕捉到这些规则的线索；当然也可能存在以下情形：某条规则确立之后，在适用过程中，它揭示了一个深层的原理；适用这一原则的一贯实践，也可以证明存在着一条对应的习惯法规则[11]。所以，规则可以揭示深层原理，也同时保持其适用中的针对性，而作为一个习惯法规则继续存在。

如果我们接受国际人道法是国际公法下的部门法的前提的话，那么它的基本原则产生的过程与国际法基本原则的发展方式、过程是一样的。国际法基本原则有一个特性，即它们不一定贯穿国际法下每一个部门法，但是整个国际秩序如果缺了其中的一个或几个原则，就无法维持下去，可以说它们是这个秩序不可或缺的基本前提。这些原则不但是习惯法的一部分，更超越具体规则而存在。从这点说，它们近于《联合国宪章》第二条第四款下的"禁止非法威胁或使用武力原则"，而后者的国际法基本原则的地位是没有争议的。

下文将会讨论几个基本原则。可以说，这些原则全部是从这一领域中的习惯法发展而来的。

8　同注释 7，第 85～86 段。

9　用哈特的话说，若想成功梳理出原则，需要事先确立标准，而确立什么标准本身就是相当有争议的：H. L. A. Hart, *The Concept of Law*, 3rd edn. , OUP, 2012, pp. 263-268.

10　本书上卷第二章第四节。

11　Waldock, *op. cit.* , p. 62.

二、基 本 原 则

在"威胁使用或使用核武器的合法性案"的咨询意见中,国际法院提出:

> "上述条约中所含国际人道法的首要原则如下。第一条原则旨在保护平民和民用目标,并且确立战斗员与非战斗员的区别;国家绝不能将平民作为攻击目标,而且绝不得使用无法区分民用和军事目标的武器。第二条原则禁止造成战斗员不必要的伤亡,所以它禁止国家使用会造成战斗员不必要伤害或不必要地加重其痛苦的武器。在适用第二条原则时,国家在选择武器和使用它们的方式时所享有的自由是有限的。"[12]

这个判断并没有提到人道法中是否只有这两个基本原则,其实,从实践和理论上,结论都是相反的:人道法的基本原则不止于这两个。在这里,必须强调实践的决定性影响,因为所有将要讨论的人道法基本原则都似乎与1868年《圣彼得堡宣言》有关。

(一) 军事必要原则

该原则应该是人道法中首要基本原则,因为人道法的基本目的主要是限制武装冲突对个人的影响,但并不禁止使用武力[13]。当然,这一原则并不肯定武力作为解决争端的手段,另外,它通过"必要"这一要求,已经在限制武装暴力烈度、损害的程度。可以说,它的存在已经反映了武装冲突只有在必要的限度内才能符合这一部分国际法规则的要求,这也就是人道法的理想作用。这个原则允许国家为了实现武装冲突的合法目的,在其使用的武力之程度和种类不为国际人道法所禁止的情况下,参与到武装冲突中;该合法目的是指用最小的生命和资源的代价、尽早使得全部或部分的敌军投降[14]。武装冲突法或战争法被认为是以军事必要

---

[12]　*Legality of the Threat or Use of Nuclear Weapons*,Advisory Opinion,8 July 1996,ICJ Rep. (1996) 226,para. 78(在第73~77段,国际法院回顾了人道法领域里基本条约的发展过程,包括《海牙公约》和《日内瓦条约》)。

[13]　*Re Christiansen* (1948),Special Court,Netherlands,15 *ILR* 412,413.

[14]　Cf. US Government,Army,Department of Defense,*21ˢᵗ Century U. S. Army Law of Land Warfare Manual* (FM 27-10),2019,Sect. I (3) (a). 这一版似乎还是1976年的版本,取代了1940年、1944年和1956年的旧版。还可参照下面美国军事法庭在"人质案"中的判决。

和人道主义两个因素之间平衡为基础的法律体系[15]。

英国国防部认为该原则包含了四个要件[16]：

i) 可以使用武力，但必须对之加以控制；

ii) 因为军事必要原则仅允许在"不被武装冲突法禁止"的情况下使用武力，所以必要性不能豁免违反武装冲突法的行为；

iii) 如果是出于迫使全部或部分敌军尽快投降的必要，上述使用武力的方式就是合法的；

iv) 反过来，如果是不必要地使用武力就是不合法的，因为它包含了放肆地杀戮和破坏。

自从该原则在《利伯法典》第14条中首次以现代法律形式出现开始[17]，就在实践中占有突出地位，而且始终与人道主义情怀一起被提及。另一方面，与国际人权法不同，这一原则构成了在特定情形下限制适用国际人道法的例外[18]。比如，《日内瓦第四公约》第53条规定，"禁止占领国对以个体或集体形式属于私人、国家、其他公共机构、社会或合作组织的动产或不动产实施销毁行为，除非军事行动使得这样做绝对必要"。而对于平民生存必不可少的物资，比如食品、农作物、牲畜，等等，《第一附加议定书》第54条第二款禁止对这些物资发动攻击；而第五款规定，"既然承认冲突任何一方都有保卫其国家领土免遭入侵的重大需求，如果存在迫切的军事必要，冲突一方可以在其所控制的本国领土内不履行第二款所规定的禁令"。

在"美国诉 W. 李斯特及他人案"（也称"人质案"）中[19]，美国军事法庭认为：

> "军事必要允许交战国在遵守战争法的前提下，采取任何程度和种类的

15　D. Thürer, *International Humanitarian Law: Theory, Practice, Context*, Hague Academy of International Law, 2011, p. 64.

16　*The UK Manual*, p. 22.

17　*Instructions for the Government of Armies of the United States in the Field*, F. 利伯起草，美国总统林肯颁布于1863年4月24日。

18　这一解释从希腊、罗马时代就已存在："伯罗奔尼撒战争"中雅典军队使用德利恩神庙中"圣水"的做法以及"第二次马其顿战争"中，阿开亚人中断与马其顿国王菲利普的关系，转而支持罗马的做法，都是相关事例：C. Phillipson, *The International Law and Custom of Ancient Greece and Rome*, Macmillan and Co. Ltd., 1911, vol. 2, p. 218.

19　该案审判从1947年7月8日到1948年2月19日结束。被告全部是前德国陆军的高级军官，指控是对其指挥的军队在对希腊、南斯拉夫、阿尔巴尼亚和挪威实施占领期间所犯罪行负责。这些被归类于"战争罪和反人道罪"主要包括：1)所谓"报复性杀戮"，针对的是游击队的抵抗行为，借口是维持占领区秩序，和2)非出于军事必要对财产的肆意毁坏：*TWC*, vol. XI.

军事行为，尽可能以最小的时间、生命和金钱代价来迫使敌军全部投降。一般而言，它支持占领国出于保护其军队安全和保障其行动顺利的必要而采取的措施。它允许剥夺敌方军队和其他在战争中武装冲突不可避免波及个人的生命【这一观点似乎是附带伤害概念的早期版本】；它允许俘虏武装的敌军和【可能造成】特定危险的其他人，但是它不允许为了报复或满足杀戮的欲望而杀害无辜的居民。为合法地摧毁财产必须是基于战争必要性的要求。将破坏本身作为目的的行为是违反国际法的。……摧毁可以被敌人利用的铁路、通讯线路或其他财产是合法的。即使是私人住房和教堂也可以因军事行动的必要而被摧毁。"[20]

这段判决包括了三个之后被广泛承认的标准：在国际法限制下可使用最大规模的武力和作战方式；前者在占领区的使用；对附带平民伤亡的承认。不过，适用这一原则的困难在另一个美国军事法庭的案件中得到诠释。

在"美国诉 W. 冯·里布及他人案"（也被称为"德国最高统帅部案"）中，法庭判决道：

"为《海牙规则》和战争法惯例所禁止的破坏行为是军事必要所不允许的破坏行为。这一规则本身足够清楚，但是评价何种事实构成军事必要却十分困难……判断破坏行为是否超出军事必要，需要掌握详细的作战和战术证据。"[21]

然而，军事必要性不能使国际人道法所禁止的行为被合法化，所以在与战争有关的国际刑事审判中，它不能作为免责理由。比如，在"检察官诉加利奇案"中[22]，与 2000 年 3 月 3 日"检察官诉布拉斯基奇"判决不同，前南刑庭的一个审判

20　*TWC*，vol. XI, pp. 1253-1254.

21　Ibid. , p. 541. 该案审判从 1947 年 12 月 20 日开始，到 1948 年 10 月 28 日结束。涉案的 14 名被告全都是前德国陆军和海军的高级指挥官，并且均是德国总参谋部的成员。他们被控犯有反和平罪、反人道罪、战争罪和阴谋实施以上罪行，具体行为包括实施和执行违反国际法的、针对敌方士兵和平民的上级命令。

22　1992 年 9 月 7 日，加利奇被波黑塞族政权任命为"萨拉热窝军团"司令。对于所有在萨拉热窝地区的塞族军事人员，加利奇是被正式任命的军团指挥官，他的上司是波黑"塞族共和国"军队的参谋长和最高指挥官。在 1999 年 2 月 26 日检察官提交的起诉书中，加利奇被指控在 1992 年 9 月 10 日—1994 年 8 月 10 日间，犯有炮击和狙击萨拉热窝平民居民的罪行，从而造成了平民的恐惧（指控一）；经过对萨拉热窝平民旷日持久的狙击袭击，各年龄段和性别的大量平民死亡或受伤（指控二至四）；对萨拉热窝平民区的长期炮击，导致了数千名平民被炸死或炸伤（指控五至七）。2003 年 12 月 5 日，审判庭以二比一的票数判定加利奇在指控一至三、五和六下有罪，并被判处了 20 年监禁的刑罚。上诉后，上诉庭将其刑罚改为终身监禁。

分庭认为："该条款【《第一附加议定书》第 51 条第二款】明确规定,平民和具备平民性质的人群不应当成为攻击目标。它并没有提到任何例外。它并未考虑军事必要来减损这条规则的可能。"[23]它进一步解释道,"军事必要原则承认合法军事行动所带来的不可避免的平民伤亡的可能性,然而,这一原则要求摧毁特定的军事目标必须能够为削弱敌军战斗力带来某种利益。在任何情况下,平民都不是合法军事目标。因此,援引军事必要是无法使对平民或平民居民的攻击合法化的"。[24]

对军事必要性的解释还存在着问题,这一点在"科迪奇案"上诉判决中得到验证:尽管没有指出所依靠的证据,前南刑庭上诉庭做出了与《第一附加议定书》第 51 条第二款的规定相反的结论[25]。该条款规定:"平民居民和平民个人都不可成为攻击目标。"在后来的判例中,这一条款得到重新确立[26]。事实上,国际法院在"威胁使用或使用核武器合法性案"中早已明确指出,永远不能将平民当作攻击目标,也绝不能使用无法区分民用和军事目标的武器[27]。

综上所述,军事必要原则可以允许对民用目标的攻击,但是不能适用于对平民个人和平民居民的攻击。

(二) 区分原则

在"威胁使用或使用核武器合法性"的咨询意见中,国际法院把这一原则视作国际人道法两大首要原则之一[28]。该原则有时也被称为区分原则,它要求必须对军队和平民、战斗员和非战斗员、可以被合法攻击和应当被保护免受攻击的对象作出明确区分。这一原则的成文法来源是 1868 年《圣彼得堡宣言》,其前言提出"各国在战争期间唯一可以致力完成的目标就是削弱敌方的军事力量"。《第一附加议定书》第 48 条对这一原则的规定更为清晰:"为了确保对平民和民用目标的尊重和保护,冲突各当事方在所有时候都应该区分平民和战斗员、民用目标和军事目标,并且应相应地仅针对军事目标采取行动。"

23　Case No. IT-98-29-T, Trial Judgment, 5 Dec. 2003, para. 44.

24　*Ibid.*, n. 76.

25　*Prosecutor v. Kordić and Čerkez*, Case No. IT-95-14/2-A, Appeal Judgment, 17 Dec. 2004, para. 54.

26　*Prosecutor v. Boškoski and Tarčulovski*, Case No. IT-04-82-A, Appeal Judgment, 19 May 2010, para. 46 (习惯法"绝对禁止"对平民施行攻击,平民伤亡只有在"附带"出现时才可能合法)。

27　ICJ Rep. (1996) 226, para. 78.

28　Ibid.

《第一附加议定书》第 52 条第一款将民用目标定义为"所有非军事目标的物体",第二款则将军事目标定义为"由于其性质、位置、目的或用途对军事行动做出有效贡献,而且在当时情况下,其全部或部分的毁坏、缴获或失去效用可提供确定军事利益的物体"[29]。第 52 条第二款进一步提出,"攻击应严格限于军事目标"。民用目标包括不设防的地区[30]、用于科学或慈善目的的建筑、历史古迹和构成人类文化或精神遗产的艺术品或宗教场所[31]、含有危险力量的设施或建筑[32]或人类生存必不可少的物品[33]。自然环境也是被保护对象[34]。

第 52 条第二款包括两个要件,其一,"有效贡献";其二,"确定的军事利益"。这两个要件始源于 1923 年《关于战时控制无线电的使用与空战的海牙规则》[35]。虽然 1923 年的规则没有形成条约,但却是历史上第一次对"军事目标"做出界定的文件,对实践有一定影响[36]。作为条约,《第一附加议定书》对这一概念在实体法中的确立具有决定性作用[37]。这里需要简单提一下上述两个要件可能会造成的实际困难。在议定书的谈判过程中,"有效贡献"一词虽然最终被包括在草案中,但是为何如此却无法在谈判记录中找到确切解释[38]。红十字国际委员会在其草案中曾加入"有效""直接"两个限定词,但是在谈判后只剩下第一个限定词为各谈判国所接受,在实践中因此有将经济目标或军民双重用途目标(比如可以为军队使用的高速公路、机场、桥梁、通信系统或建筑等)作为"有效贡献"的军事目标的做法,虽然这里的贡献可能是间接的,但是只要该贡献可以达到"有效"的程度,就可以成为军事目标[39]。另一方面,"确定的军事利益"要求所造成的结果是确

---

[29]　A. Jachec-Neale, *The Concept of Military Objectives in International Law and Targeting Practice*, Routledge, 2015, pp. 133-135.

[30]　Art. 25, *Hague Regulations*；Art. 59(1)，API.

[31]　Art. 53，API.

[32]　Art. 56 (1)，API.

[33]　Art. 54，API.

[34]　Art. 55，API. Also see *Legality of Threat or Use of Nuclear Weapons*, Advisory Opinion, ICJ Rep. (1996) 226, para. 30.

[35]　*Schindler and Toman*, p. 315.

[36]　A. Jachec-Neale,上引书,第 21～29 页。文件是"对在战争中使用飞机的法律进行廓清和制订的权威尝试"。

[37]　H. Robertson, "The Principle of the Military Objective in the Law of Armed Conflict", 8 *US Air Force Academy Journal of Legal Studies* (1997—1998), pp. 35-70; *Henkaerts and Doswald-Beck*, vol. i, Rule 8, pp. 29-32.

[38]　A. Jachec-Neale,上引书,第 86 页。

[39]　例如：US Department of Defence, *Law of War Manual* (2015), updated 2016, Department of Defence, sects. 5. 6. 6. 2 and 5. 6. 8. 5.

定、可见的军事利益,而非臆测的、想象的,且此利益得益于"整个"攻击行为,而非其中单独的事件[40]。

在"厄立特里亚/埃塞俄比亚仲裁案"中,仲裁委员会认为:

> "一般来说,发电厂被视为对冲突国满足战时通信、交通和工业需要具有足够重要性,所以通常构成武装冲突中的军事目标。委员会还认为,当然并非所有此类发电厂均构成军事目标,比如:众所周知与国家电网分开的,且只用于人道援助行动的独立发电厂——只服务于医院或其他与国家战争能力无关的用途。"[41]

这一判断是基于委员会听取了本案双方的证据后作出的,但是它的措辞反映出其作为一个普遍性判断的性质,即:可以适用于其他事实背景之中。这里可能出现问题的地方是,"战争能力"作为一个大概念,与"军事行动"并不完全重合,而从历史发展来看,"军事目标"概念的发展,一直是与军事行动联系在一起的,一旦扩展其内涵,就可能出现军民目标模糊的危险,在选择攻击目标时人道法的规范作用就会明显淡化。这一方面的实践还在发展之中,对上述问题的解决方案需要通过进一步观察才能逐渐确定下来。

应当指出,相对于为冲突"作出贡献"的行为,"直接参与敌对行动"这一标准更为严格、更具有针对性[42],满足这后一标准的平民或(本来)受人道法保护的财产[43],才可以构成军事目标。因此,在兵工厂工作或以其他方式帮助或支持战争行为,并不理所当然地使工人成为军事目标。当然,兵工厂是合法军事目标,在那里工作的平民也必须意识到被攻击的风险。但是,如果军事行动策划者为收集情报做出了足够努力,仔细地分析过情报,并基于善意做出所攻击目标为军事目标的结论,那么,即使这一目标后来被证明是民用物体,该行为人也并非一定违反区分原则。这些考虑也说明该原则的适用在实践中并非易事。

1999 年,北约对科索沃局势的直接干预行动促使前南刑庭检察官成立了一个委员会,以查明北约军事行为是否违反了国际人道法,委员会于 2000 年 6 月 13

40　Ibid. , sect. 5.6.7.3.

41　Eritrea Ethiopia Claims Commission, *Partial Award*: *Western Front*, *Aerial Bombardment and Related Claims*, *Eritrea's Claims* 1, 3, 5, 9-13, 14, 21, 25 & 26, 19 December 2005, para. 117 (http://www. pca-cpa. org).

42　ICRC, *Interpretative Guidance on the Notion of Direct Participation in Hostilities*, ICRC, 2009, p. 46 (其中提到:个人行为构成直接参加冲突,必须先满足某种入门标准).

43　*Prosecutor v. Naletilić and Martinović*, Case No. IT-98-34-T, TC, Judgment, 31 March 2003, para. 605.

日发布了一份报告[44]。其中提到，一列载客火车于 1999 年 4 月 12 日在莱斯科瓦茨铁路桥上被一架美国战斗机发射的两枚飞弹击中，造成了 10 名乘客死亡，15 名乘客受伤："所计划的目标是铁路桥，该桥被认为是在科索沃的塞族军队补给线的一部分。"[45]该报告继而又指出：

> "委员会认为，该桥是一个合法军事目标。这列载客火车并非是有意被当成目标的。控制本次军事行动的机构、飞行员或武器系统操作员，在将该桥定位目标之后非常短的时间内，没有发现火车已经在第一枚炸弹飞向目标时到达。在该桥被第二次定位时，火车正在桥上——桥的长度被估计为 50 米……委员会认为，关于第一颗飞弹袭击的情报不足以为调查提供基础。然而，针对第二颗飞弹的发射，就飞行员或者武器系统操作员的行为是否存在疏忽大意的过失，委员会成员间存在着不同意见。尽管如此，委员会得出结论，根据展开调查的相关要件（见上面第五段），这起事件不应被调查……基于所掌握的信息，本委员会认为：检察官办公室不应当调查在戈迭理查峡谷发生的火车袭击事件。"

展开调查的相关要件被规定于报告的第五段中，即：在审查过程中委员会适用于北约行为的要件，与检察官办公室适用于其他行为人在前南联盟范围内所实施行为的要件相同。委员会特别注意到以下的问题：

a. 所指的被禁止行为是否足以被认定为违反国际人道法的行为，以至于可以成为起诉的基础？此外，将法律适用于特定事实是否就意味着违反这些禁令的行为已经发生了？

b. 委员会需要对相关信息作合理评估，但信息是否可信？它是否意味着法庭管辖权内的罪行可能是由个人在北约轰炸期间所实施？

后一个问题反映了检察官在主张其有权对科索沃境内的塞族军队所犯罪行实施调查时，是基于前南刑事法庭《前南刑庭规约》第 18 条第一款的规定。检察官提出，该审查标准的底线在于"可信证据表明，法庭管辖权内的罪行可能是在科索沃境内实施的"。该审查标准进一步解释了在何种情况下检察官可以认定自己有合法的调查权基础。可以推断，任何不符合该审查标准的调查，既武断也变化

44　See the *Final Report to the Prosecutor by the Committee Established to Review the NATO Bombing Campaign against the Federal Republic of Yugoslavia*, dated 13 June 2000, and attached to the press release issued that day. The text can be found on the ICTY webpage, or in: 39 *ILM* (2000), pp. 1257-1283.

45　Ibid., para. 58.

无常，也超出检察官的职权范围。检察官可以依据其自由裁量权，适用一个更高的最低要求，即必须有充分理由才能启动第 18 条第一款下的程序。实践中，在决定启动对任何案件的调查前，检察官必须考虑如何获取将在法庭对之进行审判的个人所犯下罪行的足够证据，以证明其罪行因素。

这一结果表明，在科索沃事件中，当时的现有证据难以说服委员会存在着"疏忽大意"这一主观要件。由于缺乏证据，任何试图澄清这一问题的进一步努力都失败了。

除非在条约中明确规定，疏忽大意的主观要件并不必然构成国际人道法下所惩罚罪行的主观要件。比如《罗马规约》第八条第二款第(b)(i)段，把<u>故意</u>将平民人口或不参加战斗的平民个人当作目标的行为定为战争罪。

综上，区分原则作为人道法的基本原则，概括性强于实用性，违反这一原则的行为并不必然导致个人刑事责任。对于人道法的体系来说，它的重要性是毋庸置疑的，因为它先于军事行动而存在，且在很大程度上定义军事行动的合法性：任何攻击行为若不遵守该原则，至少导致对其合法性的初步怀疑。实际问题中，有一个问题比较棘手，即当军民混合一起居住。这也是当今武装冲突中比较常见的现象。这种情况下，是否攻击是个极为困难的决定；国际判例中较为值得肯定的做法是暂停攻击，只要平民居民的总体性质没有改变[46]。在"检察官诉布拉斯基奇"案中，上诉庭指出："为了确定存在于平民人群中的士兵能否改变这一人群的平民性质，士兵的数量和他们是否在役都是需要审查的内容。"[47]也许对于这一问题中士兵数量的标准问题还有进一步的疑问，该问题在本部分将不会展开。

（三）比例原则

在军事行动中，这一原则的适用紧随区分原则的适用，它的主旨是：军事行动所造成的损失不应超过所期待的军事利益。此处的损失是指军事行动所带来的平民伤亡、民用目标的破坏，或两者兼而有之。比例存在于损失和可预期的军事利益之间[48]。

该原则产生于适用人道原则和军事必要原则的过程中。《第一附加议定书》

---

[46] *Prosecutor v. Galić*, Case No. IT-98-29-A, Appeal Judgment, 30 November 2006, para. 136. "上诉庭认为，前南法庭在这一问题上的司法实践是明确的：存在于被攻击人群中的战斗员个体并不一定改变该人群最终保留的性质，鉴于法律目的，它依然是平民人群。如果这一人群确实是'平民人群'，则个体战斗员存在于其中并不能改变其性质"。

[47] *Prosecutor v. Blaškić*, Case No. IT-95-14-A, Appeal Judgment, 29 July 2004, para. 115.

[48] J. Gardem, *Necessity, Proportionality and the Use of Force by States*, CUP, 2004, pp. 100-102.

是第一个编纂了这个原则的条约。它出现在第 51 条第五款（b）项与第 57 条第二款（a）（iii）项和（b）项之中。第 57 条第二款（b）项规定：

> "如果目标显而易见不是军事性的或是受特殊保护的，或者攻击可能附带造成与预期的具体和直接军事利益相比为过分的平民的生命损失、平民伤害、民用物体的毁坏，或三种情形均有，该攻击应予取消或中止。"

该原则还被反映在了《第二附加议定书》第三条第三款和《罗马规约》第八条第二款（b）（iv）项。另外，国家实践普遍接受了这一原则[49]。至于什么构成具体而直接的军事利益，红十字国际委员会认为，这种利益必须"是实质性的且相对靠近【观察者】"，难以察觉或是未来的利益则不符合要求[50]。

在实践中，附带或间接损害是一个棘手问题。平民豁免权这一基本人道法原则，并不能使针对军事目标采取的合法行动所导致的、不可避免的附带平民伤亡和损失成为非法，除非附带伤亡和损失相比直接具体的预期军事利益而言，明显过分[51]。再有，在衡量平民伤亡的程度时，一个重要参考标准是攻击是否有意针对平民和平民财产。此外，其他因素还包括：附带伤亡的人数；如果军工厂位于人口密集的地区，则对附近居民造成的财产损失的数量也应当考虑。虽然现代武器为军事行动策划者提供了更多选择，但他必须选择攻击方式，并采取能够将附带损失降到最低的预防措施。

在实践中，对这一问题还有其他的要素也应当考虑。因此，判断比例性的审查标准应当包括"目标与手段之间的合理契合"，并要求比例原则的主张者必须选择"（具备）最低伤害性的手段"而诉诸特定的战争方法来实现其最终目的[52]。

（四）人道原则

这一原则贯穿人道法的体系，不管其他原则如何，它在任何情况下都在武装冲突中发挥作用。它赋予人道法以独特性，诠释了其作为国际公法一个组成部分的原因。它禁止施加实现合法军事目标的必要行为之外的痛苦、伤害和破坏行为，而此处的"合法军事目标"是敌人武装力量。根据这一概念，一旦军事目的已

49　Henchaert and Doswald-Beck, vol. i, pp. 47-48.

50　*Commentary on APs*, p. 684, s. 2209.

51　*Prosecutor v. Kordić and Čerkez*, Case No. IT-95-14/2-A, Appeal Judgement，17 Dec. 2004，para. 52.

52　*Mara'abe v. Prime Minister of Israel*, Case No. HCJ 7957/04, Judgment, the Supreme Court of Israel，15 Sept. 2005，para. 30，at http://elyon1.court.gov.il/eng/home/index.html.

经达成,进一步施加的伤亡行为就是不必要的。因此,受伤或生病的敌方士兵不应再受到攻击,而应当得到人道的待遇和尊重。此外,即使在战斗过程中,战争手段和方式也仍然受到法律的规制[53]。

在 1996 年的"威胁使用或使用核武器合法性"的咨询意见中,国际法院视这一原则为国际人道法体系的基础。

在《日内瓦公约》体系下,这一原则禁止使用饥饿方式作为战争手段对待平民[54],它还包括了一系列禁止行为和保护人类尊严的权利,比如《第一附加议定书》第 75 条禁止酷刑和有辱人格或不人道的惩罚,并确保对所有人的人格、尊严、定罪和宗教行为的尊重、居住和治疗的权利、与俘虏家人交换信息的权利,以及对俘虏财产的保护。这一条款的意义在于:

> "其所包括的保证大多已经反映在公约【地区性人权公约】里以及《公民权利与政治权利公约》中,但这些条约都有可以在战时减损这些保证的条款。第 75 条则不受任何减损条款的限制,所以在武装冲突中会发挥决定性的作用。"[55]

我们已经提到,这一原则与"科孚海峡案"相关[56]。依据人道原则,为避免对国际航运造成不必要的损害,沿岸国有义务告知国际水道的使用者任何存在的危险因素,包括在水道中布雷的情况。但这一原则在本案中被适用于非战时局势中,所以国际法院在本案的裁决对人道法的影响有限。

最后需要指出,基于其贯穿体系的特质,人道原则成为"马尔滕斯条款"的一部分,可以说是必然的。这一点将在下面有所讨论。

三、小 结

本卷列举的基本原则,是其他国际人道法的次级原则和规则存在的基础。选择哪些原则作为此类基本原则,则是一个见仁见智的问题,其他学者对此有不同的安排和分类[57]。

53　Art. 22, *Hague Regulations*.

54　Art. 54(1), API.

55　*Commentaries on APs*, s. 3092.

56　*Corfu Channel Case* (UK v. Albania), Judgment of 9 April 1949, ICJ Rep. (1949) 4, p. 22.

57　Pictet, *Development*, Chapter III; N. Melzer, *International Humanitarian Law: A Comprehensive Introduction*, ICRC, 2016, pp. 17-20.

　　这些原则存在的好处在于,它们简明扼要地阐述了国际人道法基本内容,为军事行动策划者计划武装行动时不触及法律界限提供了简明的参考标准。虽然简明,上述四个原则还是可以为绝大多数的人道法规则提供基本的理论基础。从不同的角度看,即使是在 1907 年,这些基本原则也不能阻挡各国政府接受"马尔滕斯条款",作为未来人道法发展与更新所需授权的伏笔。在 1899 年《海牙第二公约》和 1907 年《海牙第四公约》的序言里,就出现了这个"条款"。当然,现代版本出现在《第一附加议定书》第一条第二款之中:"在没有被本议定书或其他国际协议规定的情形中,平民和战斗员仍然处于从已确立的习惯法、人道原则和公共良知的要求中发展出来的国际法原则的保护和权威之下。"

　　国际人道法基本原则是习惯法的一部分,所以它们会在任何情况下继续适用于条约或习惯法没有规定的具体情势之中。就基本原则而言,该条款似乎还包含了不依赖于习惯国际法而存在、但符合国际人道法目的与宗旨的原则,这样司法机构就可以从中获得启发、找到适用法规则。这一解释在红十字国际委员会的注释中得到了肯定[58]。

　　在"威胁使用或使用核武器的合法性案"中,沙哈布丁法官曾经说,这一条款为将"人道原则"和"公共良知的要求"当作国际法原则提供了依据,使得这些国际法原则所暗含标准之具体内容,可以依照不断变化的事实情形——包括战争手段和方式的变化,以及国际社会的态度和包容性——来加以确认[59]。他还认为,上述条款的基本功能就是证明了肯定存在着对军事行动施加影响的国际法原则[60]。他将这一条款本身当作所探讨的基本法律原则的渊源。法官的看法与本章的思路几乎不谋而合,下面解释一下为什么这样说。

　　人道原则已经是本章所列举的基本原则之一,其他三个原则都可以归于"从已确立的习惯法……中发展出来的国际法原则"的范畴之中。但是,把这四个原则都置于"马尔滕斯条款"之下,还不能穷尽该条款的潜力。1977 年后,实践(和习惯法)仍然在发展,新基本原则还可能出现;再有,"公众良知"是一个更为可观的规则渊源,鉴于其与道德和伦理观念的密切联系。这两个法律之外的科学对人道法的作用,进一步使得人道法的独特性得到彰显。

　　最后需要强调的是,本章里列举的四原则没有穷尽人道法的基本原则,正如国际法院在"威胁使用或使用核武器的合法性案"的咨询意见里所言:

　　58　*Commentaries on APs*,s. 55.

　　59　*Legality of the Threat or Use of Nuclear Weapons*,Advisory Opinion,8 July 1996,ICJ Rep. (1996) 226,Diss. Op. of Shahabuddeen,p. 406.

　　60　Ibid. ,p. 408.

> "海牙与日内瓦公约能拥有广泛的支持，得益于人道法中存在大量的尊重个人的根本性规则，以及本法院在'科孚海峡案'中所提及的'基本的人道考虑'【注释略去】。进一步说，不管它们是否批准了体现这些规则的条约，所有国家都必须遵守这些根本性规则，因为它们构成不可僭越的国际习惯法的原则。"[61]

就这一判断，必定存在诸多解释。比如：何谓"大量的规则"？什么是"不可僭越"的原则？这里是否有"规则"和"原则"的混用？基本原则可以是"大量的"吗？虽然本章不对这些问题进行分析，但是，也许联合国大会可以建立一个特别委员会，来梳理出人道法基本原则，并作出更权威的分析，找到各国政府都认可的原则清单。

---

[61] *Legality of the Threat or Use of Nuclear Weapons*，Advisory Opinion，8 July 1996，ICJ Rep. (1996) 226，para. 79.

第四章 武装冲突性质 非国际性武装 冲突中的国际人道法

扩 展 阅 读

E. Castren, *Civil War*, Helsinki, 1966; R. Falk (ed.), *The International Law and Civil War*, The Johns Hopkins University Press, 1971; J. Moore (ed.), *Law and Civil War in the Modern World*, The Johns Hopkins University Press, 1974; E. Nwogugu, "The Nigerian Civil War: A Case Study in the Law of War", 14 *Indian Journal of International Law* (1974), p. 13; D. Schindler, "The Different Types of Armed Conflicts according to the Geneva Conventions and Protocols", 163 *RdC* (1979-Ⅱ), pp. 117-164; A. Cassese, "The Status of Rebels under the 1977 Geneva Protocol on Non-International Armed Conflicts", 30 *ICLQ* (1981), pp. 416-439; W. Solf, "Problems with the Application of Norms Governing Interstate Armed Conflict to Non-International Armed Conflict", 13 *Georgia Journal of International and Comparative Law* (1983), pp. 323-326; H.-P. Gasser, "A measure of humanity in internal disturbances and tensions: a proposal for a code of conduct", 70 *IRRC* (1988), pp. 38-58; R. Abi-Saab, "Humanitarian law and internal conflicts: the evolution of legal concern", in: A. Delissen and G. Tanja (eds.), *Humanitarian Law of Armed Conflict: Challenges Ahead*, Martinus Nijhoff, 1991, p. 209; E. Kwakwa, *The International Law of Armed Conflict: Personal and Material Fields of Application*, Kluwer Law International, 1992; C. Gray, "Bosnia and Herzegovina: Civil War or Inter-State Conflict? Characterization and Consequences", 67 *BYIL* (1996), pp. 155-197; T. Meron, "Classification of Armed Conflict in the Former Yugoslavia, *Nicaragua*'s Fallout", 92 *AJIL* (1998), pp. 236-242; the same, "Humanitarian Protection in Non-International Armed Conflict", *Israel Yearbook on Human Rights* (2000), pp. 1-226; L. Moir, *The Law of Internal*

Armed Conflict，CUP，2002；A. Cullen，"Key Development Affecting the Scope of Internal Armed Conflict in International Humanitarian Law"，183 *Military Law Review*（2005），pp. 66-109；C. Smith，"Special Agreements to Apply the Geneva Conventions in Internal Armed Conflicts：the Lessons of Darfur"，*Irish Yearbook of International Law*（2009），pp. 91-101；S. Vité，"Typology of Armed Conflicts in International Humanitarian Law：Legal Concepts and Actual Situations"，91 *IRRC*（2009），pp. 69-94；Y. Dinstein，*Non-International Armed Conflicts in International Law*，CUP，2014.

一、适用 1949 年《日内瓦公约》的前提条件

在这些公约缔结的时候，现代国际法仍处于"经典"阶段，主权国家可以说是唯一的国际法主体，缔结公约的过程也发生在由主权国家代表出席的外交会议上，而会议的目的是创立一套由国家缔结并且由国家实施的条约，因此，《日内瓦公约》共同第二条规定：

> "除在和平时期应予实施之各项条款之外，本公约适用于两个或两个以上缔约国间所发生之一切经过宣战的战争或任何其他武装冲突，即使其中一国不承认有战争状态。凡在一缔约国的领土一部或全部被占领之场合，即使此项占领未遇武装抵抗，亦适用本公约。"

由此可见，公约缔约方一直以来就是主权国家。值得注意的是，即使在 1949 年，公约中的这一条款就已预见到公约某些条款在和平时期中适用，它具有某种"整合"作用，即公约既可以在和平时期也可以在武装冲突时期适用[1]。共同第二条的这一规定显示了公约起草者的远见。和平时期之外，武装冲突、占领或经过宣战的战争这三种情势的存在，成为适用 1949 年《日内瓦公约》主要条款的前提条件。根据 1949 年时国际法发展状况，上述情势在公约下具有国际性质，这项暗

---

[1] 参看 ICRC 对本条款在 2016 年发表的最新注解，其中提到和平时期适用的条款包括公布惩罚严重违反公约行为的刑事法律、对本国武装部队进行人道法培训、在平民中传播人道法：https://ihl-databases. icrc. org/applic/ihl/ihl. nsf/Comment. xsp? action=openDocument&documentId=BE2D518CF5DE54EAC 1257F7D0036B518(浏览于 2019 年 6 月 20 日)。

含的要求在未来会很大程度地左右公约条款的实施[2]。

另一方面,根据共同第 2 条,即使冲突之一方虽非公约缔约方[3],其他本公约缔约国在相互关系上仍应受公约的约束;而且,如果上述非缔约方主动接受并援引公约规定时,则缔约国与该方之间关系也受公约的约束。

二、武装冲突性质的认定

(一)定义——国内骚乱,民间/国内动乱,叛乱,武装冲突

这些术语描述了激烈程度逐渐升级的国内暴力行为的各个阶段。在《日内瓦四公约》和《第一附加议定书》中,均没有对这些阶段做出定义,原因是这些条约的适用对象限于战争、武装冲突或占领,均属于国际性武装冲突的范畴[4];国内武装冲突不属于它们调整的对象。但是,它们没有定义"武装冲突",那么怎么判断存在着这样的冲突呢?《第二附加议定书》所提到的低烈度暴力行为,提供了比较分析的可能。

根据《第二附加议定书》第 1 条第二款,国内骚乱和其他类似情况指的是发生在缔约国境内一个或多个地区的低烈度暴力行为。《第二附加议定书》不适用于未达到武装冲突程度的国内骚乱和紧张局势,比如暴动、孤立而不时发生的暴力行为和其他类似性质的行为。《罗马规约》第 8 条第二款 d 项也采用了这个定义。

在这些非武装冲突中适用的是国内法,当然也适用比如国际人权法,但后者不属于本章讨论的内容。一般来说,"民间动乱"规模较大而且维持时间较长,通常还会引发暴力行为,甚至可能会在短时间内演变成武装冲突。

不过,在公约之下,这些术语之间的差异并没有清晰界定。

在《第二附加议定书》缔约方境内发生的"叛乱"的性质比较复杂,不易归类。这种情况下,反政府势力可能会控制部分领土并与政府军队发生武装冲突。在取得"交战方"(belligerent)的身份前,反政府势力也被称为叛乱分子(insurgent)。在过去和现在的实践中,武装冲突既可以在主权国家之间发生,也可以在合法政

2　F. Kalshoven, *Arms, Armaments and International Law*, 191 *RdC* (1985, Ⅱ), p. 291.

3　公约缔结之时代指代"缔约国"。

4　《第一附加议定书》第 1 条第四款之下把"民族解放运动"摆脱殖民统治的冲突列入国际武装冲突的范畴,是对习惯法的发展,后者视此类冲突为国内武装冲突,但这一发展也造成了以色列、南非(直到 1995 年)等国家拒绝加入议定书的结果: D. Schindler, "The Different Types of Armed Conflicts according to the Geneva Conventions and Protocols", 163 *RdC* (1979), pp. 133-144.

府及反政府势力之间展开，只要反政府势力满足一定标准，双方均可能被视为"交战方"[5]。

一旦叛乱者被认定为"交战方"，反政府势力将得到"国际身份"。在国际法上，"交战方"有资格获得事实上（de facto）和法律上（de jure）政府的待遇，并且有权参与战争。这项资格已在实践中存在了几个世纪，其来源是早期"只有主权国家可以开战，而半主权国或者部分主权国则不能开战"的观点[6]。传统国际人道法或战争法只有在"交战状态"（belligerency）获得承认时才能适用，但对这种状态的承认现在比较罕见[7]。

承认"交战状态"时所适用的原则，实际上与承认新国家或政府所适用的原则无异[8]。因此，在"交战状态"被其他国家承认之前，必须符合以下标准：存在具有大规模武装冲突行为的内战；叛乱分子占领了国家领土的一部分并对其进行有序的管理；叛乱分子在负责任的政权下运作并遵守战争法规则；并且存在第三国对这一内战表明态度的实际必要性[9]。这种"交战状态"更不是《第二附加议定书》第1条第二款所规范的内容，因为如果出现"交战方"，那么所涉及的问题就是国家（或事实上的国家实体）之间的武装冲突，"内战"将会升级为国际性武装冲突[10]。

那么，习惯法是根据哪些条件来确定"武装冲突"的存在呢？

在1949年日内瓦会议上，曾有国家提议对非国际性武装冲突进行界定，这些提议都包括了一个共同条件，就是武装冲突中的叛乱分子必须具备有组织的军事力量，并控制一部分领土，其他条件则包括该军事力量必须向权力机构负责，并且尊重《日内瓦公约》，以及冲突是在这个机构和法律意义上政府之间发生的[11]。当时在界定武装冲突时并不特别要求存在着持续暴力行为，但是上述这些条件被视

5　H. Lauterpacht, *Recognition in International Law*, CUP, 1948, pp. 176, 270.

6　*Oppenheim's International Law*, 7th edn., vol. ii, p. 248, s. 74.

7　G. Draper, "The Status of Combatants and the Question of Guerilla Warfare", 45 *BYIL* (1971) 173, p. 208; M. Sassòli, *International Humanitarian Law*, Elgar, 2019, margin 7.40.

8　*Oppenheim's International Law*, 7th edn., vol. ii, s. 76. 参看本书上卷第四章第二节。

9　这四个条件也是劳特派特在其早期著作中就已经列举过的：H. Lauterpacht, *Recognition in International Law*, CUP, 1948, p. 176.

10　*Oppenheim's International Law*, 7th edn., vol. ii, p. 248, ss. 74 and 75. Also see D. Schindler, "State of War, Belligerency, Armed Conflict", in: A. Cassese (ed.), *The New Humanitarian Law of Armed Conflict*, Editoriale Scientifica, 1979, pp. 3 ff.

11　*Commentary on GCI*, pp. 49-50.

为可有效将武装冲突与"土匪活动"或短期暴动区分开来[12]。

《第二附加议定书》第 1 条第一款反映了上述提议所表达的意图：

> "本议定书发展和补充 1949 年 8 月 12 日日内瓦四公约共同第三条而不改变其现有的适用条件，应适用于为 1949 年 8 月 12 日日内瓦四公约关于保护国际性武装冲突受难者的附加议定书（第一议定书）所未包括，而在缔约一方领土内发生的该方武装部队和在负责指挥机构统率下的、对部分领土行使控制权从而使其能进行持久而协调的军事行动并推行本议定书的持不同政见的武装部队或其他有组织的武装集团之间的所有类型武装冲突。"

本条款对"国内武装冲突"进行了定义：1)该冲突在缔约一方领土内发生；及 2)在缔约方武装部队和敌对武装组织或其他类似集团之间发生。而且，敌对武装势力必须：1)在负责任的指挥机构下组织起来；2)对部分领土行使控制权；3)进行持久而协调的军事行动；及 4)执行《第二附加议定书》。没有达到这些标准的话，就不存在《第二附加议定书》意义上的武装冲突[13]。

因此，《第二附加议定书》下的国内武装冲突之定义比起习惯法相当超前[14]。这类冲突能否在政府军队和缺乏组织的反对势力之间发生呢？《第二附加议定书》第一条排除了此可能性。这是合理的，因为武装冲突要求冲突具备一定的激烈程度，而缺乏组织的势力不能发动达到一定规模的战争，更遑论将其维持一段时间。与《日内瓦公约》共同第 3 条不同，议定书并没有包括所有国内武装冲突的情况。

从上面的论述，可以推演出另一个"武装冲突"定义的元素：冲突的激烈程度[15]。在这种冲突中，政府指挥的警察部队已经无法控制局势，只有动用成规模的武装力量，才能对局势造成实质性的影响。但是，激烈程度本身是个事实问题，涉及使用武力的规模、冲突的手段与方式、受影响的地区范围、持续的时间、国际组织的介入，等等[16]；在人道法中，对这一问题没有法律上的定义。

12　Ibid. , p. 50.

13　对此更为详细的分析，可参见：Y. Dinstein, *Non-International Armed Conflicts in International Law*, CUP, 2014, pp. 38-48.

14　Cf. *Diab v. Attorney-General*, ILR (1952), pp. 551-553. 本案中，以色列最高法院将"内战"定义为公民对抗国家或公民之间的武装斗争。

15　这一问题在国际性武装冲突中并不突出：D. Schindler, 163 *RdC* (1979-II) 117, at 131.

16　*Prosecutor v. Haradinaj*, Case No. IT-04-84-T, ICTY, Trial Judgment, 3 April 2008, para. 49. *Prosecutor v. Boškoski and Tarčulovski*, Case No. IT-04-82-A, Appeal Judgment, 19 May 2010, para. 22.

总之，《第二附件议定书》只对《日内瓦四公约》在国内武装冲突问题上的滞后做出部分改进，但是它对此类冲突所制订的详细规范被它给予此类冲突的狭隘定义冲淡了效力，因为它所适用的国内武装冲突，将实践中存在的多数此类冲突排除在外[17]。

（二）"塔迪奇案"及后续发展

《前南刑庭规约》包括严重违反《日内瓦四公约》的行为，而前南刑庭因此得到管辖权来审理前南斯拉夫境内发生的事件是否是武装冲突这一问题，其核心是1949年《日内瓦四公约》可以在哪一种武装冲突中适用。

1. 1995 年 10 月 2 日有关管辖权的上诉庭决定

在"塔迪奇案"诉讼过程初期，辩护方提出许多问题，其中较为重要的是下面这三个问题：1）武装冲突的国际性质的判断；2）"受保护人"的地位；3）违反国际人道法的个人刑事责任。在这里将以前南刑庭上诉庭于 1995 年 10 月 2 日作出的有关管辖权的上诉决定（"1995 年决定"）为参考来讨论上述第一个问题[18]，该上诉庭所采用的"武装冲突"定义可以作为本章讨论的参照点：

> "当国家之间存在着使用武装力量的行为时，或在一个国家境内存在政府武装与有组织的武装团体之间，或此类团体之间持续的武装暴力行为时，就存在着一个武装冲突"[19]。

上诉庭的判断没有要求国际武装冲突达到一定的烈度，但是对国内武装冲突要求有持续性。在前南刑庭的实践中，逐渐呈现为对国内武装冲突烈度的要求[20]。

本章进一步讨论的是"1995 年决定"中另一个重要判断，即武装冲突的性质。如果可以确定一个国际性武装冲突的构成要件，就能从而辨明其与国内武装冲突的区别。在本案中，这个问题与 1949 年《日内瓦公约》的适用有直接关系。

在上诉中，塔迪奇指出，"严重违反《日内瓦公约》"的执行机制只能适用于国

17　D. Schindler, "The Different Types of Armed Conflicts according to the Geneva Conventions and Protocols", 163 *RdC*（1979-Ⅱ）117, pp. 125-127.

18　*Prosecutor v. Duško Tadić*, Case No. IT-94-1-AR72, 2 October 1995，ICTY AC, *Decision on the Defence Motion for Interlocutory Appeal on Jurisdiction*.

19　Ibid. , para. 70.

20　*Prosecutor v. Boškoski and Tarčulovski*, Case No. IT-04-82-A, Appeal Judgment, 19 May 2010, para. 21（上诉庭回顾了法庭从"塔迪奇案"一审判决开始到本案的判例法，并提及本案审判庭基于此适用的国内武装冲突定义的两个构成要素）。在本案中，上诉庭没有否定审判庭确立的两个要素，可以说沉默是对要素的认可：参看本案上诉判决第 24 段。

际性武装冲突,《前南刑庭规约》第 2 条下"严重违反《日内瓦公约》"的用语限制了前南法庭的管辖权,使之只能对国际性武装冲突中实施的违反行为进行管辖。审判庭认为,《前南刑庭规约》第 2 条并不必然吸纳《日内瓦公约》所有条款(包括共同第 2 条),第 2 条是"自成一体"。对此,上诉庭持不同意见,它认为审判庭的推理存在对"严重违反《日内瓦四公约》"条款以及其在何种程度上构成《规约》相关内容的错误解读[21]。适用"严重违反《日内瓦公约》"这一类条款时,武装冲突需具备国际性质;这一要求被认为"仅仅是这一类条款所创立的普遍强制管辖制度的一项功能"[22]。1949 年谈判时,为了防止他国对本国的国内武装冲突中发生的违反国际人道法的行为进行管辖,与会政府在公约草案里附加了这一条件。上诉庭还注意到联合国秘书长报告(S/25704)第 37 段中关于"国际性武装冲突"的论述。上诉庭最终的结论是,将《前南刑庭规约》第 2 条解释为需要有国际性武装冲突作为其适用条件,是对《规约》条文和《日内瓦公约》的相关条款"唯一"合理的解释[23]。

　　这个结论在法律解释上是正确的,但是上诉庭对本案事实进行分析之后,认为在前南斯拉夫境内发生的冲突的性质同时兼具国际性和国内性的混合属性。李浩培法官表达了个人意见,他认为冲突是国际性的,并且这个性质构成了整个前南斯拉夫境内发生的冲突的总属性[24],因此,上诉庭未能令人信服地证明本案事实符合《前南法庭规约》第 2 条之下法庭管辖权的重要元素之一的要求[25]。

　　武装冲突的国际性质问题及其认定在上诉庭之后的一个判决中得以解决。

2. 1999 年 7 月 15 日上诉庭判决

　　1999 年 7 月 15 日,在"塔迪奇案"一审判决后的上诉程序结束时,前南刑庭上诉庭(首席法官沙哈布丁,上诉法官:卡塞斯、王铁崖、涅托-纳威亚和蒙巴)作出判决(1999 年判决)。

　　在"1995 年决定"作出后,适用《前南刑庭规约》第 2 条是否要求武装冲突具备国际性质已经不是本案的争论点,上诉程序中的问题在于如何辨认发生在普里耶多地区的冲突是否属于国际性冲突。要回答这个问题,就需要确认国际性武装冲突的标准。

21　"1995 年决定",第 80 段。

22　同上注。

23　同上注,第 83 段。

24　*Separate Opinion on Judge Li on the Defence Motion for Interlocutory Appeal on Jurisdiction*, para. 17.

25　Ibid., para. 20.

在上诉程序中，检察官提出，在所有与本案有关的时期中，存在着两个国家之间发生的国际性武装冲突，两国指波斯尼亚和黑塞哥维那共和国（Bosnia and Herzegovina，BiH；波黑共和国）及南斯拉夫联邦共和国（the Federal Republic of Yugoslavia，FRY）。一审结束时，麦克唐纳法官对初审判决提出不同意见，她的观点与检察官的上述立场一致；但审判庭多数意见认为，在1992年5月19日南斯拉夫人民军（Yugoslav People's Army，JNA）撤离波黑共和国之前，发生在波黑共和国和南斯拉夫联邦共和国之间的冲突属于国际性武装冲突，但对此冲突在19日之后的属性没有决定[26]。1992年5月19日，波斯尼亚塞族在波黑共和国建立了自己的武装部队（VRS），而VRS就是用来接替JNA继续战斗。因此，问题是在这天之后冲突是否具备国际性，答案取决于对国际法院在"尼加拉瓜案"判决中所提出的习惯法规则的解释[27]。

在"尼加拉瓜案"中的争论点是，美国是否因为向被称为 contras 的尼加拉瓜反政府军事或准军事组织提供财政、组织、训练、装备和后勤上的支持，而需要对反政府武装违反国际人道法的行为负责。国际法院要求当事方出示证据，以证明案件当事方之一的美国不仅对该军事或准军事组织有"有效控制"（effective control），而且在出现该组织违反国际人道法行为的军事行动中该控制也是存在的[28]。法院声明，如果要认定美国需为 contras 被指控实施的犯罪行为负责，则需要证明美国政府"具体指挥或强迫"这些罪行的实施，在法院看来，即使被告国对某武装组织有总体性控制，而该武装组织也高度依赖该国的支持，法院也不能就此作出被告国有责任的判决[29]。

前南刑庭上诉庭的多数意见——沙哈布丁法官在甄别"尼加拉瓜案"原则的问题上持异议——认为，本案面临的问题是：若就不具备国家官员身份的个人所实施的行为而对国家进行法律上归责的话，标准是什么？就个人实施的行为对其国家进行归责会有三个后果：首先冲突性质会得到确认，其次将可能导致国家责任问题，最后则会涉及个人刑事责任的问题。上诉庭多数意见解释道，国际法院在"尼加拉瓜案"中对三类人进行了区分[30]。

第一类是美国政府官员或美国军队成员。关于这些人的行为定性，国际法院

---

[26]　*Prosecutor v. Duško Tadić*，Case No. IT-94-1-T，Judgment of 7 May 1996，ICTY TC.

[27]　*Military and Paramilitary Activities in and against Nicaragua*（*Nicaragua v. USA*），Merits，Judgment of 27 June 1986，ICJ Rep.（1986）14.

[28]　Ibid.，para. 115.

[29]　Ibid.

[30]　"1999年判决"，第109段。

采用的是一项根深蒂固的国际法原则，根据这项原则，如果个人在一国国内法下具有政府人员的身份，或者至少隶属于经过正当授权从事政府事务的公共单位，那么该国就需要对他实施的违反国际义务的行为负责[31]。

另外两类人均不属于美国政府人员。其中一类人包括那些没有美国国籍，但是在美国军方或情报人员的指示及监督下领薪行事的人员。这些人员被称为"UCLAs"，其工作内容包括在尼加拉瓜港口或海上油井布置水雷等；如果美国政府人员参加了这些 UCLAs 进行的特定行动的策划、指挥、支持和实施，则可以理解为存在"监督"。国际法院认为，UCLAs 的这些行为可以归责于美国[32]。另一类人员是 contras 的成员，他们在冲突中的存在引发了究竟谁该为他们的罪行负责的难题。前南刑庭上诉庭多数意见认为，国际法院建立了"有效控制"理论[33]，在考察 contras 和美国的关系时，法院指出，重点是两者之间的关系是否属于一方依赖和另一方控制的性质，从而在法律上将 contras 等同于美国政府的一个部门，或将其视为是在代表美国政府行事[34]。然而，多数意见的法官们认为这个标准并不具说服力；他们提出了取而代之的"全面控制"(overall control)的检验标准：

> "要将一个军事或准军事组织的行为归因于一个国家，需要证明该国对该组织实施了全面控制，而不仅是为该组织提供装备及财政上的支持，且对其军事活动的全面策划进行了协调或帮助。只有这样，该国才会对该组织的不当行为负国际责任，不过，这里并不要求该国向该组织的领导或成员发布实施违反国际法行为的指令。"[35]

这个标准比"尼加拉瓜案"中国际法院所适用的更为宽泛。确定了这个标准后，上诉庭多数意见总结说，"波黑塞族共和国"(Republika Srpska)的武装部队应被理解为是在南斯拉夫联邦共和国的全面控制下，代表南斯拉夫联邦共和国行事，因此即使在 1992 年 5 月 19 日后在波黑共和国领土上发生的波斯尼亚塞族和波黑共和国中央政府之间的武装冲突，也必然被归类为国际性武装冲突。

在其个人意见中，沙哈布丁法官对判决的整体趋向表示理解，但是对多数法官采用的新标准保留了意见[36]。他认为国际法院在"尼加拉瓜案"中采用的标准

31　ICJ Rep. (1986) 14，paras. 75，84 and 86.

32　Ibid.，para. 86.

33　"1999 年判决"，第 109 段。

34　ICJ Rep. (1986)，14，para. 109.

35　"1999 年判决"，第 131 段。

36　Separate Opinion of J Shahabuddeen，para. 21.

是"正当及充分的"[37]，主要原因在于，适用"尼加拉瓜案"标准能清楚显示本案涉及的武装冲突是在借助波黑塞族军队的南斯拉夫联邦共和国和波黑共和国之间展开的，他认为上诉庭多数意见的焦点在个人或组织所实施的不法行为而引起的国家责任，但是本案的问题是南斯拉夫联邦共和国是否利用波黑塞族军队对波黑共和国使用了武力，而不是南斯拉夫联邦共和国是否需要对波黑塞族军队实施的违反国际人道法的行为负责[38]。在他看来，只要证明了存在上述使用武力的证据，就可以适用《日内瓦四公约》共同第2条，而不必再考虑是否存在违反国际人道法的行为。

上述的推理也可以这样理解。在"尼加拉瓜案"中，国际法院裁定，因为武装及训练了 *contras*，美国需要为针对尼加拉瓜使用武力或以武力威胁的行为负责，因为这些行为违反了习惯法中禁止威胁使用或使用武力的国际法基本原则；在"塔迪奇案"中，南斯拉夫联邦共和国所做的不止于武装及训练波黑塞族武装部队，因此可以确认南斯拉夫联邦共和国对波斯尼亚和黑塞哥维那共和国使用了武力，致使在波斯尼亚和黑塞哥维那共和国和波黑塞族武装部队之间发生的冲突具有国际性。这样推理下来，判决就应如同检方在上诉时所提出的观点一样，即《日内瓦公约》可以适用于本案，而法庭在《前南刑庭规约》第2条下的管辖权就建立起来了。

尽管如此，由于判例的影响[39]，前南刑庭在本案之后评估其他案件中的类似问题时，使用的是"全面控制"标准。但是，这项标准在前南刑庭中后期的案件中似乎不再流行，原因是要证明有严重违反《日内瓦公约》的行为存在难度，而且前南刑庭在实践中常出现"指控叠加"的现象，加上"认罪协议"在某种程度上使在《前南刑庭规约》第2条之下提出指控既多余又费时。其实，无论是在《前南刑庭规约》第2~3条或第5条之下提出指控，审判后的结果在个人应负责任程度及相应惩罚尺度上均十分相似。

在2004年的一个案件中确认冲突性质时，上诉庭适用了既有原则，即"1999年判决"中的标准，这似乎认可了"1999年判决"的标准，但是该庭没有明确地承认这一点[40]。

2007年，国际法院对此问题再次发表意见。在"关于《灭种公约》适用问题

---

37 Ibid., para. 5.

38 Ibid., para. 17.

39 *Prosecutor v. Aleksovski*, Case No: IT-95-14/1-A, AC, Judgment of 24 March 2000, paras. 107-111.

40 *Prosecutor v Blaskić*, Case No. IT-95-14-A, Appeal Judgment, 29 July 2004, para 171.

案"中,申请方波斯尼亚和黑塞哥维那请求国际法院参考"塔迪奇案"后前南刑庭所采用的"全面控制"标准,审视"尼加拉瓜案"中所适用标准的有效性[41]。在考虑前南刑庭上诉庭的推理后,国际法院认为不能认同上诉庭所认定的标准[42]。

对比两个判决不难看出,就对武装冲突性质进行判断而言,国际法院与前南刑庭的标准的分歧在于,前南刑庭上诉庭在"塔迪奇案"中并没有被要求判断国家责任问题,因此国际法院不能在习惯国际法问题上"最全面地考虑"前南刑庭的观点[43]。国际法院的解释显示,它赞成沙哈布丁法官在"塔迪奇案"中的个人意见,即把与个人刑事责任相关的武装冲突性质问题与个人在武装冲突中的行为导致国家责任的问题区分开来[44]。国际法院总结道,不属于或不等同于一国政府人员的个人,只有在该国对其进行"有效控制"时所实施的行为,才可能导致该国的国家责任,这个标准反映了国际法委员会 2001 年公布的《国际不法行为的国家责任条款草案》第八条所反映的习惯法原则[45]。

值得一提的是,国际法院认为,在辨认特定武装冲突性质时,也可以采用前南刑庭上诉庭的标准[46]。在这个有限范围内,两个司法机构的立场是一致的。

3. 国内武装冲突

当某个武装冲突不符合"塔迪奇案"中的责任归属标准时,那么这一冲突的性质只能是国内武装冲突。当年,在卢旺达发生的灭种事件主要是在不同种族之间非国际性武装冲突中发生的,由于之后建立的卢旺达国际法庭的管辖权涵盖国内武装冲突[47],在该法庭工作中,这方面的法律问题并不多。联合国秘书长在依照联合国安理会第 955(1994)号决议第五段向安理会作出的报告中指出:

> "……考虑到【在卢旺达发生的】冲突性质属于非国际性,安理会赋予了法庭对以下罪行进行管辖的权力:可在国际性或非国际性武装冲突中实施的违反国际人道法的罪行,例如灭种罪和反人道罪,或只能在非国际性武装冲突中实施的罪行,例如违反《日内瓦公约》共同第 3 条的行为,该条在《第二

41　*Application of the Convention on the Prevention and Punishment of the Crime of Genocide* (*Bosnia and Herzegovina v. Serbia and Montenegro*),Judgment of 26 February 2007,ICJ Rep.（2007）43.

42　Ibid.，para. 403.

43　Ibid.

44　Ibid.，para. 405.

45　Ibid.，para. 406.

46　Ibid.，para. 404.

47　参看联合国安理会决议 S/RES/955（1994)附件,《卢旺达国际法庭规约》第一、四条。

附加议定书》第四条下得到全面详尽的说明。"[48]

"卢塔甘达案"审判庭认为："在与本案有关的时段里，卢旺达处于国内武装冲突状态。"[49]

三、"受保护人"

除了上面所讲的鉴别冲突性质的标准外，还可以通过受保护人国籍对武装冲突进行分类。"塔迪奇案"中，"1995 年决定"围绕此问题就武装冲突性质进行了讨论，前南刑庭上诉庭认为，在前南斯拉夫地区发生的武装冲突同时具备国内及国际性，而联合国安理会在通过《前南刑庭规约》的时候对冲突的这两个属性也十分清楚，因此授权法庭审判在这两种性质武装冲突中发生的违反国际人道法的罪行[50]。

但是，上诉庭决定中包括一个新论点，影响着《日内瓦公约》在未来国内武装冲突中的适用，这一论点围绕着《日内瓦第四公约》第四条中"受保护人"的问题展开。上诉庭论点的影响在于，在确认武装冲突性质时，不能再像以往案件中一样以冲突所影响的人员的国籍作为唯一标准。另一方面，冲突的性质未必一定影响《日内瓦公约》的适用，这显示了《日内瓦公约》可能在混合性质的冲突中适用的趋势，这个趋势有别于上诉庭在"1995 年决定"中所反映的意图。

《日内瓦第四公约》第 4 条规定：

> "在冲突或占领之场合，于一定期间内及依不论何种方式，处于非其本国之冲突之一方或占领国控制下之个人，即为受本公约保护之人。"

该条还规定，已经受 1949 年日内瓦第一至第三公约保护的个人不是《日内瓦第四公约》意义上的"受保护人"。这表明了《日内瓦第四公约》和其他《日内瓦公约》在受保护人问题上的平行关系。

在简要地回顾了 1949 年《日内瓦公约》订立时的谈判纪录后，"塔迪奇案""1999 年判决"提出了如下观点[51]：以往的战争主要发生在已经存在的主权国家之间，但是在今天，武装冲突会发生在种族之间，并以种族界限为标志建立新国

48　S/1995/134.

49　Case No. ICTR-96-3-T, Trial Judgment, 6 December 1999, para. 7 (1994 年，被告人是青年民兵组织 Interahamwe 国家委员会第二副主席。一审后被裁定犯有灭种罪和反人道罪，判处无期徒刑).

50　"1995 年决定"，第 76 段。

51　"1999 年判决"，第 166 段。

家；国籍已不代表人们效忠的对象，取而代之的是种族，后者成为是否对一国效
忠的决定性因素。在这种情况之下去辨认谁是"受保护人"时，若只考虑国籍就不
够了。任何法庭不仅需要考虑《日内瓦公约》的文字和起草历史，而更重要的是，
需要考虑公约的意图和目的，以判断个人对缔约方的忠诚程度。最终，这个基于
种族的标准是否合理取决于《日内瓦公约》反映在其文字和谈判历史之中的目的
和意图。

在这个前提下，上诉庭认为，《日内瓦第四公约》第四条的目的是为了最大限
度地保护平民，因此，传统意义上的连结点和国籍这样的法律关系并不影响该公
约的适用，其主要目的是保证那些落入一国手中却又在该国不受外交保护的平民
可以得到公约的保护[52]。

在本案中，违反国际人道法的罪行实施者和受害者均拥有同样国籍[53]，但第
四条仍然可以对他们适用，因为那些作为受害者的波斯尼亚穆斯林族不必效忠作
为国家的南斯拉夫联邦共和国，他们在被作为南斯拉夫联邦共和国代理人的波黑
塞族军队拘留后，实际上落入南斯拉夫联邦共和国控制。当然，波斯尼亚塞族平
民在被波黑政府军拘留时也受《日内瓦第四公约》保护。上诉庭判决的重要性在
于，即使在国内武装冲突中，《日内瓦第四公约》也可适用于保护不同种族群体的
平民。这虽然有创设国际法之嫌，但是其后被其他判决所接纳采用。如果种族成
为《日内瓦四公约》和两个附加议定书的标准，那么上诉庭判决对国内武装冲突的
意义将更为重要。

2001 年 2 月 20 日，上诉庭对"切勒比奇案"的上诉问题作出判决，清楚地展
示了"塔迪奇案"判决在随后实践中的作用。该判决指出，为了适用人道法，尤其
是《日内瓦第四公约》第 4 条，当代种族性武装冲突中的受害者可等同于冲突中的
外部国家（的公民），不论他们与抓捕自己的人是否有相同的国籍[54]。上诉庭适用
"塔迪奇案"的标准后指出，波黑塞族受害者被捕是因为自己的塞尔维亚族身份，
而且逮捕他们的波黑政府当局显然将他们认定为武装冲突中的敌对一方成员，因
此他们应被视为《日内瓦第四公约》下的"受保护人"[55]。这些受害者并不效忠波
黑政府。

因此，根据被捕人员的种族归属，国内性武装冲突可能被视为国际性武装冲

---

[52]　"1999 年判决"，第 165 段。

[53]　这个情况一直维持到 1992 年 10 月 6 日 BiH 通过其公民身份法案为止。

[54]　*Prosecutor v. Delalić et al.* （"Čelebići"），Case No. IT-96-21-A，para. 83.

[55]　Ibid.，para. 98.

突,那么,以存在国际性武装冲突为适用前提条件的《日内瓦公约》就得以发挥效力,这种理论的影响将在未来实践中得到进一步检验。

四、国际人道法在国内武装冲突中的适用

虽然在本章里讨论人道法在国内武装冲突中的实体规则可能有结构排序的问题,但是,本章如此安排的立意是:1)武装冲突作为一个总概念,包括了战争和各种军事冲突;武装冲突开始时,也是人道法开始适用之时。但是,什么是"武装冲突"?这个问题在本章分析中,已经得到解答,但解答的路径是引入对《第二附件议定书》的讨论,因为后者对不同烈度的暴力行为(最高烈度为武装冲突)有所规定,而这是其他条约缺乏的内容。如果不解决"武装冲突"的问题,如何过渡到"国际性武装冲突"(含战争)的制度呢?2)虽然当今的趋势,是国家实践逐渐打破国际性和国内性武装冲突的界限,并推动在国内冲突中引入更为完善的国际性冲突中的法规,但是,不可否认的是,这个趋势还在发展之中,还有较大的争议,《罗马规约》中相关条款所带来的争议就是证据之一。可以说,国际性和国内性冲突的制度还是"泾渭分明"的。3)尽管有2)所揭示的发展方向,但是现有的国内冲突制度仍然处于雏形,只有少数可用的规则,既然"武装冲突"已经在这里定义,那么这一较为框架性的冲突制度就可以顺带介绍,而不必把冲突定义与国内性武装冲突制度分开处理,使得后者出现在本卷后部。4)与"武装冲突"定义紧密联系的问题,就是对冲突性质的判断。这个问题也不适宜放到后面去讨论。

总之,在此将国内性武装冲突的基本规则加以讨论,还是比较合适、自然的安排。

1. 多边条约

在实体法问题上,《第二附加议定书》和《日内瓦公约》共同第 3 条提供了基本的条约法规则[56]。两者的规定本质都属于条约法,但在不同程度上成为了习惯法。前南刑庭、卢旺达刑庭、塞拉利昂特别法庭的规约和《罗马规约》均特别把共同第 3 条确认为习惯法[57],也有观点视其为强行法规则[58]。而在我们接下来的讨论中会发现,适用《第二附加议定书》时仍然存在不少问题,因为并非它的所有规定都是习惯法。

---

[56] S. Vité, "Typology of Armed Conflicts in International Humanitarian Law: Legal Concepts and Actual Situations", 91 *IRRC* (2009) 69, p. 75.

[57] 例如:《罗马规约》第八条第二款第(c)项(针对"严重违反"《日内瓦公约》共同第三条的罪行)。

[58] L. Moir, *The Law of Internal Armed Conflict*, CUP, 2002, p. 57.

2. 双边条约

"塔迪奇案""1995 年决定"提到,在 1991 年 11 月 27 日,FRY、JNA、克罗地亚共和国和塞尔维亚共和国签订了实施《日内瓦公约》和《第一附加议定书》的协议,各方允诺在它们之间的关系中适用国际人道法规则[59]。还有 BiH、VRS 和"克罗地亚防务理事会"(Croatian Defence Council,HVO)在 1992 年 5 月 22 日签订的协议[60],根据协议,冲突各方"承诺尊重 1949 年 8 月 12 日的《日内瓦公约》第三条,并且确保该尊重的实现";各方并且保证"在所有场合下"尊重和确保对该协议尊重之实现[61]。这后一协定当然并非国家之间的条约,但却构成控制着一个前《日内瓦公约》缔约国部分领土之实体或冲突方之间的、具有约束力的文件。《日内瓦公约》可适用于 BiH 的全部领土,这样可以确保在领土上互相作战的各方受到公约的约束。

3. 习惯法

在《海牙公约》和《日内瓦公约》或其他类似文件中所反映的习惯法规则,也可在国内武装冲突中适用。特别是反映习惯法的共同第 3 条,可适用于并非《日内瓦公约》或《附加议定书》缔约国的国家。实践中也存在将适用于国际性武装冲突的规则应用在国内武装冲突中的趋势,而这个趋势最早可追溯至 1863 年的《利伯法典》[62]。

4. 国际人道法基本原则

众所周知,国际人道法基本原则是可以在任何冲突中适用的[63]。"马尔滕斯条款"就是例子。又例如,在 1938 年"西班牙内战"中,红十字国际委员会就敦促冲突各方尊重人道原则[64]。

59　"1995 年决定",第 73 段。

60　*Sassòli*,*Bouvier and Quintin*,vol. iii,p. 1717.

61　Ibid. ,Art. 6.

62　Cf. Arts. 152 and 154 of the *Code*. Also see T. Meron,"Francis Lieber's Code and the Principles of Humanity",36 *Columbia Journal of Transnational Law* (1997),269.

63　参看本卷第三章。

64　See A. van Wynen Thomas and A. Thomas Jr. ,"International Legal Aspects of the Civil War in Spain,1936-1939",in: R. Falk (ed.),*The International Law of Civil War*,The Johns Hopkins Press,1971,pp. 111,121. See also Resolution XIV,adopted by the XVIth International Red Cross Conference in London in 1938,entitled "Role and activity of the Red Cross in time of civil war",excerpted in the ICRC and the International Federation of Red Cross and Red Crescent Societies,*Handbook of the International Red Cross and Red Crescent Movement*,13th edn. ,1991,p. 786.

五、1949 年《日内瓦公约》共同第三条的地位

共同第 3 条构成了卢旺达刑庭和塞拉利昂特别法庭的规约和《罗马规约》的一部分[65]。前南刑庭也对违反共同第三条的罪行进行了审判。根据该条，缔约国领土内的"非国际性武装冲突"各方在最低限度应遵守下面一系列规定。

首先，对不实际参加作战的人员——包括已放下武器的武装部队成员及因病、伤、拘留或其他原因而"失去战斗力"（*hors de combat*）之个人在内，在一切情况下应给予人道待遇，不得基于种族、肤色、宗教或信仰、性别、出身或财力或其他类似标准加以歧视。条文的措辞意味着冲突各方应毫无条件地遵守这项义务。为上述目的，共同第三条列出为满足实施人道待遇义务而需禁止的行为。这些行为"不论何时何地"都被禁止，包括对生命与人身施以暴力，特别如各种谋杀、残伤肢体、虐待及酷刑；作为人质而拘留；损害个人尊严，特别如侮辱与贬低身份的待遇；及未经具有文明人类所认为必需之司法保障的正常组织法庭之宣判，而遽行判罪及执行死刑。

再次，对伤者与病者应予收集和照顾。公正的人道团体（如红十字国际委员会）得向冲突各方提供服务。

又次，冲突各方"应"进而努力，以特别协定方式，使公约之其他规定得以全部或部分发生效力。

最后，共同第 3 条明确排除了因适用这些规定而影响冲突各方之法律地位的

65　《日内瓦公约》的作准文本是英、法文版，可以在红十字国际委员会官方网址上查到。在这里，本章引用中国国防部网址上的官方中文翻译如下（http://www.mod.gov.cn/regulatory/2016-02/19/content_4643932.htm）（浏览于 2019 年 7 月 3 日）："第三条　在一缔约国之领土内发生非国际性之武装冲突之场合，冲突之各方最低限度应遵守下列规定：（一）不实际参加战事之人员，包括放下武器之武装部队人员及因病、伤、拘留或其他原因而失去战斗力之人员在内，在一切情况下应予以人道待遇，不得基于种族、肤色、宗教或信仰、性别、出身或财力或其他类似标准而有所歧视。因此，对于上述人员，不论何时何地，不得有下列行为：

（甲）对生命与人身施以暴力，特别如各种谋杀、残伤肢体、虐待及酷刑；

（乙）作为人质；

（丙）损害个人尊严，特别如侮辱与降低身份的待遇；

（丁）未经具有文明人类所认为必需之司法保障的正规组织之法庭之宣判，而遽行判罪及执行死刑。

（二）伤者、病者应予收集与照顾。

公正的人道主义团体，如红十字国际委员会，得向冲突之各方提供服务。

冲突之各方应进而努力，以特别协定之方式，使本公约之其他规定得全部或部分发生效力。上述规定之适用不影响冲突各方之法律地位。"

可能性。适用条约并不意味着冲突各方法律地位的变化，特别是彼此不必因此承担承认对方合法性的义务。这符合《日内瓦公约》保护个人而非处理该个人所属的政治实体之法律地位的目的。

值得一提的是，该条款在提及公正的人道团体时，特别提到红十字国际委员会，使它处于比起其他人道团体更为特别的地位。条款还敦促冲突各方——而非各国——应努力使公约之其他规定全部或部分发生效力。在实施中，这个规则慢慢推动了将规范国际性武装冲突的规则应用至国内武装冲突这一趋势的发展[66]。另一方面，需要注意的是，在这类争端中并不存在"保护国"的机制，所以，红十字国际委员会是各国在 1949 年讨论《日内瓦公约》时愿意在这方面做出承诺之极限。

共同第 3 条反映了习惯法。例如，在"卢塔甘达案"中，审判庭重申共同第三条中的规范在大部分国家中获得了习惯法的地位[67]，这些国家的刑法典均对将在国内武装冲突中所实施的违反共同第三条的行为入罪[68]。的确，违反共同第三条的刑事责任已在此前被确立起来。前南刑庭上诉庭在"塔迪奇案"的"1999 年判决"中指出：

> "习惯国际法对严重违反共同第三条的罪行——由其他关于国内武装冲突中的受害者保护之普遍原则和规则所补充——和对内战中违反战斗方法及手段的基本原则和规则的行为加以刑事责任。"[69]

六、《第二附加议定书》

（一）适用范围

在 1977 年 6 月 8 日《第二附加议定书》缔结时，共有 28 个条款[70]。第一条第一款规定了议定书的适用范围。在议定书缔结之时，其目的是为了发展和补充《日内瓦公约》共同第三条而不改变其现有的适用条件。议定书适用《第一附加议

66　R. Kolb and R. Hyde, *An Introduction to the International Law of Armed Conflicts*, Hart Publishing, 2008, pp. 69-70.

67　*Prosecutor v. Rutaganda*, Case No. ICTR-96-3-T, Judgment and Sentence, 6 December 1999.

68　Ibid. , para. 86.

69　"1999 年判决"，第 134 段。

70　生效于 1978 年 7 月 12 日。截至 2019 年 7 月，这份议定书有 168 个缔约国：https://ihl-databases. icrc. org/applic/ihl/ihl. nsf/INTRO/365? OpenDocument（浏览于 2019 年 7 月 5 日）。

定书》第一条所未包括,而在缔约方领土内发生的该方武装部队和在负责指挥机制下,对部分领土行使控制权,使其能进行持久而协调的军事行动并执行《第二附加议定书》的反政府武装或其他有组织的武装团体之间的一切武装冲突。

(二) 基本保证

议定书的第 4 条规定了补充《日内瓦公约》共同第 3 条的几个基本保证。根据第 4 条,一切未直接参加或已停止参加敌对行动的人,不论其自由是否受限制,均有权享受对其人身、荣誉以及信念和宗教仪式的尊重;这类人应在任何情况下受人道待遇,而不加任何不利区别;禁止下令杀无赦。

条文第二款进一步列出一系列在任何时候和任何地方均应被禁止的行为。相比起共同第 3 条,议定书第 4 条增加了对以下行为的禁止:体罚、集体惩罚、恐怖主义行为、各种形式的奴隶制度和奴隶贩卖、抢劫以及以从事任何上述行为相威胁。这些新增的条款部分采用了《日内瓦第四公约》第 33 条的术语,而禁止不纳降以及抢劫行为早在《海牙规则》中就有所规定[71]。在《第二附加议定书》第四条中将此类条款重述的原因不明[72]。

(三) 对儿童的保护

议定书第 4 条第三款是又一重要规则,该条款给予儿童其"所需"的照顾和援助;尤其是按照其父母的愿望,或在父母不在时,按照负责照顾的他人的愿望使之受教育,包括宗教和道德教育;应采取一切适当步骤,以便暂时离散的家庭重聚。另外,对未满 15 岁的儿童不应征募其参加武装部队或组织,也不应准许其参加敌对行动。而如果未满 15 岁的儿童直接参加敌对行动并被俘获,对他们仍应适用该条所规定的特别保护。在《罗马规约》第 8 条第(e)项第 vii 小项下,对不满 15 岁的儿童,在国内武装冲突中"强制招募入伍"或"使用他们实际参与敌行动"的行为被视为战争罪。

(四) 对被拘押人员的保护

在《第二附加议定书》中,第 5 条是第 4 条的延伸,提供最低程度的保护措施。第 5 条规定,在第 4 条的规定之外,因为武装冲突而被剥夺自由的人(可以包括伤者和病者),不论是处于关押或拘禁状态,必须受到尊重。对于这类人,应按照当

---

71 第 23 条第四款和第 28 条。

72 *Commentary on APs*, p. 1369.

地平民居民的同样标准供给食物和饮水,并提供健康卫生方面的保障和免受严寒酷热和武装冲突危害的保护,并且应准许其接受个人或集体救济;准许其奉行其宗教习俗;在其请求下和适当时候,应准许其接受精神上慰藉。如果迫使这类人做工,他们应享受类似当地平民居民所享受的工作条件和保障的利益。第 5 条第二款还列出了负责拘禁或拘留上述人员的当局在处理这些人员的时候需要尊重的事项。

但是,在对于国内武装冲突中被抓捕的游击队员的人道待遇问题上,现有法律规则仍然不够完备[73]。

(五) 公正审判的要求

《第二附加议定书》第 6 条适用于对国内武装冲突中的刑事罪行的追诉和惩罚。根据该条,对被控犯有罪行的人,除遵照具备独立和公正的这些基本保证的法院定罪宣告外,不应判刑和处罚。条款规定中还包括了无罪推定和禁止强迫自证其罪原则。

(六) 伤者、病者和船难者

第 7 条规定所有伤者、病者和船难者,不论曾否参加过国内武装冲突,均应受尊重和保护。这些人员可以是军人或者平民[74]。第 7 条又规定,在任何情况下,这些人员均应受人道待遇,并应在最大实际可能范围内尽速得到其所需的医疗照顾和关怀。不应以医疗以外的任何理由对他们加以区别。

(七) 平民居民

《第二附加议定书》第 13 条规定,平民居民和平民个人应享受免于军事行动所产生危险的普遍意义上的保护,这种保护是通过在任何情况下均须遵守的一系列规则来实现的。平民居民本身以及平民个人不应成为攻击的对象;禁止在平民居民中实施以散布恐怖为主要目的的暴力行为或暴力威胁。除非其直接参加敌对行为,否则对于平民个人将一直受到上述保护。

议定书其他条款也对平民居民生存所不可缺少的物体、对含有危险力量的建筑和设施,以及文物和礼拜场所提供保护。值得注意的是禁止强迫平民迁移的第 17 条——这种迁移是在发生内战的本国领土内发生的,除了平民安全或迫切军

---

[73]　G. Draper, *op. cit.*, 45 *BYIL* (1971), p. 213.

[74]　Art. 8(a), API.

事理由的要求外，不应基于存在冲突的理由而下令平民居民迁移；如果必须进行迁移，则应采取一切可能的措施，使平民居民被迁移到的地方具有满意的住宿、卫生、健康、安全和营养的条件；但平民不应基于冲突的理由而被迫离开本国领土[75]。

七、《第二附加议定书》在实践中的地位

截至 2019 年 7 月，《第二附加议定书》已有 168 个缔约国，美国不是其中一员[76]。

尽管议定书在实践之中的作用有限[77]，但有关实践也可以显示议定书规则的重要性。1995 年 3 月，德国外交部长就车臣冲突回答议会问题时指出，德国已经多次提醒俄罗斯遵守《第二附加议定书》之下的义务[78]。俄罗斯宪法法院在其 1995 年 7 月 31 日的判决中[79]，考虑了关于车臣问题的总统命令和联邦政府决议的合宪性，法院认为，在车臣发生的冲突应受《第二附加议定书》相关规则的规范，包括关于人道待遇、平民保护、伤患者保护、平民居民生存所不可缺少物资的保护、含有危险力量的建筑和设施的保护，以及文物和礼拜场所保护等的规则[80]。因此，该法院认为该冲突属于国内武装冲突。法院同时指出，由于通过修改国内法使议定书生效的过程缓慢，冲突各方并没有给予上述规则应有的尊重；并且指出自己没有资格评估冲突各方的行为是否符合《第二附加议定书》规定；法院将改善国内立法的任务留给了俄罗斯"杜马"。

另一方面，判决中提到的总统命令将车臣士兵视为"非法武装组织"，因而承认了敌人确有自己的组织。俄罗斯在 1989 年 9 月 29 日批准加入《第二附加议定书》时就已受到议定书的规范。判决没有清楚指出《第二附加议定书》哪条规则反映了习惯法。

75　*Commentary on APs*，p. 1474，s. 4859.

76　At：http://www.icrc.org/ihl. nsf/INTRO（last visit 8 July 2019）.

77　L. Moir，*The Law of Internal Armed Conflict*，CUP，2002，p. 131. 冲突各方公开声明愿意实施《第二附加议定书》的案例只有两个。

78　1994 年 12 月，俄罗斯武装部队和警察进入车臣，车臣战争开始。战争在 1996 年暂停了一段时间，并在 1999 年再次全面展开。自此，该区发生的武装冲突持续不断。

79　*Sassòli，Bouvier and Quintin*，vol. iii，p. 2468.

80　第 4、5、7 条和第 13 条。

联合国人权委员会在 2000 年 4 月通过了关于俄罗斯联邦车臣共和国形势的 2000/58 号决议[81]，在呼吁停止在车臣的敌对行为及要求俄罗斯政府设立国家委员会彻查在该地区发生的侵害人权、违反国际人道法的行为时，决议提到了《日内瓦公约》共同第 3 条和《第二附加议定书》。

另外，前南刑庭上诉庭在"塔迪奇案"中乐观地指出，《第二附加议定书》的许多规定可以被视为宣示现存规则的条文，或是正在形成的习惯法规则，或是决定性地推动这些规则发展为普遍性原则[82]。《罗马规约》第 8 条第二款第（e）项也反映了《第二附加议定书》中的禁止性规则，但是前者的范畴更广，包括了《海牙规则》的一些规定，例如禁止毁灭或没收敌人财产，除非此项毁灭和没收是出于军事必要。尽管《第二附加议定书》并没有像《第一附加议定书》中所规定的执行机制，它还是获得了如上评价和肯定。在执行机制问题上，《罗马规约》比起《第二附加议定书》来说是个进步[83]。

《第二附加议定书》整体的地位还需通过更多实践才能确定[84]，但是这并不影响我们视议定书中的某些规则确实已经成为习惯法的一部分。

八、《第二附加议定书》中反映习惯法的规则

"塔迪奇案"中，前南刑庭上诉庭认为，《第二附加议定书》中含下述内容的条文反映了习惯法：保护平民不受敌对行动（尤其是无差别攻击）伤害；保护平民物体（尤其是文化财产）；保护不参加（或不再参加）敌对行动的人员；禁止使用在国际武装冲突中不被允许使用的战斗方式；以及禁止使用某些敌对行动手段的规定[85]。

卢旺达刑庭的实践在本章中值得再次提及。《卢旺达刑庭规约》第 4 条规定，卢旺达刑庭的各分庭有权对犯有或下令他人实施违反《日内瓦公约》共同第 3 条和《第二附加议定书》的罪行之个人进行审判。在"阿卡耶苏案"中，审判庭认为，虽然不能确定《第二附加议定书》的所有规定都属于习惯法，但是在第 4 条第二款

81　UN Doc. E/CN. 3/Res/2000/58，dated 25 April 2000.

82　"1995 年决定"，第 117 段。

83　D. Momtaz, "Le Droit International Humanitaire Applicable aux Conflits Armés non Internationaux", 292 *RdC*（2001），pp. 9 at 129-132.

84　Ibid. , pp. 43-44.

85　"1995 年决定"，第 117 段。

中规定的基本保证可以被视为构成实体国际法的一部分[86]。事实上，《第二附加议定书》第 4 条第二款包含了《卢旺达刑庭规约》第 4 条的所有规范。这个判决从此成为判例[87]。例如，"穆塞马案"的审判庭指出，在控罪实施期间，涉案人员本应遵守《日内瓦公约》和附加议定书的规则，后者均包括在《卢旺达刑庭规约》第 4 条之中；而从习惯法和条约法的角度来说，违反上述规则会招致个人刑事责任[88]。"巴基利施玛案"的审判庭认为，卢旺达刑庭的法律体系确定共同第 3 条和《第二附加议定书》作为习惯法和条约法适用于 1994 年的卢旺达[89]。

《塞拉利昂特别法庭规约》也反映了这种观点。联合国秘书长在 2004 年 10 月 4 日就法庭的设立所作之报告的第 14 段指出，共同第 3 条和《第二附加议定书》第 4 条反映了习惯法[90]。法庭规约第 3 条第 a 款到第 f 款以及第 h 款的内容，直接取自《第二附加议定书》第 4 条第二款，而规约第 3 条第 g 款则反映了《日内瓦公约》共同第 3 条第一款第 d 项。在塞拉利昂特别法庭上诉庭的"检察官诉福法纳案"中[91]，一审被告辩称法庭对他的案件没有管辖权，因为案中涉及的是国际性武装冲突，而法庭规约的第 3 条和第 4 条都只适用于国内武装冲突，上诉庭指出，国内性和国际性武装冲突时可以同时存在，而法庭规约第 3 条和第 4 条中的罪行在两种冲突形态中均可发生[92]。要解决管辖权问题，唯一需要符合的条件就是需要存在"武装冲突"，而这一点早已被案中诉辩双方承认；上诉庭并没有进一步讨论发生在塞拉利昂的冲突之属性，因为这并不影响关系第 3 条和第 4 条的适用性。

简言之，最少可以说《第二附加议定书》第 4 条已经成为习惯法，而且第 13 条的规定也反映习惯法[93]。

---

[86]　*Prosecutor v. Akayesu*, Case No. ICTR-96-4-T, Judgment, 2 September 1998, para. 610.

[87]　*Prosecutor v. Musema*, Case No. ICTR-96-13-T, Judgment and Sentence, 27 January 2000, para. 240.

[88]　Ibid., para. 242.

[89]　*Prosecutor v. Bagilishima*, Case No. ICTR-95-1A-T, Judgment, 7 June 2001, para. 98.

[90]　S/2000/915.

[91]　*Prosecutor v. Fofana*, SLSC-2004-14-AR72 (E), *Decision on Preliminary Motion on Lack of Jurisdiction Materiae: Nature of Armed Conflict*, 25 May 2004.

[92]　Ibid., para. 27.

[93]　参考：M. Matheson, "Remarks, the United States Position on the Relation of Customary International Law to the 1977 Protocols Additional to the 1949 Geneva Conventions", 2 *American University Journal of International Law and Policy* (1987), pp. 419-436.

九、其他适用于国内武装冲突的习惯法原则

值得注意的是，国际人道法的基本原则可以适用于这类武装冲突。英国国防部宣称，以下原则可以被同等适用于国际性和国内武装冲突：1）战斗人员和非战斗人员之间的区别；2）平民和其他失去战斗力人员的保护；3）军事目标；4）允许纳降；5）不容许背信弃义，但可以使用战术；6）禁止强制迁移平民；7）禁止无差别攻击；8）因战争需要可以破坏财产；9）保护文物和礼拜场所和平民物体；10）禁止使平民陷于饥饿；11）保护环境；12）禁止抢劫；13）禁止袭击不设防的地区；14）禁止攻击人道任务的组织和联合国维和人员；15）控制武器的使用；16）照顾伤者、病者、遇船难者、死者及医务和宗教人员；17）对被拘禁和被拘留者施以人道待遇；和18）起诉审判战争罪[94]。但是，这尚未得到其他国家的广泛认可[95]。

这表明国际性冲突规则和原则已经逐渐延伸至国内武装冲突[96]。司法实践已经承认了这一观点[97]，例如前南刑庭上诉庭"1995年决定"[98]；但是，该上诉庭也提醒道：

> "上述关于国内武装冲突的普遍规则之出现并不意味着国内冲突的所有方面都由普遍国际法所规范。这里存在着两个限制：（i）只有一些规范国际性武装冲突的规则和原则逐渐延伸到在国内冲突中；（ii）这个延伸适用并非以全面的、系统的方式将这些规则移植至国内冲突中；而是这些规则中具有普遍性的基本要素——而非具体规则——已对国内冲突具有适用性。"[99]

94　*The UK Manual*，pp. 387-395.

95　在尼泊尔内战中人道法的适用限于共同第3条和习惯法：P. van der Oije，"International Humanitarian Law from a Field Perspective—Case Study：Nepal"，9 *YIHL*（2006），pp. 394，at 403-404.

96　有关战争手段规则被扩展适用于国内武装冲突，参看：Y. Dinstein，*Non-International Armed Conflicts in International Law*，CUP，2014，p. 209.

97　此延伸适用有更早的例子。See G. Draper，*op. cit.*，45 *BYIL*（1971），p. 195；J. Dugard，"Bridging the Gap between Human Rights and Humanitarian Law：The Punishment of Offenders"，38 *IRRC*（1998），No. 324，p. 445.

98　"1995年决定"，第119段。

99　同上，第126段。

第五章　战争手段与方法

扩　展　阅　读

Conference of Government Experts on the Use of Certain Conventional Weapons（Lugano, 28 Jan. -26 Feb. 1976）, ICRC, Geneva, 1976; F. Kalshoven, "Arms, Armaments and International Law", 191 *RdC*（1985）, pp. 183-341; H. Blix, *Methods and Means of Combat*, in: *International Dimension of Humanitarian Law*, UNESCO, 1988; F. Kalshoven, "Conventional Weaponry: The Law from St. Petersburg to Lucerne and beyond", in: M. Meyer（ed.）, *Armed Conflict and the New Law: Aspects of the 1977 Geneva Protocols and the 1981 Weapons Convention*, the British Institute of International and Comparative Law, 1989; W. Fenrick, "The Conventional Weapons Convention: A Modest but Useful Treaty", 30 *IRRC*（1990）, pp. 498-509; A. Rogers, "Mines, Booby-Traps and other Devices", 30 *IRRC*（1990）, pp. 521-534; H. Meyrowitz, "The Principle of Superfluous Injury or Unnecessary Suffering", 34 *IRRC*（1994）, pp. 98-122; E. Prokosch, "Arguments for Restricting Cluster Weapons: Humanitarian Protection versus Military Necessity", 34 *IRRC*（1994）, No. 299, pp. 183-193; L. Doswald-Beck, "The New Protocol on Blinding Laser Weapons", 36 *IRRC*（1996）, pp. 272-299; R. Falk, "Nuclear Weapons, International Law and the World Court", 91 *AJIL*（1997）, pp. 64-75; M. Matheson, "The Opinions of the International Court of Justice on the Threat or Use of Nuclear Weapons", *ibid.*, pp. 417-435; M. Dando, "The Development of International Legal Constraints on Biological Warfare in the 20th Century", 8 *Finnish Yearbook of International Law*（1997）, pp. 1-69; The Symposium, 37 *IRRC*（1997）, pp. 4-117; M. Schmitt and L. Green（eds.）, *International Law Studies（The Law of Armed Conflict: Into the Next Millennium）*, Naval War College, 1998, esp. pp. 185-231, by C. Greenwood; M. Bothe, *The New Chemical Weapons Convention: Implementation and Prospects*, Kluwer Law

International，1998；J. Crawford，"Legal Aspects of a Nuclear Weapon Convention"，6 *African Yearbook of International Law*（1998），pp. 153-179；M. Cowling，"The Relationship between Military Necessity and the Principle of Superfluous Injury and Unnecessary Suffering in the Law of Armed Conflict"，25 *South African Yearbook of International Law*（2000），pp. 131-160；J. Burton，"Depleted Morality：Yugoslavia v. Ten NATO Members and Depleted Uranium"，19 *Wisconsin International Law Journal*（2000—2001），pp. 17-40；D. Koplow，*Non-Lethal Weapons：The Law and Policy of Revolutionary Technologies for the Military and Law Enforcement*，CUP，2006；W. Parks，"Means and Methods of Warfare"，38 *George Washington International Law Review*（2006），pp. 511-542；ICRC，"A Guide to the Legal Review of New Weapons，Means and Methods of Warfare，Measures to Implement Article 36 of Additional Protocol I of 1977"，88 *IRRC*（2006），pp. 931-956；W. Boothby，*Weapons and the Law of Armed Conflict*，OUP，2009；C. Grut，"The Challenge of Autonomous Lethal Robotics to International Humanitarian Law"，18 *Journal of Conflict and Security Law*（2013），pp. 5-23；Y. Dinstein，*The Conduct of Hostilities under the Law of International Armed Conflict*，3rd edn.，CUP，2016，chapters 3 and 8.

一、战争手段：武器

（一）简史

讨论如何限制武器在武装冲突中的使用,就需要考虑 1868 年 11 月 29 日在俄罗斯圣彼得堡通过的《放弃在战争中使用重量在 400 克以下爆炸性投射物的宣言》[1]。当时,由俄罗斯帝国内阁发起的国际军事委员会聚集在圣彼得堡,以商讨禁止"文明国家"在交战时使用特定投射物的政策,同时,该委员会得到其委员所属国政府的授权得以委员会名义公布上述宣言。这一宣言的重要性在其前言中一览无遗,其中反复强调了人道原则。宣言还提出,通过文明的进步来减轻战争后果,而战争唯一的合法目的就是削弱敌方军事力量。据此,委员会认为使用那些引起不必要痛苦的武器超出了合理的战争目的,且使用此类武器将与人道法背

1　*Schindler and Toman*，p. 91.

道而驰。宣言中一条具体措施是，若参与宣言的国家之间发生战事，各自陆海军相互放弃使用重量在 400 克以下的投射物（弹药），无论是爆炸物或是填装了爆发或易燃的物质。

宣言的原则是明确的，但其适用被限制在缔约国或加入国之间，尽管参与国可以邀请其他国家参加。

1874 年的布鲁塞尔会议延续了 1868 年圣彼得堡会议的讨论，而关于战争法规和习惯的 1874 年宣言草案为 1899 年海牙和平会议的谈判提供了基础。

后来，"不使用引起不必要痛苦的弹药"这一原则，被反映在作为 1899 年《海牙第二公约》附件的《海牙规则》第 23 条第（e）款，以及 1907 年《海牙规则》第 23 条第（e）款，以及《第一附加议定书》第 35 条第二款之中[2]。可以肯定地说，该原则已经成为人道法基本规则之一。

在 20 世纪中，现代化武器装备的发展推动了其他直接规制战争手段的条约的出现，我们将在讨论特定武器或材料时提及它们。在这里应当注意的是，本章开始所提的原则在 1868 年之后没有发生过改变，反映了这一规则的习惯法性质，原因是尽管武器技术在日新月异地演化，但在大多数情况下，基本规则及其原理仍然是一样的[3]。这条规则中提及的过分痛苦的"过分"程度是不确定的，该规则背后的基本观念是军事必要；但并不是所有由武器制造的痛苦都是不必要的痛苦，判断标准是武器是否仅仅加剧痛苦而不增加任何军事利益，那么这种痛苦可以避免且不损害军事行动的目的[4]；只要标准是"过分"，那么造成"不过分"痛苦的武器就不是非法的，当然，这样理解在理论上没有太大问题，但是它并不等同于支持使用任何种类的武器[5]。

20 世纪的编纂活动取得了一些成果，从武装冲突法的角度对战争手段与方

2　《海牙规则》在很长时间里是有关武器合法性的唯一规则：W. Parks, "Means and Methods of Warfare", 38 *George Washington International Law Review* (2006) 511, pp. 515-516.

3　随着"自动武器系统"（autonomous weapon system）的出现，智能机器的作用在未来国际实践中会对人道法造成不小的冲击，因为不仅人的因素在这种水平的冲突中会成为多余，而且研发这些武器的企业员工对人道法几乎完全不了解：C. Grut, "The Challenge of Autonomous Lethal Robotics to International Humanitarian Law", 18 *Journal of Conflict and Security Law* (2013), pp. 5, 11-14 and 20.

4　Parks 提到，20 世纪后半叶，各国政府都没有发现只会引起不必痛苦的武器，所有武器都可以造成非法或合法的伤害：同上文，第 534 页。

5　虽然 1980 年《常规武器公约》（见下面第（六）节）的附加议定书禁止某些武器的使用，但是这不意味着这些武器违反了"过分"的原则：W. Boothby, *Weapons and the Law of Armed Conflict*, OUP, 2009, pp. 115-116. 再有，1980 年公约的名称里有"限制"二字，意在限制某些武器的使用，假如这些武器会带来过分的痛苦或使用时具有不分皂白的特性。反过来说，具有这后面的特性，也不必然就被公约禁止使用。

式提出进一步的规制,在某种意义上引领了国际武备的发展方向。在这些成果中,比较突出的应包括 1977 年《第一附加议定书》和一系列规范特定武器在冲突中使用的条约;另外,可以说相关的习惯法规则也逐渐发展起来,形成独立存在的一套规范,发挥着与条约法同样的效果[6]。

（二）普遍性规则

《第一附加议定书》第 35 条包含三项基本规则:(1)在任何武装冲突中,冲突各方选择作战方法和手段的权利不是不受限制的;(2)禁止使用属于引起过分伤害和不必要痛苦的武器、弹药和物质及作战方法;(3)禁止使用旨在或可能对自然环境引起广泛、长期而严重损害的作战方法或手段。

《第一附加议定书》第 36 条关注的是现代新武器的使用,它要求在某些或所有情况下,条约缔约方须判定新武器的使用是否为议定书或其他国际法规则所禁止。在赋予缔约国这一义务的同时,第 36 条将确定战争新手段是否违反国际人道法的决定权交给了国家[7]。因此,《第一附加议定书》下没有为这一义务的履行规定一套独立程序,裁量权很大程度上操纵在相关国家手上。不过,即使是由缔约国自己来判断,缔约国也需要按第 36 条的要求建立国内检测机构,来进行相应的判断;在很长时间里,这种机构的建立就是个问题[8]。

（三）核武器

这种武器从它产生之日起就给所有国家带来敬畏和恐惧,无论这些国家掌握着这项技术,还是正处于或未处于其他国家的"核保护伞"下。这类武器注定会造成的伤害恰恰成为不能使用他们的原因;这是一种具有讽刺意味的武器。

6　ICRC, "A Guide to the Legal Review of New Weapons, Means and Methods of Warfare: Measures to Implement Article 36 of Additional Protocol I of 1977", 88 *IRRC* (2006) 931, at 941-942.

7　关于各国审查新武器的各种标准和方法: I. Daoust, R. Coupland, and R. Ishoey, "New wars, new weapons? The obligation of States to assess the legality of means and methods of warfare", 84 *IRRC* (2002), No. 846, pp. 345, 354-361; J. McClelland, "The review of weapons in accordance with Article 36 of the Additional Protocol I", 85 *IRRC* (2003), No. 850, p. 397, pp. 403 et seq.

8　在 2006 年前后,只有 6 个国家建立了这样的机构: ICRC, "A Guide to the Legal Review of New Weapons, Means and Methods of Warfare, Measures to Implement Article 36 of Additional Protocol I of 1977", 88 *IRRC* (2006), pp. 931, 934 (包括澳大利亚、比利时、荷兰、挪威、瑞典和美国). 参看: *Final Declaration of the Second Review Conference of the States Parties to the Convention on Certain Conventional Weapon*, Geneva, 11-21 December 2001, p. 11. https://treaties. un. org/doc/source/docs/CCW_CONF_II_2-E. pdf (last view 17 July 2019).

然而，各国均无法忽视这一武器的存在及其被使用的真实可能性，因为他们随时可能被世界武备库中储存的核武器毁灭。因此，在 1996 年，联大请求国际法院对使用或威胁使用核武器的合法性提供咨询意见[9]。

首先，看一下 1996 年国际法院咨询意见的结论[10]。法院一致认为："习惯国际法和条约国际法均没有具体授权以核武器进行威胁或使用核武器"；法院随后以 11 票对 3 票宣布，"习惯国际法和协定国际法也没有对核武器进行威胁或使用核武器做任何全面和普遍的禁止"；进而，法院一致宣布："违背联合国宪章第二条第四款并且不符合第 51 条所有要求时，以核武器为手段威胁或使用武力是非法的"；法院一致决定："以核武器威胁或使用核武器必须符合武装冲突中适用的国际法的要求，特别是国际人道法原则和规则及专门处理核武器问题的条约和承诺中的义务"。

但是，法院意见在此后分成了人数对等的两派[11]；依靠院长的加权决定票，多数意见宣布：

> "遵循上述要求，以核武器进行威胁或使用核武器有悖于武装冲突中适用的国际法，特别是人道法原则和规则。然而，从国际法的现状和法院所掌握的事实要素来看，法院无法作出定论：在为国家生死存亡进行自卫的极端情况下，以核武器进行威胁或使用核武器是合法的还是非法的"[12]。

在意见最后，法院一致承认各国有义务秉持善意，谈判缔结一项在各个方面都处于严格而有效的国际控制下的核裁军协议。

粗略地观察这些结论就会发现，咨询意见留下了许多没有回答的问题[13]，法院以不确定的答案来解决联大交付咨询的问题[14]。如果自卫是一项固有权利，为什么核武器不能被使用？如果使用核武器会导致地球和人类的灭绝，它如何能为了国家的生存而变得合法？宣布根据国际人道法使用核武器是不合法的，但在自

9　*Legality of Threat or Use of Nuclear Weapons*，ICJ Rep.（1996）226，Advisory Opinion of 8 July 1996.

10　Ibid.，para. 105.

11　持同意意见的法官包括院长 Bedjaoui；法官 Ranjeva，Herczegh，Shi，Fleischhauer，Vereschetin，and Ferrari Bravo；持反对意见的法官包括副院长 Schwebel；法官 Oda，Guillaume，Shahabuddeen，Weeramantry，Koroma，and Higgins。

12　Ibid.，para. 105.

13　贾兵兵：《国际法中的"法律不明"问题浅析》，《中国国际法年刊》（2013），第 73 页，第 84～86 页。

14　相反观点：C. Greenwood，"The Advisory Opinion on nuclear weapons and the contribution of the International Court to international humanitarian law"，37 *IRRC*（1997），No. 316，p. 65.

卫情况下并未如此，这两个观点如何调和？

正如沙哈布丁法官所指出的，法院面临的真正问题是在自卫情形下使用核武器是否合法，他认为法院可以以"是"或者"不是"的方式回答这个问题，肯定的回答将会导致国际人道法的停止适用，但即使支持使用核武器者也不能接受这一结果[15]。他的观点表现了习惯法中处理核武器问题的方法，但是，规范这类武器的条约并不是完全不存在的。

突出的例子包括 1968 年 7 月 1 日的《不扩散核武器条约》和 1996 年 9 月 17日的《全面禁止核试验条约》(CTBT)[16]。此外，除了建立"无核区"以及在国家管辖权外区域——例如南极和外空——建立机制的多边条约以外，还存在相当数量的双边协议[17]。值得注意的是，上述 1968 年条约包含了缔约（核武器）国的下列义务：不直接或间接向任何"接受者"转让任何核武器或其他核爆炸装置或对这类武器和爆炸装置的控制；且不以任何方式协助、鼓励或促使任何无核武器国家生产或以其他方式获得核武器或其他核爆炸装置或对这类武器和爆炸装置的控制[18]。

1996 年条约给缔约国规定了以下义务：不进行任何核武器试验爆炸或任何其他核爆炸，并在其管辖和控制下禁止和防止任何这类核爆炸（第一条(1)），并克制不导致、鼓励或以任何方式参与进行核试验爆炸或其他任何核爆炸（第一条(2)）。这一条约将在该条约附件二中列明的所有国家交存批准书之后第 180 日起生效[19]。如果条约自开放供签署之日起满三周年仍未生效，保存方应在多数已交存批准书国家的请求下召开由已交存批准书国家参与的会议。至 2019 年 7 月底为止，即便拥有 168 个缔约国，该条约仍未生效，包括美国、中国、以色列在内的

15　*Legality of Threat or Use of Nuclear Weapons*，ICJ Rep.（1996）226，Advisory Opinion of 8 July 1996，pp. 375，427 et seq.

16　1968 年的条约参见：《联合国条约集》第 729 卷，第 161 页（订立于 1968 年 7 月 1 日，1970 年 3 月 5日生效，截至 2019 年 7 月，已有 191 个缔约国）。有关 1996 年条约的情况如下：1996 年 9 月 10 日，由联大通过 A/RES/50/245，通过 CTBT(A/50/1027)；截至 2019 年 7 月，已有 168 个缔约国：https://treaties. un. org/Pages/ViewDetails. aspx? src＝TREATY&mtdsg_no＝XXVI-4&chapter＝26&clang＝_en（浏览于 2019 年 7 月 15 日）。

17　J. Crawford and P. Sands，"Legal Aspects of a Nuclear Weapons Convention"，*African Yearbook of International Law*（1999），pp. 153，at 157.

18　缔约国包括安理会五个常任理事国（中国自 1992 年 3 月起成为缔约国）。

19　这些国家包括：阿尔及利亚，阿根廷，澳大利亚，奥地利，孟加拉国，比利时，巴西，保加利亚，加拿大，智利，中国，哥伦比亚，朝鲜，韩国，埃及，芬兰，法国，德国，匈牙利，印度，印度尼西亚，伊朗，以色列，意大利，日本，墨西哥，荷兰，挪威，巴基斯坦，秘鲁，波兰，罗马尼亚，俄罗斯联邦，斯洛伐克，南非，西班牙，瑞典，瑞士，土耳其，乌克兰，大不列颠及北爱尔兰联合王国，美国，越南和扎伊尔。

重要国家尚不是缔约国，印度和巴基斯坦甚至没有签署这一条约。

中国政府的考虑反映在 1996 年 9 月 24 日签署条约时所作声明之中[20]。首先，"中国一贯主张全面禁止和彻底销毁核武器以及实现无核世界；并赞成在朝向这一目标前进的过程中实现全面禁止核武器试验爆炸"，并深信本条约将促进核裁军和核不扩散。因此，"中国支持通过协商一致，缔结一项公正、合理、可核查、普遍参加和永久有效的条约并准备采取积极措施推动条约的批准和生效"。其次，中国呼吁主要核武器国家放弃他们的核威慑政策并继续大幅削减他们的核武器储备。再有，中国主张所有在国外部署核武器的国家将这些武器全部撤回本国；所有核武器国家都承担在任何时候和任何情况下不首先使用核武器的义务，并无条件地承诺不对无核武器国家和无核武器区使用或威胁使用核武器。其他一些措施则包括要求所有核武器国家承诺支持建立"无核武器区"的主张，并承担相应义务；主张各国不应发展、不部署外空武器系统和破坏战略安全与稳定的导弹防御系统。为达到上述目的，中国希望各国谈判缔结关于全面禁止和彻底销毁核武器的国际公约。最后，中国政府认可符合 CTBT 条款的核查措施，同时坚决反对任何国家违反公认的国际法原则，从事包括间谍活动或情报人员在内滥用核查权的行为，侵犯中国主权。

上述中国政府声明反映了国际核裁军过程中的困难和关切。虽然最终目标是明确的，但在其实现之前，各国并不觉得有必要销毁他们的核武器；在影响他们决定的因素中，国家利益处于更高地位。此外，上述实践表明，发展和拥有核武器本身并不是非法的行为，这样就为使用核武器的合法性问题留下了讨论的余地。

值得一提的是，上述声明的精神在后续的国际实践中得到肯定。2017 年 7 月 7 日，联合国牵头在纽约召开的外交大会上通过了《禁止核武器公约》，不仅进一步巩固、补充了上述条约的规定[21]，其中第四条更是明确提到逐步摧毁此类武器的步骤[22]。因为尚未达到法定的 50 份批准或加入书的要求，该公约还未

---

[20] https://treaties. un. org/Pages/ViewDetails. aspx? src = TREATY&mtdsg _ no = XXVI-4&chapter=26&clang=_en（浏览于 2019 年 7 月 4 日）。

[21] 第 1 条的禁止性规则禁止缔约国生产、拥有、转让、威胁或使用、帮助他人拥有、在领土上设置核武器。

[22] 第二款规定："拥有、持有或控制核武器或其他核爆炸装置的各缔约国，应按照一份具有法律约束力、有时限的经核查并以不可逆转方式消除该缔约国核武器——包括消除所有核武器设施或以不可逆转方式改变其用途的计划，立即解除其战备状态，尽快并在第一次缔约国会议确定的最后期限之前销毁核武器或其他核爆炸装置。"

生效[23]。

（四）化学和生物武器

　　1993 年《化学武器公约》是限制使用这类武器一系列努力的巅峰之作，但这一系列努力始于 1925 年《禁止在战争中使用窒息性、毒性或其他气体和细菌作战方法的议定书》[24]。1925 年议定书宣告，各缔约国如果尚未缔结禁止这种使用的条约，那么就需接受本条约里的这项禁令；各缔约国还同意将这项禁令扩大到禁止使用细菌作战方法，并同意缔约国之间的关系按照本宣言的条款受到约束。同时，37 个缔约国作出保留以保护他们在敌方违反本条约规定时进行报复的权利[25]。"二战"后，对生物武器与化学武器的规范逐渐分化，形成各自的条约体系，以及相应的监督机构；当然，这种机构是条约设立的特定任务机构，实践中缺乏一个世界性、普遍性核查机制[26]。

　　第一个重要条约是 1972 年《禁止细菌（生物）及毒素武器的发展、生产和储存以及销毁这类武器的公约》，该公约于 1975 年 3 月 26 日生效，到 2019 年 6 月底，已有 155 个国家成为缔约国，其中包括中国（1984 年 11 月 15 日加入）。遵守这一条约的广泛国家实践确认了在武装冲突中禁止使用生物武器，也说明此禁止性规则足以构成习惯法规则[27]。现在存在的挑战之一是生物武器可能落入恐怖组织手中，虽然实践中此类事件罕见，但迫切需要上述公约缔约国将其条款融入本国立法和执法规则之中，与公约下设立的"执行支持小组"以及联合国安理会"1540委员会"合作[28]。

　　第二个重要的条约，即 1992 年《关于禁止发展、生产、储存和使用化学武器及销毁此种武器的公约》（简称"《化学武器公约》"）[29]。在十年漫长而艰苦的谈判后，裁军谈判大会于 1992 年就《化学武器公约》文本取得一致意见；1992 年 11 月

---

[23]　截至 2019 年 7 月底，已有 24 个缔约国（其中不包括安理会常任理事国）。

[24]　1925 年 6 月 17 日在日内瓦签署，1928 年 2 月 8 日生效。原文参看：*Schindler and Toman*，第 105 页。

[25]　*Henkaert and Doswald-Beck*，vol. i，p. 256.

[26]　A. Kelle, *Prohibiting Chemical and Biological Weapons：Multilateral Regimes and their Evolution*，Lynne Rienner Boulder，2014.

[27]　J. Goldblat, "The Biological Weapons Convention：An Overview", 37 *IRRC*（1997），No. 318, p. 251.

[28]　安理会决议第 1540（2004）号，题目是"不扩散大规模杀伤性武器"，2004 年 4 月 28 日通过。

[29]　*UNTS*，vol. 1947，p. 45.

30 日，联大第四十七届会议上以决议形式通过这一文本[30]，公约于 1997 年 4 月 29 日生效[31]。

根据第 1 条，缔约国承诺在任何情况下绝不发展、生产、以其他方式获取、储存或保有化学武器，或者直接或间接向任何人转让化学武器；绝不使用化学武器，或为使用化学武器进行任何军事准备；绝不以任何方式协助、鼓励或诱使任何人从事公约禁止缔约国从事的任何活动。即便在非国际性武装冲突中，这些条款也是适用的。

条约第 2 条将"化学武器"定义为：（a）有毒化学品及其前体，但预定用于本公约不加禁止的目的者除外，且只要种类和数量符合此种目的；（b）经专门设计通过使用后而释放出的（a）项所指有毒化学品的毒性造成死亡或其他伤害的弹药和装置；（c）经专门设计其用途与本款（b）项所指弹药和装置的使用直接有关的任何设备。第二条同时将"老旧化学武器"定义为 1925 年以前生产的化学武器；或 1925 年至 1946 年期间生产的、已老化到不再能用作化学武器的化学武器。

第 2 条第九款解释了化学武器公约中的"不加禁止的目的"，包括：工业、农业、研究、医疗、药物或其他和平目的；防护性目的，即与有毒化学品防护和化学武器防护直接有关的目的；与化学武器的使用无关而且不依赖化学品毒性的使用作为一种作战方法的军事目的；执法目的，包括国内控暴。

第 8 条第一款设立"禁止化学武器组织"（OPCW），以实现本公约的宗旨和目标，确保本公约的各项规定（包括对本公约遵守情况进行国际核查的规定）得到执行，并为各缔约国提供一个进行协商和合作的论坛。OPCW 于 1997 年在荷兰海牙市开始工作，主要机构是缔约国大会、执行理事会和秘书处。

该条约是第一个在多边框架下谈判而成的、规定销毁整个一个类别的大规模杀伤性武器的裁军协议，它要求每个缔约国销毁它所拥有的化学武器和化学武器生产设施，及其他可能遗弃在其他缔约国领土上的化学武器。通过对有关生产，加工和消费与公约目的相关的化学制品所施加的限制和义务，《化学武器公约》的核查条款不单影响军事部门，也影响民用化学工业。对这些义务的核查将采用定期报告、对申报地点的常规现场视察和短时间内通知对方后质疑性视察相结合的方式。条约还包括在缔约国受到或威胁受到化学武器攻击提供协助的条款。

---

30 A/RES/47/39，而这一决议的题目就是"关于禁止发展、生产、储存和使用化学武器及销毁此种武器的公约"。

31 截至 2019 年 7 月底，拥有 193 个缔约国（包括安理会五个常任理事国）：https://treaties.un.org/Pages/ViewDetails.aspx? src＝TREATY&mtdsg_no＝XXVI3&chapter＝26&clang＝_en（浏览于 2019 年 8 月 1 日）。

上面已经提到过第二次世界大战中遗留下来的老旧化学武器。公约下有一个关于这类武器的义务：第 3 条第一款 b 项第三目要求每一缔约国通报它是否在其他国家领土上遗留过化学武器，并按照公约的"核查附件"第四（B）部分第 10 段的规定，提供所有可以获得的资料[32]。日本于 1995 年 9 月 15 日批准了公约，1997 年 4 月 29 日，公约对该国生效。日本如何执行这一义务是个有趣的问题。

（五）大规模毁灭性武器

上面已经讨论了这大类武器中两种具体类型的法律制度。这些武器的共同特征是什么？定义是什么？联合国大会在 1946 年 1 月 24 日通过第 1(1) 号决议设立一个委员会，审议提出"摒弃国防军备中的原子武器以及其他所有可造成大规模毁灭之主要武器"的议案[33]。在 1977 年通过的联大 32/84B 号决议中，联合国大会"重申其常规军备委员会一九四八年八月十二日决议中所载的大规模毁灭性武器定义，其中将大规模毁灭性武器定义为原子爆炸武器、放射性物质武器、致命化学和生物武器，以及任何今后发展的、与原子弹或其他上述提到武器在毁灭性上类似的武器"。另一方面，由于已经存在处理具体类型的大规模毁灭性武器的条约，似乎也就没有必要单独制定一个处理这大类武器的普遍性条约。

（六）常规武器

在现代战场上更多看到的是常规武器的使用，此类武器看似只有有限的毁灭效果，但是实际上是造成人员伤亡的主要途径。

有关常规武器的规则主要体现在《禁止或限制使用某些可被认为具有过分伤害力或不分皂白效果的常规武器的公约》（《常规武器公约》）之中。1980 年 10 月 10 日，联合国召开的相关会议通过这个公约[34]，公约以及关于"无法检测碎片"的《第一议定书》、关于禁止或限制使用地雷、饵雷和其他装置的《第二议定书》、关于禁止或限制使用燃烧性武器的《第三议定书》均于 1982 年 12 月 2 日生效[35]。截至

---

[32]　第 10 段申明，曾在另一缔约国领土上遗留化学武器的缔约国（下称"遗留缔约国"）应最迟于本公约对其生效后 30 天内向秘书处提交这些遗留的化学武器的所有可以获得的有关资料。资料中应尽可能包括这些化学武器遗留的地点、类型、数量以及关于遗留行为的资料和遗留化学武器的现状。

[33]　英文里的表述是"weapons of mass destruction"或者"WMD"。

[34]　《联合国条约集》，第 1342 卷，第 137 页。

[35]　与这些议定书相关的实践，参看：*Henkaert and Doswald-Beck*，vol. i，chaps. 27，28，and 30.

2019 年 8 月 1 日，该公约有 125 个缔约国，包括安理会 5 个常任理事国[36]。条约的另外两个议定书，即《修正后的第二议定书》[37]和关于激光致盲武器的《第四议定书》[38]，分别于 1998 年 7 月 30 日和 1998 年 12 月 3 日生效。

公约第 1 条规定，该公约以及附加的议定书适用于 1949 年 8 月 12 日关于保护战争受难者的《日内瓦四公约》共同第 2 条所适用的局势，还包括《第一附加议定书》第 1 条第四款所提到的民族解放运动之中。因此，这一公约和附件的议定书是国际人道法的一部分。

按照《常规武器公约》第 4 条第三款，各国可以自愿选择受公约任何一项议定书约束，只需该国在交存其批准、接受、核准或加入书时通知保存方，该国愿意受任何两项或多项议定书的约束即可。中国于 1982 年 4 月 7 日批准《常规武器公约》，同时表明同意接受第一至第三议定书的约束。1998 年 11 月 4 日，中国明确同意接受《第四议定书》和 1996 年《修正后的第二议定书》的约束[39]。

关于战争遗留爆炸物的《第五议定书》是在 2003 年 11 月 28 日由缔约国大会通过的，在 2006 年 11 月 12 日生效；截至 2019 年 7 月 31 日，拥有 95 个缔约国[40]。议定书第三条中，将这类武器定义为"未爆炸武器和被弃置的爆炸性武器"，而缔约国义务是在冲突之后标示并清除其控制区域内的战争遗留爆炸物。第四条要求缔约国记录、保存和移交关于这类装置的信息；第八条要求缔约国合作清除和标示这些遗留物。该议定书适用于《常规武器公约》在 2001 年 12 月 21 日修订后第一条所指的情况之中[41]。

2001 年 12 月 21 日后，《常规武器公约》及其议定书所具有的新适用范围由修订后的第 1 条第一款界定：适用于 1949 年 8 月 12 日关于保护战争受难者的《日内瓦四公约》共同第 2 条所指的情况，并包括《第一附加议定书》第 1 条第四款所指的情况。此外，修订后的第 1 条第二款承认公约和附加议定书也适用于《日

36　其他缔约国还包括日本、南非和德国，at：https：//treaties. un. org/Pages/ViewDetails. aspx？ src＝TREATY&_mtdsg_no＝XXVI-2&_chapter＝26&_clang＝_en（浏览于 2019 年 8 月 1 日）。

37　1996 年 5 月 3 日修正。截至 2019 年 7 月 26 日，该议定书共有 105 个缔约国：https：//treaties. un. org（浏览于 2019 年 7 月 26 日）。

38　1995 年 10 月 13 日通过。截至 2019 年 7 月 26 日，该议定书共有 108 个缔约方：https：//treaties. un. org（浏览于 2019 年 7 月 26 日）。Also see L. Doswald-Beck，"New Protocol to Blinding Laser Weapons"，36 *IRRC*（1996），No. 312，pp. 272-299.

39　参看：https：//treaties. un. org。

40　同上。

41　https：//treaties. un. org/doc/Treaties/2001/12/20011221％2001-23％20AM/Ch_XXVI_02_cp. pdf（浏览于 2019 年 7 月 23 日）。

内瓦公约》共同第 3 条所指的冲突,但是不包括非武装冲突的内部动乱和紧张局势——例如暴动、孤立和零星的暴力行为以及其他类似性质的行为。这一适用范围特别影响到国内武装冲突中的所有派别。但是,在修订后的第 1 条第四款下,援引公约和议定书中的任何条款时,不可影响国家主权或影响相关政府通过一切正当手段维持或重建国家的法律和秩序,或保卫国家统一和领土完整。

(七) 地雷

在 1980 年《常规武器公约》(有时被称为《联合国非人道武器公约》)之中,出现了第 1 次限制使用地雷的尝试,该公约的《第二议定书》禁止不分皂白地使用地雷和故意对平民使用地雷,且要求遥布地雷具有有效的自毁和自动失能的设置。

经过三年的谈判,缔约国大会于 1996 年 10 月 10 日通过《第二议定书》的修正案。与原先的《第二议定书》不同,修订后的议定书既适用于国际武装冲突,也适用于国内武装冲突[42],并禁止使用含铁不足以被普通地雷探测技术设备探测到的人员杀伤地雷,且限制地雷的转让。

修正后的《第二议定书》于 1998 年 12 月 3 日生效。许多《禁止杀伤人员地雷公约》的非缔约国都同意接受这一议定书的规则,其中包括中国、印度、以色列、巴基斯坦、俄罗斯联邦和土耳其。截至 2019 年 7 月底,95 个国家同意受议定书的约束[43]。缔约方每年聚会以审查议定书的实施情况,筹备审查会议,以及审议各种保护平民不受地雷滥杀滥伤影响的技术的发展情况。

有关地雷的使用,更为专门的条约是《禁止使用、储存、生产和转让杀伤人员地雷及销毁此种地雷的公约》,条约于 1997 年 9 月 18 日在奥斯陆缔结,1997 年 12 月 7 日在渥太华开放签字,1999 年 3 月 1 日起生效,至 2019 年 7 月 31 日共有 164 个缔约国,包括中国、美国、俄罗斯和印度在内的一些国家没有参加该条约[44]。

在公约第 3 条下存在禁止性规定的例外。第一,虽有第 1 条规定的普遍义务,但为发展探雷、扫雷或销毁地雷的技术和进行这方面的训练而保留或转让一定数量的杀伤人员地雷是允许的。这种地雷的数量不应超过为达上述目的绝对需要的最低数目。第二,在第 2 条下,为销毁目的转让杀伤人员地雷是允许的,除了包括将地雷实际运入或运出国家领土外,转让还包括地雷的所有权和控制权的

---

[42]　第 1 条第二款。

[43]　https://treaties.un.org/doc(浏览于 2019 年 8 月 2 日)。

[44]　同上。原文参看:《联合国条约集》,第 2056 卷,第 211 页起。Also see S. Maslen and P. Herby, "An International Ban to Anti-Personnel Mines: History and Negotiation of the 'Ottawa Treaty'", 38 *IRRC* (1998), No. 325, p. 693.

转让，但不包括布设了地雷的领土的转让。

（八）激光武器

《常规武器公约》的《第四议定书》专门规制这一类型的武器[45]。议定书简短而具体：第 1 条禁止使用专门设计以对未用增视器材状态下的视觉器官——对裸眼或戴有视力矫正装置的眼睛——造成永久失明为唯一战斗功能或战斗功能之一的激光武器。在议定书中，"永久失明"是指无法挽回的和无法矫正的视觉丧失，此种视觉丧失为严重致残且无恢复可能。缔约方不得向任何国家或非国家实体转让这类武器。第 2 条要求缔约方在使用激光系统时应采取一切可行的预防措施，避免对未用增视器材状态下的视觉器官造成永久失明；这种预防措施应包括对其武装部队的培训和其他措施。但是，军事上合法使用激光系统包括针对光学设备使用激光系统的意外或连带效应的致盲，被第三条排除在议定书范围之外。因此，激光系统可以用于实现合法的军事目的。

（九）燃烧武器

《常规武器公约》的《第三议定书》与此相关[46]。根据该议定书的宗旨，第 1 条将"燃烧武器"定义为任何武器或弹药，其主要目的是通过化学反应在击中目标时引起火焰、热力，或两者兼有的效果，以便使被击中的目标燃烧或引起人员的烧伤。议定书同时对这类武器做了分类，包括火焰喷射器、定向地雷（通过爆炸时迸发出易燃液体）、炮弹、火箭弹、手榴弹、地雷、炸弹和其他装有燃烧物质的容器。

但是议定书并不规制带附带性燃烧效应的弹药，例如照明弹、曳光弹、烟幕弹或信号弹或旨在结合贯穿、爆破或破片飞散效果并附带具有燃烧效果的弹药，例如：穿甲弹、杀伤炮弹、爆炸弹以及类似的综合效果弹药，这种弹药的燃烧效果并非专为烧伤人员而设计，而是用于攻击装甲车辆、飞机和装备或设施等军事目标。

在《第三议定书》谈判过程中，政府代表团对燃烧武器进行了讨论，但是他们没有就此种武器是否具有特别突出的伤害性达成共识，所以，就限制使用此类武器的建议未得到足够的支持[47]。

---

[45] 截至 2019 年 7 月 26 日，该议定书共有 108 个缔约国：https://treaties.un.org（浏览于 2019 年 7 月 26 日）。

[46] 截至 2019 年 7 月 26 日，115 个国家成为该议定书的缔约国：https://treaties.un.org（浏览于 2019 年 7 月 26 日）。

[47] W. Boothby, *op. cit.*, pp. 207-208.

（十）其他类别的武器

根据《海牙规则》第 23 条第一款，毒药是被禁止使用的，即便是使用之前事先通知了敌方，也不能使这类武器的使用成为合法行为。这一规则反映了习惯法。根据《罗马规约》第 8 条第二款 b 项第 17 目，使用毒药或有毒武器构成战争罪。

"饵雷"是经过设计、制造或改装用来造成伤亡的装置或物质，能在某人触动或趋近表面似乎无害的物体，或执行表面安全的行为时，突然引爆[48]。这类武器可以用来对付战斗员，但是《常规武器公约》《第二议定书》禁止在"任何情况下"使用某些饵雷，比如那些可以放在食物或饮料里、藏在儿童玩具里、藏在国际承认的保护标志中，或历史建筑里，等等[49]。这里的考虑应该是禁止背信弃义的做法。

"达姆弹"是"易于人体内膨胀或变形，如外壳坚硬而未全部包住弹心或外壳上刻有裂纹的子弹"，已被 1899 年《关于膨胀子弹海牙宣言》所禁止；《罗马规约》第 8 条第二款第（b）项第 19 目规定，使用此类弹药构成战争罪。这一禁令反映了习惯国际法[50]。但是，对此规则的适用范围还存在着不同意见[51]。

实践中还存在"非致命武器"，其中绝大多数已经在国内执法行动中得到使用[52]。北约采用的定义是："用以驱散或使人丧失能力、具有低致命性和低永久伤害概率，或造成最小意外损害或环境影响而使设备失去作用的武器"[53]。比如说，粘性泡沫、湿滑泡沫、声炮、失能剂、电击枪、激光等离子体武器，等等。这些新的或未知的武器，可能已经在武装冲突或者维和部队参与的人道灾难局势中得到过应用[54]。国际人道法一般不禁止在武装冲突或占领中使用这类武器，除了控爆剂（包括催泪气体），因为 1993 年《化学武器公约》禁止将它们作为战争手段来使用。

---

48 《常规武器公约》《第二议定书》，第 2 条第二款。

49 同上，第 6 条第一款。第二款特别禁止在任何情况下使用可造成不必要伤害的饵雷。

50 L. Green, *The Contemporary Law of Armed Conflict*, 2nd edn., Manchester University Press, 2000, p. 134.

51 Y. Dinstein, *The Conduct of Hostilities under the Law of International Armed Conflict*, 3rd edn., CUP, 2016, p. 80.

52 《海战法指挥官手册注释补》，第 10.3.2 节，第 473 页。

53 D. Koplow, *Non-Lethal Weapons*, CUP, 2006, p. 8, citing to the *NATO Policy on Non-Lethal Weapons*, dated 13 October 1999.

54 Ibid., pp. 14-25.

在 2004 年 11 月,作为伊拉克政府邀请来协助其维持治安的盟军的一部分,美国军队在伊拉克法鲁加市与当地叛军之间爆发激烈的街垒战,交火中,作为高爆弹药的补充,美军士兵对敌人士兵使用了白磷弹[55]。尽管美国参加的相关国际条约既不将白磷弹视为化学武器,也不视之为燃烧性武器,但是否可以用之于人身上还存在着争议[56]。

结合其对《第一附加议定书》第 36 条规则的了解,红十字国际委员会在 1987 年就对未来武器技术的进步所带来的后果有所预测:

> "【已经存在的】远距离遥控武器或者通过遥感器控制的战场武器,把战场变得自动化,在这里,士兵的作用逐渐减弱,而针对这一演进发展起来的反措施——特别是电子屏蔽(或干扰)——进一步恶化了冲突不分皂白的程度。总之,所有预测都同意一点:假如人类不掌控技术,而任由技术掌控人类,人类将会被技术所毁灭。"[57]

委员会在其分析中,特别提到技术发展的自由,直接造成了"武备竞赛"的大规模升级;很多武器的革新,都是"不刻意"地完成的,而一旦新武器存在,就被视为事实而被接受,原因是即使本国放弃它,其他国家也会继续研发、获取相关技术[58]。在现有实践中,人类的控制还被视为是首要的[59],但是人道法对"首要"的程度尚未有明确规定[60]。值得注意的是此类武器也许意味着战争手段的质变,而国际社会对它的出现和影响才刚刚有所了解[61]。

---

[55]　这种弹药一般通过火炮、迫击炮或坦克火炮发射,造成烟雾屏障,掩护部队,但一旦沾上皮肤,就会燃烧到骨,除非与氧气隔绝:人权理事会,《调查委员会依据理事会决议第 S-2/1 号所作有关黎巴嫩的报告》,A/HRC/3/2, 2006 年 11 月 23 日,第 258 段。

[56]　S. Haines, "Weapons, means and methods of warfare", in: E. Wilmshurst, and S. Breau (eds.), *Perspectives on the ICRC Study on Customary International Humanitarian Law*, CUP, 2007, pp. 258, 258-259. 相关条约包括 1993 年《化学武器公约》和《常规武器公约》的《第三议定书》。

[57]　*Commentaries on APs*, s. 1476. 远程遥控的武器系统包括无人机(drone 或 unmanned aerial vehicle),而战场遥控武器包括"自动岗哨机关炮"(autonomous sentry guns)。

[58]　*Commentaries on APs*, s. 1477.

[59]　Dinstein, *op. cit.*, p. 99.

[60]　参看美国国防部 2012 年发布的"自动武器系统指令",载于:107 *AJIL* (2013)681, at 682 (其中对国防部的政策做了概括:自动或半自动武器系统的设计要使得军队指挥官和操纵系统员可以在授权使用或使用系统时行使"适当人类判断力")。

[61]　M. Wagner, "Autonomous Weapon Systems", in: *MPEPIL* (*Them. Ser.*), vol. 2, OUP, 2017, pp. 105-111.

二、战争方式

(一) 术语："攻击"

在《第一附加议定书》第 49 条第一款中,"攻击"是指不论在进攻或防御中对敌人的武装暴力行为。攻击不单包括进攻,也包括反击和以阻止敌人攻击为目的而采取的阻碍行动[62]。此外,"攻击"的结果有时也被纳入对其所作定义中,比如:《塔林手册》就把"预期造成对人员的伤害和对物体的毁坏"列入这样的定义之中[63]。下文提到的几种方式在实践中可以单独或混合使用。

本章不讨论"报复"这种传统的战争方式,它将会出现在关于国际人道法执行的章节中。与其他战争方式不同,报复不只是一种冲突的"技术"手段。

(二) 恐怖袭击

将针对平民居民的恐怖袭击视为战争罪行这一做法,它的根源可以追溯到1919 年《战争责任委员会报告》,委员会由巴黎和平会议建立,以调查德国及其盟国在第一次世界大战中犯下的违反战争法和惯例的行为,报告中提到系统地实施恐怖主义的战争罪行[64]。"二战"中成立的"联合国战争罪委员会"认为,这一概念包括"不论是否被视为人质劫持,以恐吓平民为目的"的大规模或不分皂白的逮捕[65]。《第一附加议定书》第 51 条第二款规定:"禁止以在平民居民中散布恐怖为主要目的的暴力行为或暴力威胁。"这类攻击可能采取在闹市汽车爆炸的形式,意图在平民居民中制造恐慌,或对城市进行炮击或狙击。

在这里可以提及"加里奇案"[66]。在萨拉热窝被围城期间,加里奇是围城的萨拉热窝军团指挥官,他被指控在 1992 年 9 月 10 日至 1994 年 8 月 10 日期间实施了针对萨拉热窝平民地区的炮击和狙击活动,造成当地平民居民的恐慌,并且组织长期狙击活动攻击萨拉热窝平民居民,打死打伤大量男女老幼,另外他协调而

62　*The UK Manual*,s. 5.20.2.

63　M. Schmitt(ed.),*Manual on the International Law Applicable to Cyber Warfare*,CUP,2013,Rule 30.

64　UN War Crimes Commission,*History of the United Nations War Crimes Commission and the Development of the Laws of War*,London:HMSO,1948,pp. 34-35.

65　*LRTWC*,vol. vii,p. 68.

66　*The Prosecutor v. Galić*,Case No. IT-98-29-T,Judgment and Opinion,5 December 2003.

持久实施了针对萨拉热窝平民区的火炮和迫击炮炮击，导致了数以千计的死伤。前南法庭审判庭的多数意见因此称：

> "一个以在平民居民中散布恐怖为首要目的、故意指向平民居民或平民个人并导致平民居民的死亡或严重身体和健康伤害的罪行，是违反战争法和惯例的恐怖罪，这一罪行构成被告及其下属在受起诉期间所适用法律的一部分。被告知道或应当知道法律是如此规定的。本案中，国际人道法下的恐怖罪由条约赋予效力，法庭管辖权的实质基础来自规约第三条。多数意见并没有被要求回答恐怖罪是否还具有习惯法基础。"[67]

审判庭的多数意见列举了针对平民居民的恐怖罪的构成要件[68]。第一，该犯罪的客观要件包括针对没有参与敌对行动的平民居民和平民个人，导致平民居民死亡或身体和健康严重伤害的暴力行为。暴力行为在本案中以狙击和炮击的形式呈现[69]；第二，被告故意将没有参与敌对行动的平民居民和平民个人作为暴力行为的目标；第三，犯罪的首要目的是在平民居民中散布恐怖。这三个要件反映了《第一附加议定书》第52条第二款的要旨。

在本案的上诉阶段，审判庭的结论得到了上诉庭的确认。上诉庭认为，体现在《第一附加议定书》第52条第二款和《第二附加议定书》第13条第二款中对针对平民居民的恐怖行为的禁止性规则，至少在那些条约缔结后，明确属于习惯国际法[70]。

（三）不分皂白的攻击

《第一附加议定书》第51条第四款禁止不分皂白的攻击，它对"不分皂白的攻击"的含义做了以下的概括：不以特定军事目标为对象的攻击；或使用不能以特定军事目标为对象的作战方法或手段；或使用其效果不能按照第一附件议定书的要求加以限制的作战方法或手段。这类攻击都带有无区别地打击军事目标和平民或民用物体的性质。《第一附加议定书》的起草者进一步列举了其他存在于实践中的不分皂白的军事行动。

《第一附加议定书》第51条第五款列举了其他一些不分皂白的攻击形式。例

67　Ibid.，para 138.

68　Ibid.，para 133.

69　Ibid.，para. 596.

70　*The Prosecutor v. Galić*，Case No. IT-98-29-A，Judgment，ICTY AC，30 November 2006，paras. 90 and 106.

如,如果将平民或民用物体集中的城镇、乡村或其他地区内许多分散而独立的军事目标视为单一的军事目标,而进行炮轰,那么这种攻击就是不分皂白的。这一标准是基于平民损失的可预见性。另外,可能附带使平民生命受损失、平民受伤害、平民物体受损害,或三种情形均有,而且与预期的具体和直接军事利益相比过分的攻击,也是不分皂白的。这一标准是基于可预见的过分的平民伤亡。在《第一附加议定书》第 85 条第三款第二项下,交战一方知悉攻击将造成第 57 条第二款第一项第三目所规定的过分的平民丧生、平民伤害或民用物体损害,却发动使平民居民或民用物体受影响的不分皂白的攻击,是对议定书的"严重违反"。《第一附加议定书》的各项条款相互间是一致的,但是其后一个条约对此问题的规范发生了变化。

根据《罗马规约》第 8 条第(二)款第二项第 20 目,使用可造成过分伤害或不必要痛苦,或本质上违反武装冲突国际法而不分皂白的武器、弹药、物资和作战方法,构成战争罪,只要这些武器、弹药、物质和作战方法依照第 121 条和第 123 条以修正案被列入本规约的附件内,且被全面禁止。因此,根据规约,包含有违禁武器清单的附件可以在规约生效七年后由缔约国大会通过[71]。正如罗马会议代表团设想的那样,这一附件将不止涵盖战争手段(即武器和物资),也包括战争方式。相对于《第一附加议定书》第 51 条第五款,《罗马规约》第八条第(二)款第二项第 20 目的适用范围明显较窄;前者没有对战争手段和方式采取全面禁止的做法。

实践中,这个问题可能取决于攻击中使用的弹药类型,从高空飞行的飞机上投下集束炸弹或对人群聚集地区使用密集火炮攻击,都将引发合法性问题[72]。有学者指出,集束炸弹存在高比例的哑弹,还会造成冲突后遗留弹药的问题[73]。2008 年 5 月 30 日,都柏林外交大会通过了《集束弹药公约》,条约生效于 2010 年 8 月 1 日[74]。条约第二条规定,此类弹药是指专为散布每发重量不超过 20 千克的子弹(包括可以起爆的子弹)的常规弹药;在第 1 条下,缔约国承诺"在任何情况下"永远不使用此类弹药,或发展、生产、获取、储存、保留或转让给任何人此类弹药。

---

[71]　《罗马规约》第 121 条。

[72]　M. Schmitt, "Precision Attack and International Humanitarian Law", 87 *IRRC* (2005), pp. 455-456.

[73]　G. Blum, "Cluster Munitions", in: *MPEPIL (Them. Ser.)*, vol. 2, OUP, 2017, p. 233.

[74]　相关信息可见: https://treaties. un. org/Pages/ViewDetails. aspx? src = TREATY&mtdsg_no= XXVI-6&chapter=26&clang=_en。原文可见《联合国条约集》,第 2688 卷,第 39 页起。截至 2019 年 10 月 24 日,该公约已有 108 个缔约国。

（四）饥饿

《第一附加议定书》第54条第一款宣告："禁止将使平民陷于饥饿作为作战方法"。因此，对平民居民的生存不可或缺的特定物体进行攻击、毁坏、移动或使其失去效用，都是被禁止的行为[75]。但是，目前国际人道法承认冲突任何一方有保卫其国家领土免遭入侵的重大利益，如果为迫切的军事必要所要求，冲突方得在其所控制的本国领土内，不遵守第52条第二款所包含的禁令[76]。

实践中，如果饥饿是军事行动的附带结果，那么可能并不违反国际人道法，比如说切断驻防敌军的补给通道。

根据《罗马规约》第8条第（二）款第（b）项第25目，"故意以断绝平民粮食作为战争方法，使平民无法取得其生存所必需的物品，包括故意阻碍根据《日内瓦公约》提供救济"，构成战争罪。

这些规则同样适用于"围城"的战争方式，后文将会讨论这个问题。

（五）背信弃义

"背信弃义"在战争法中的存在历史悠久。在第二次世界大战后的军事审判中，美国军事法院曾宣判，1944年"阿登战役"期间，在作战行动之前身着美军制服的德国军人无罪[77]。根据当代国际人道法，这种无罪的判决已不再可能。

根据《第一附加议定书》第37条，禁止诉诸背信弃义行为来杀死、伤害或俘获敌人。背信弃义在本条中是指，以背弃敌人的信任为目的而诱取敌人的信任，使敌人相信其有权享受或有义务提供国际法所规定的保护的行为。该条款列举了一些背信弃义行为的表现：1)假装在休战旗下谈判或投降的意图；2)假装因伤或因病而无能力【作战】；3)假装具有平民或非战斗员身份；4)使用联合国或中立国或其他非冲突方的国家的记号、标志或制服，假装享有被保护人地位。

《第一附加议定书》第38条还提到滥用公认标志的做法，比如：不正当使用红十字、红新月或红狮与太阳等特殊标志或公约或《第一附加议定书》所规定的其他标志、记号或信号，这些做法都是被禁止的。在武装冲突中故意滥用国际公认的保护标志、记号或信号，包括休战旗以及文化财产的保护标志，也是被禁止的。该条款还禁止不经联合国核准使用联合国的特殊标志的做法。

---

[75] 《第一附加议定书》第54条第二款。

[76] 《第一附加议定书》第54条第五款。

[77] *US v. Skorzeny et al.*, 9 LRTWC 90, 93.

但是,《第一附加议定书》对这里所提到的背信弃义使用标志的做法是区别对待的。第 85 条第三款只将违反第 37 条、背信弃义地使用红十字、红新月或红狮与太阳的特殊标志或公约或该议定书所承认的其他保护记号的做法,视为对《第一附加议定书》的"严重违反"。其他的滥用尚未成为"严重违反"制度的一部分。

《第一附加议定书》中还有另一个值得关注的条款:第 39 条,这一条涉及国籍标志的使用。它禁止在武装冲突中使用中立国或其他非冲突方国家的旗帜、军用标志、徽章或制服;禁止在攻击时或为了掩护、便利、保护或阻碍军事行动,使用敌方旗帜或军用标志、徽章或制服。

背信弃义是一项战争罪;根据第 85 条第三款第(f)项,背信弃义地使用公认标志也是严重违反《第一附加议定书》的行为。根据《罗马规约》第 8 条第二款第(b)项第七目,"不当使用休战旗、敌方或联合国旗帜或军事标志和制服,以及《日内瓦公约》下的特殊标志,致使人员死亡或重伤",被视为战争罪。

另一方面,如果一名战斗员在供给短缺的情况下穿上了敌人的制服,那么只要他修改制服将自己和敌人区分开来,那么就不是一种背信弃义的行为。

然而在海战中,交战国军舰使用虚假中立旗帜是被允许的做法[78],但是,这类情形下,悬挂虚假旗帜的军舰或辅助舰船不得发动攻击;在攻击敌军船舰之前,他们必须悬挂自己的旗帜。随着现代军舰通过使用超视距武器而无需面对敌人军舰,这一点在实践中的重要性可能有所下降。

(六) 狙击

狙击的作战方法历史悠久,只要狙击手不将平民或非战斗员作为狙击目标,就不被国际人道法所禁止。否则,则将产生类似"加里奇案"中的个人刑事责任。

在该案中,被告面临的第一项指控是,作为包围萨拉热窝的波黑塞族军队的指挥官,他"持续实施了针对萨拉热窝平民区和平民的炮击和狙击活动,造成当地平民居民的恐怖和精神伤害"[79]。这一指控当然与造成恐怖有关。起诉书中的其他六项指控分成两类,分别归类在"狙击"和"炮击"行为之下。一审判决认定加里奇在第一项指控下有罪;审判庭结合其他有罪判决,判处他总共 20 年监禁。在上诉结束时,上诉庭以三比二的多数支持了检察官提出的"初审刑期不足以反映加里奇罪行严重性"的上诉理由,他的刑期被上诉庭改为终身监禁[80]。

78　《圣雷莫海战法手册》第 184～185 页。

79　*The Prosecutor v. Galić*, Case No. IT-98-29-T, Judgment and Opinion, TC, 5 December 2003, para 65.

80　*The Prosecutor v. Galić*, Case No. IT-98-29-A, Judgment, ICTY AC, 30 November 2006, para. 455.

需要补充的是，实践中可能存在不以在平民居民中散布恐怖为首要目标的狙击行为。事实上，除非这些行为已被国际人道法的既存规定所禁止，狙击本身作为一种战争方式是否非法是有争议的[81]。

（七）暗杀与"法益剥夺"

国际人道法中没有处理暗杀的专门规则，这一方法的合法性取决于案件的具体情况，但是，禁止攻击平民或禁止通过背信弃义方式杀害战斗员这些普遍性规则仍然对之适用。确实，《利伯法典》就已经申明战争法不允许交战方宣布敌方公民或士兵不受法律保护，对之未经审判就处以死刑[82]。美国陆军《战场手册》（FM27-10，1956）第 31 节规定：禁止宣布"法益剥夺"（outlawry）；禁止暗杀；禁止悬赏敌方某人，或是宣布任何代价以"活捉或击毙"敌人。这一规则反映了《海牙规则》第 23 条第四款的要求，该款特别禁止宣告绝不纳降。美国已经有行政命令禁止将暗杀作为一种国家政策[83]，这一行为将被视为基于政治目的的"谋杀"[84]。

在 1998 年肯尼亚内罗毕和坦桑尼亚达累斯萨拉姆的"使馆爆炸案"后，美国向联合国安理会澄清，它随后对阿富汗的拉登训练营和一个位于苏丹的目标的轰炸，是以《联合国宪章》第 51 条为根据的，并且所使用的方法和选择的目标都符合包括必要性原则和比例原则在内的国际法[85]。这是其回应"暗杀某些团体领导人"这一反复被提起的问题时的一贯立场。

此外，这一人道法禁令还延伸适用于奖励杀害或伤害任何敌人或敌人中的某一特别阶层——例如军官——的做法，因为这一做法将鼓励不纳降的政策。但是，对在不造成身体伤害的情况下奖励捕获敌方人员是合法的。

最后一点是政治领导人的问题，作为平民和民选的国家领袖也许还是军队的最高指挥官，但即便如此，他仍然是一个平民[86]，不属于《日内瓦第三公约》第四条

81　Dinstein, *op. cit.*, p. 118.

82　第 148 条。See also Q. Wright, "The American Civil War, 1861-1865", in: R. Falk (ed.), *The International Law of Civil Law*, The Johns Hopkins Press, 1971, pp. 30 at 70.

83　例如美国总统里根于 1981 年 12 月 4 日签发的第 12333 号行政命令的 2.1.1 节：*Federal Register*, vol. 40, No. 235 (8 December 1981), amended by EO 13284 (2003), EO 13355 (2004), and EO 13470 (2008), at: https://it.ojp.gov/PrivacyLiberty/authorities/executive-orders（浏览于 2019 年 8 月 2 日）。

84　S. Murphy, *US Practice in International Law* (1999-2001), vol. i, CUP, 2003, p. 419, n. 5.

85　Ibid., p. 419.

86　这被视为谴责暗杀行为背后的理由：M. Schmitt, "State-Sponsored Assassination in International and Domestic Law", 17 *YJIL* (1992), p. 639.

A 款或者《第一附加议定书》第 43 条的范畴。不过，也可认为如此重要人物的办公楼属于《第一附加议定书》所定义的"军事目标"。

（八）破坏

只要战斗员能将自己同平民区分开，针对军事目标并尽量减少平民伤亡的风险，这一在敌后攻击的方法就是合法的。在"基林及他人案"中，一组德国特工在从德国潜艇登陆美国东海岸后被美国当局俘获[87]，所有这些特工都曾经在美国生活过，后来在柏林附近的一个学校完成破坏方法的训练，他们在登陆时身着德军制服，但是随后便更换便装前往纽约。既然没穿制服，又带着毁灭生命和财产的任务秘密通过敌人前线，已经构成战争行为；根据国际法，他们被判决为"非法战斗员"，无权享受战俘待遇，但是要为违反战争法而接受军事法院的审判和惩罚。

（九）战争诈术

《陆战规则》第 24 条允许使用诈术，而根据《第一附加议定书》第 37 条第二款，战争诈术也是不禁止的。在上述第二款下，"战争诈术"是指：旨在迷惑敌人或诱使敌人作出轻率行为，但不违反任何适用于武装冲突的国际法规则的做法，而且由于这一做法并不诱取敌人产生基于国际法所规定的保护措施的信任，而不构成背信弃义的行为。

诈术的表现方式一般包括使用伪装、假目标、假行动和假情报。实践中还有许多其他类型的诈术。早期实践中，用飞机传播信息或进行宣传是被允许的—如 1923 年《海牙空战规则》中提到的做法。此外，现代诈术可以包括在敌人电脑中修改数据或者向敌人下属发送看似来自其总部的迷惑性指令的行为[88]。迷惑敌人这一要件显然是诈术概念的价值所在[89]。

战争诈术和背信弃义之间存在着区别。以杀伤或俘获敌人军队为目的，但以虚假宣告同意停战的方式诱使敌人放下武器并投降，这是背信弃义的做法。以他们已经被包围，或宣布他们将受到事实上并不存在的武器的攻击这类虚假理由召唤敌军投降则不属于背信弃义。主要区别似乎在于不违背国际人道法而让敌人自愿做出鲁莽行动。过去的看法认为，交战方在明示或默示参与战斗后，便因此接受了必须对敌人诚实这一道德义务的拘束，背叛敌方信任是一种背信弃义的行

87　*Ex parte Quirin et al.*，317 US 1，30-31（1942）.

88　Cf. *Commentary on APs*，p. 443，s. 1521：阐述了一长列国家军事手册所认可的诈术。

89　*Oppenheim's International Law*，7th edn.，vol. ii，p. 428.

为,因为它构成了对善意的破坏[90]。以背信弃义的方式杀害或伤害他人者构成战争罪并应当接受审判。

（十）攻击敌方武装部队使用的食物和饮水

在《第一附加议定书》第 54 条下,为了使之对平民居民或敌方的生存失去价值这一特定目的,而不论动机是出于使平民饥饿、使其迁移,或其他动机,对平民居民生存所不可缺少的物体(如粮食、生产粮食的农业区、农作物、牲畜、饮水装置、饮水供应和灌溉工程)进行的攻击、毁坏、移动或使其失去效用的做法,都是被禁止的。这一禁令不适用于仅供其武装部队人员生存之用的物资,或者用以直接支持军事行动的物资。但如果因此有可能使平民居民的食物或饮水不足,造成平民居民的饥饿,或迫其迁移,那么无论如何不应对这些物资采取军事行动。在这里,攻击特定目标是一般意义上的,但这一问题还与一个特定作战方式相关:围城。

（十一）对环境的攻击

环境对人类生存的重要性已经得到各国广泛的认同[91]。针对环境使用武力的问题,也在 1996 年"威胁使用或使用核武器的合法性"的咨询意见中受到国际法院的特别关注,法院所称的"环境"代表着生存空间、生活质量和人类健康[92]。但是,在审议使用核武器对环境带来的影响时,法院并不认为环境法条约"会因为一国保护环境的义务而有意剥夺它根据国际法行使自卫的权利,然而,国家在评估追求合法军事目的的必要性和合比例性时必须将环境考虑纳入其中"[93]。所以,法院认为对环境的尊重只是评估一项军事行动是否符合必要原则和比例原则过程中的一个要素。

国际法院还认为,《里约热内卢宣言》第 24 项原则和《第一附加议定书》第 35 条第三款和第 55 条,以及 1977 年《改变环境技术公约》[94],都体现了保护自然环境

90　Ibid. , p. 430：citing to Halleck, *International Law*, 4th edn. , 1908, vol. i, p. 623.

91　I. Peterson, "The Natural Environment in Times of Armed Conflict：a Concern for International War Crimes Law?" 22 *Leiden Journal of International Law* (2009), pp. 325-343.

92　*Legality of Threat or Use of Nuclear Weapons*, ICJ Rep. (1996) 226, para. 29.

93　Ibid. , para. 30.

94　《禁止为军事或任何其他敌对目的使用改变环境技术的公约》,经联合国大会 31/72 号决议通过于 1976 年,于 1978 年 10 月 5 日生效。条约全文参见:《联合国条约集》,第 1108 卷,第 151 页。截至 2019 年 7 月,共有 78 个缔约方;中国于 2005 年 6 月成为缔约国。参见:https://ww. unog. ch/enmod(浏览于 2019 年 7 月 31 日)。

免受广泛、长期和严重环境损害的普遍性义务；对所有接受这些规则和原则拘束的国家来说，这一义务是他们在使用武力时的有力约束[95]。所以，国际法院的咨询意见明确地认可了环境和武装冲突之间的关系。它在达至这一论断时所参考的上述文件，值得进一步介绍。

首先，《第一附加议定书》第 35 条第三款禁止使用旨在或可能对自然环境引起广泛、长期而严重损害的作战方法或手段；第 55 条要求缔约国在冲突中应"注意"保护自然环境不受广泛、长期和严重的损害，这种保护包括禁止使用旨在或可能对自然环境造成这种损害从而妨害居民健康和生存的作战方法或手段；第 55 条第二款禁止作为"报复"手段而对自然环境的攻击。但是，一些国家（例如英国）对第 55 条第二款做了保留。另外，条款的一些术语没有定义，比如"长期"、"广泛"或"严重"，"长期"可以是几十年吗？此外，还应当注意的是，《第一附加议定书》只适用于常规武器，核武器没有被其覆盖，所以攻击型核潜艇或超级油轮或使用化学制剂并没有被《第一附加议定书》禁止。再有，第 35 条和第 55 条之间的区别似乎在于前者涵盖所有空间，而后者只涉及冲突一方的领土和领海。《第一附加议定书》第 56 条要求，如果对含有危险力量的工程或装置（如堤坝和核发电站）攻击可能引起危险力量的释放，从而在平民居民中造成严重损失，那么即使这类物体是军事目标，也不应成为攻击对象[96]。进一步说，在这类工程或装置的位置上或在其附近的其他军事目标，也不应成为攻击对象，假如攻击可能引起该工程或装置所含有的危险力量的释放，从而在平民居民中造成严重的损失。但是，第 56 条第二款规定了在下述例外情况中，这类设施将不再受到保护：如果大堤或堤坝被用于其通常作用以外的目的和用以使军事行动得到经常、重要和直接支持，而且如果攻击是终止这种支持的唯一方法；或如果该核发电站供应电力使军事行动得到经常、重要和直接支持，而且如果这种攻击是终止这种支持的唯一方法；或对于在这类工程或装置的位置上或在其附近的其他军事目标，且后者使军事行动得到经常、重要和直接支持的，而且如果这种攻击是终止这种支持的唯一方法。

国际法院提到的第二个文件是 1992 年《关于环境与发展的里约热内卢宣言》，这是由 178 个国家在 1992 年 6 月 3 日至 14 日在里约热内卢举行的联合国环境与发展大会上通过的，其中第 24 项原则规定如下：

"战争定然持久破坏环境，因此各国应遵守国际法关于在武装冲突期间

95　*Legality of Threat or Use of Nuclear Weapons*，ICJ Rep.（1996）226，para. 31.

96　Cf. N. Ronzitti，"Le droit humanitaire applicable aux conflits armés en mer"，242 *RdC*（1993，V），p. 110（他认为该条下对受保护物体的列举是详尽的）。

保护环境的规定，并按必要情况互相合作以促进其进一步发展。"[97]

国际法院提到的第三个文件是《禁止为军事或任何其他敌对目的使用改变环境的技术的公约》[98]，其中第一条要求各缔约国承诺不为军事或任何其他敌对目的使用具有广泛、持久或严重后果的改变环境的技术作为摧毁、破坏或伤害任何其他缔约国的手段；该条款同时要求公约各缔约国承诺不协助、鼓励或引导任何国家、国家集团或国际组织从事违反本条所规定的活动。第二条将"改变环境的技术"定义为"通过蓄意操纵自然过程改变地球（包括其生物群、岩石圈、水气层和大气层）或外层空间的动态、组成或结构的技术"。第二条表明影响环境的技术尚未受到限制，使用这些技术的结果是一致的：改变地球的动态、组成或结构。关于公约的若干条文，裁军委员会大会起草了《理解》，并于 1976 年 9 月提交给联合国大会[99]。这为公约中若干条款提供了解释工具，文件不是公约的一部分但是属于谈判记录。

关于公约第 1 条，委员会认为"广泛"指"包括几百平方公里大小的地区"；"持久"指"持续几个月或大约一个季节的时间"，而"严重"指"人命、自然和经济资源或其他财产受到严重或重大破坏或伤害"。关于公约第二条，委员会列举了使用环境改变技术所可能产生的现象：地震、海啸、某地区生态平衡的混乱；气象现象（云、降水、各种类型的气旋和龙卷风）的改变；气候形态的改变；海洋潮流的改变；臭氧层状态的改变；和电离层状态的改变。

《第一附加议定书》和《改变环境技术公约》在大致相同的时间段里平行谈判并得到通过，但两个条约的实质内容并不重合。首先，《第一附加议定书》并没有将战争手段限制在武器上，但是《改变环境技术公约》仅适用于该公约所界定的单一类型战争手段上。其次，《第一附加议定书》适用于国际性武装冲突，而《改变环境技术公约》似无此限制。再次，尽管两者在适用时都要求存在对环境广泛、长期和严重的损害，但是他们对这类损害的理解有各自的标准，《第一附加议定书》要求同时证明全部三个标准累加的存在，但是《改变环境技术公约》只要求三个标准中满足其一便可适用该公约。最后，《第一附加议定书》和《改变环境技术公约》标准的含义不相同[100]，比如，《改变环境技术公约》认为"长期"是指数月的时间，而根据红十字国际委员会，《第一附加议定书》所指的"长期"意味着几十年。实践中，

97　*Legality of Threat or Use of Nuclear Weapons*，ICJ Rep.（1996）226，para. 31.

98　依照第七条，该条约没有失效日期。

99　UNGA，OR，31st Sess.，1976，Suppl. No. 27，A/31/27，paras. 297-333.

100　*Commentaries on APs*，sect. 2136.

某些战争方法会在国家间引起争议,如在武装冲突中使用"除草剂"以控制植被的生长[101]。

近期攻击环境的事例包括伊拉克军队在 1990 年入侵科威特前后,将大约 600 口科威特油井点燃,大火从 1991 年 2 月一直燃烧到 12 月,造成该地区严重的大气污染,当时伊拉克不是《第一附加议定书》和《改变环境技术公约》的缔约国;联合国安理会通过的第 687(1991)号决议重申,作为伊拉克非法入侵和占领科威特的结果,伊拉克根据国际法承担任何因此造成的直接损失和损害,包括对环境的破坏和对自然资源的耗尽等。联合国安理会第 692 号决议为此建立了一个赔偿基金和一个赔偿委员会,委员会在此后已经为科威特油井的损害提供了赔偿。

上述条约中确立的规范在实践中仍在继续发展。《罗马规约》第 8 条第(二)款第(b)项第四目将下列行为定为战争罪:

> "故意发动攻击,而明知这种攻击将附带造成平民伤亡,或民用物体损失,或致使自然环境遭受广泛、长期和严重的破坏,且破坏程度与预期的具体和直接的整体军事利益相比显然是过分的。"

这一罪行的要件包括:1)攻击行为;2)明知这种攻击将致使自然环境遭受广泛、长期和严重的破坏;3)认定该项罪行的存在还需要证明破坏"与预期的具体和直接的整体军事利益相比显然过分"。

(十二) 心理战

从事政治和军事上的宣传、通过散布虚假信息破坏敌人的抵抗意志和影响对手的军事纪律,在实践中是被允许的作战方式,是合法的战争诈术[102]。

但是,煽动犯罪(而不是起义或暴动)是被禁止的做法。例如,根据卢旺达庭和前南刑事法庭的实践,煽动"种族灭绝"是一项国际罪行。在卢旺达刑庭审理过的一个案件中[103],一名与执政的胡图族有联系的记者在一个广播电台工作,他和电台的同事在 1994 年间对针对图西族反抗势力的"斗争"进行广播时的用语,煽动仇恨和暴力,导致了对图西族的大屠杀;他甚至目睹了全国范围的大屠杀。在审理前,他对煽动种族灭绝的指控表示认罪;他在此前没有犯罪记录;声称自己

---

101 *Henkaert and Doswald-Beck*, vol. i, pp. 266-267(美国保留了使用这种弹药的权利).

102 K. Chainoglou, "Psychological Warfare", in: *MPEPIL* (*Them. Ser.*), vol. 2, OUP, 2017, pp. 1060-1066, at 1063.

103 *Prosecutor v. Ruggiu*, Case No. ICTR-97-32-I, Judgment and Sentence, 1 June 2001.

是个"理想主义者"，但是在欧洲生活时受到种族歧视观念的影响；他在某些情况下还帮助过卢旺达的图西族人；被关押受审期间表达了对自己行为的后悔；他在案发时并不属于卢旺达国家权力结构。最终，他以"煽动罪"被判处 12 年监禁。

（十三）围城

只要目标是敌方武装力量，包围城镇和据点就是合法的战争方式。实践中，没有必要围攻一个可以在毫无抵抗情况下拿下的"不设防"城镇。在"二战"中的"彼得格勒围城"过程中，看到试图逃离城市的苏联平民，德军指挥官冯·李布命令部属对他们开火；在当时的国际法之下，为了获得围城战的胜利，包围的军队可以将平民赶回城市，以使被包围地区供应紧张而加速敌人投降，因此，冯·李布没有因为下达这一命令而被宣判有罪，美国军事法院法院为此特别指出："我们虽然希望法律并非如此规定，但我们只能遵照现有法律做出这一裁决"[104]。

不过，就这一战争方法而言，《第一附加议定书》第 54 条建立了新的制度。如果围城的目标是军事目标，可能要求使用饥饿和切断供给的方法，那么依照该条第一款的规定，针对平民使用饥饿的作战方法是被禁止的，如果水和食物属于平民生存所不可缺少的，那么它们不能成为攻击目标。当然，如果食物与水只为武装部队所用，它们可以成为攻击目标。这里的问题是，假如食物与水被军民公用，那么是否可以被攻击？现有实践倾向于，在这种情势下禁止发动攻击。

第 54 条似乎使得习惯法下的围城作战方法不再有效；这样的后果可以说是一种法律的进步。当然，如果围城的目标是军事目标，但又考虑到第 54 条的规则，围城军队可以对被围的平民居民"网开一面"，允许他们离开城市。另一方面，假如被围军队的指挥官禁止平民离开城市，他可能会被指控为使用"人盾"，而这后一做法也是战争罪[105]。

---

104 *Trials*，vol. xi，p. 563.

105 GCⅢ，Art 23；GC Ⅳ，Art 28.《第一附加议定书》第 51 条第七款规定："平民居民或平民个人的存在或移动不应用于使某些地点或地区免于军事行动，特别是不应用以企图掩护军事目标不受攻击，或掩护、便利或阻碍军事行动。冲突各方不应指使平民居民或平民个人移动，以便企图掩护军事目标不受攻击，或掩护军事行动。"又可参看：*Prosecutor v. Blaškić*，Case No. IT-95-14-A，Judgment of 29 July 2004，para. 653.

第六章　海战与空战规则

扩 展 阅 读

J. Spaight, *Air Power and War Rights*, 3rd edn. , Longmans, 1947; W. Mallison, *Studies in the Law of Naval Warfare: Submarines in General and Limited Wars*, US Government Printing Office, 1968; D. O'Connell, *The Influence of Law on Sea Power*, Manchester University Press, 1975; Y. Dinstein, "The Laws of War at Sea", 10 *Israel Yearbook on Human Rights* (1980), pp. 38-69; Y. Dinstein, "The Laws of War in the Air", 11 *Israel Yearbook on Human Rights* (1981), pp. 41-64; R. Lechow, "The Iran-Iraq Conflict in the Gulf: The Law of War Zones", 37 *ICLQ* (1988), pp. 629-644; N. Ronzitti (ed.), *The Law of Naval Warfare*, Martinus Nijhoff, 1988; H. Robertson (ed.), *The Law of Naval Operations*, the Naval War College Press, 1991; I. Dekker and H. Post (eds.), *The Gulf War of* 1980—1988, Martinus Nijhoff, 1992, chapter 5; W. Heintschel von Heinegg, "Visit, Search, Diversion, and Capture in Naval Warfare: Part Ⅱ, Developments since 1945", 32 *CYIL* (1992), pp. 89-126; N. Ronzitti, "Le Droit Humanitaire Applicable aux Conflits Armés en Mer", 242 *RdC* (1993, V), pp. 9-196; L. Doswald-Beck (ed.), *San Remo Manual on International Law Applicable to Armed Conflicts at Sea*, CUP, 1995; F. Pocar, "Missile Warfare and Exclusive Zones in Naval Warfare", 27 *Israel Yearbook on Human Right* (1997—1998), pp. 215-224; H. Robertson, "The Status of Civil Aircraft in Armed Conflict", 27 *Israel Yearbook on Human Right* (1997—1998), p. 113; J. Busuttil, *Naval Weapons Systems and the Contemporary Law of War*, OUP, 1998; G. Politakis, *Modern Aspects of the Laws of Naval Warfare and Maritime Neutrality*, Kegan Paul International, 1998; R. Wolfrum, "Military Activities on the High Seas: What are the Impacts of the UN Convention on the Law of the Sea?", 71 *International Law Studies* (1998) US Naval War College, pp.

501-513；R. Churchill and A. Lowe，*The Law of the Sea*，3rd edn.，Manchester University Press，1999；A. Roach，"The Law of Naval Warfare at the Turn of Two Centuries"，94 *AJIL*（2000），pp. 64-77；W. Parks，"Making Law of War Treaties：Lessons for Submarine Warfare Regulation"，in：M. Schmitt（ed.），*International Law across the Spectrum of Conflict*，75 *International Law Studies*（2000），US Naval War College，pp. 339-385；M. Vego，*Operational Warfare at Sea：Theory and Practice*，Routledge，2009；W. Boothby，*Weapons and the Law of Armed Conflict*，OUP，2009，chapter 16；M. Sassòli, A. Bouvier, and A. Quintin, *How Does Law Protect in War?* 3rd edn.，ICRC，2011，vol. i，chapters 10 and 11；M. Sassòli，*International Humanitarian Law*，Edward Elgar，2019，sections 8. 8 and 8. 9.

一、海 战 规 则

（一）定义

1. 军舰

军舰指属于一国武装部队、具备辨别军舰国籍的外部标志、由该国政府正式委任并名列相应的现役名册或类似名册的军官指挥和配备有服从正规武装部队纪律的船员的船舶[1]。实践中，海岸警卫队的舰只一般被视为军舰[2]。

2. 辅助舰船

辅助舰船是指那些不是军舰，但是属于或在一国军队的专属控制之下，并暂时用于政府非商业目的船只。对这类船舶，不要求其具备类似于军舰的标志。这一类型可能包括其他为公共目的或政府服务的船只。在某些情况下，商船可能会被包括在内，比如战时为海军提供支持；但它们只能服务于防御目的，并且在中

1　《联合国海洋法公约》第29条。与1958年《公海公约》第8条第二款相比，第29条扩大了"军舰"的范围：W. Heintschel von Heinegg，"The Law of Armed Conflicts at Sea"，in：Fleck（ed.），*Handbook*，p. 465.

2　参照《海战法指挥官手册补充注释》，第109页，脚注3；美国海岸警卫队是美国武装力量的一部分。中国海警部队在2018年划归中国人民武装警察部队领导指挥，也称为中国海警局；参见《全国人民代表大会常务委员会关于中国海警局行使海上维权执法职权的决定》，2018年6月22日通过。依照《中华人民共和国人民武装警察法》第2条，人民武装警察属于中国国家武装力量的组成部分；该法律由2009年8月27日第十一届全国人民代表大会常务委员会第十次会议通过，全文可看看：http://www. npc. gov. cn/zgrdw/huiyi/cwh/1110/2009-08/27/content_1516110. htm（浏览于2019年7月23日）。

立水域中被视为军舰[3]。

3. 禁运品

禁运品是指最终目的地为敌方控制的领土并可能被用于武装冲突之中的货物[4]。交战方禁止将它们运输给敌人；实践中，存在着"绝对禁运品"和附条件或相对禁运品之分，前者例如军用物资和武器装备，后者像黄金、白银、石油、煤炭等。具体规则主要属于国际习惯法的内容[5]，比较主要的规定是中立船舶上的敌方货物（除了用于战争的禁运品）和敌方船舶上的中立国货物（除了用于战争的禁运品）都免于交战方的抓捕[6]，而正式没收禁运品需要事先取得捕获法院的许可。

4. 商船

商船既非军舰或辅助舰船，也非其他政府船只（如警务船或海关船），而专门从事商业或私营服务的船只[7]，商船还包括被政府雇佣从事上述目的的船只[8]。根据 1907 年《海牙第七公约》改装成军舰的商船，取得军舰地位[9]；武装商船对中立国而言也具有这一性质。

5. 中立船舶

依照其所挂船旗，中立船舶只属于不参与武装冲突的中立国家所管辖，对此类船舶没有军舰或非军舰之分。

（二）作战区域

1. 内水

无论是海水还是淡水的内水概念，都要求使用基线来划分。《联合国海洋法公约》第五条将基线定义为沿海国官方承认的大比例尺海图所标明的沿岸低潮线。在海岸线极为曲折的地方，或者如果紧接海岸有一系列岛屿，测算领海宽度

3　D. O'Connell, *The International Law of the Sea*, OUP, 1984, vol. ii, ed. by I. Shearer, p. 1106.

4　Y. Dinstein, "The Laws of War at Sea", 10 *Israel Yearbook on Human Rights* (1980) 38, at p. 40.

5　*Oppenheim's International Law*, 7ᵗʰ edn. , vol. ii, pp. 462 et seq.

6　1865 年《巴黎海战法宣言》："2. 中立旗帜覆盖敌方货物，除了战争禁运品；3. 敌方旗帜下的中立国货物不可缴获，除了战争禁运品": https://ihl-databases.icrc.org/ihl/INTRO/105? OpenDocument（浏览于 2019 年 8 月 15 日）。

7　《圣雷莫海战法手册》第 13 条。

8　参照《关于统一国有船舶豁免的某些规则的国际公约》，1926 年 4 月 10 日通过，1937 年 1 月 8 日生效，《国际联盟条约集》第 176 卷，第 199 页。

9　Arts. 3-5: *Schindler and Toman*, p. 1065.

的基线的划定可采用连接各适当点的直线基线法[10]。这一基线体系来自于国际法院对"英挪渔业案"的判决[11]，在该案中，挪威西北海岸被大西洋的波涛分割成一片狭长的石垒，因而挪威政府出于管辖的需要，从 19 世纪中后期开始使用直线基线法划分领海与公海的分界。尽管这一做法在当时是独特的，法院还是支持了挪威的实践。

在基线确定后，领海基线向陆地一面的水域构成国家内水的一部分[12]。内水还包括具有历史性权利的水域，如历史性海湾；内水的法律地位与沿海国陆地领土一致。

2. 领海

领海的外部界限是一条其每一点同基线最近点的距离等于领海宽度的线[13]。《联合国海洋法公约》第 3 条将领海宽度设置为自基线起不超过 12 海里。沿海国对领海、领海上空及其下海床和底土拥有主权，但是，依照该公约第二部分的规则，其有义务允许外国船舶行使"无害通过权"[14]。

交战国在通过中立领海时仍享有"无害通过权"。

3. 大陆架

沿海国的大陆架包括其领海以外依其陆地领土的全部自然延伸，扩展到大陆边外缘的海底区域的海床和底土；如果从测算领海宽度的基线量起到大陆边的外缘的距离不到 200 海里，则扩展到 200 海里的距离[15]。

4. 群岛水域

"群岛"是指一群岛屿，包括若干岛屿的若干部分、相连的水域或其他自然地形，彼此密切相关，以致这种岛屿、水域和其他自然地形在本质上构成一个地理、经济和政治的实体，或在历史上已被视为这种实体[16]。

此外，《联合国海洋法公约》第 47 条规定：

"1. 群岛国可划定连接群岛最外缘各岛和各干礁的最外缘各点的直线群岛基线，但这种基线应包括主要的岛屿和一个区域，在该区域内，水域面积和包括环礁在内的陆地面积的比例应在一比一至九比一之间。

10　《联合国海洋法公约》第 7 条。

11　*Fisheries Case* (*UK v. Norway*)，ICJ Rep. (1951) 116.

12　《联合国海洋法公约》第 8 条第一款。

13　同上，第 4 条。

14　同上，第 17 条。有关实践与问题，参见本书上卷第 11 章第四节。

15　《联合国海洋法公约》第 76 条第一款。

16　同上，第 46 条。

2. 这种基线的长度不应超过一百海里。但围绕任何群岛的基线总数中至多百分之三可超过该长度,最长以一百二十五海里为限。"

当今实践中存在着 22 个典型的群岛国家,包括菲律宾、马尔代夫、印度尼西亚,等等[17]。

群岛基线内的水域具有特殊的法律性质。但是已经明确的是群岛国对群岛水域,以及上空、海床与底土享有完全的主权[18]。尽管按照《联合国海洋法公约》第 53 条第二款,其他国家在指定群岛海道享有"群岛海道通过权",但是按照第 49 条第四款,行使这一权利并不影响该水域的法律地位。

中立的群岛水域对行使群岛海道通过权的交战国军舰,辅助舰船,或军用或辅助飞机保持开放。

5. 国际海峡

历史上,国际海峡的概念和通行制度与武装冲突有着密切联系,比如"科孚海峡案"[19]。《联合国海洋法公约》第 37 条确立了特殊类型海峡的"过境通行权",这类海峡处于公海或专属经济区的两部分之间。按照第 38 条第二款的规定,"过境通行权"是指:

> "按照本部分规定,专为在公海或专属经济区的一个部分和公海或专属经济区的另一部分之间的海峡继续不停和迅速过境的目的而行使航行和飞越自由。但是,对继续不停和迅速过境的要求,并不排除在海峡沿海国入境条件的限制下,为驶入、驶离该国或自该国返回的目的而通过海峡。"

第二类国际海峡由公约第 45 条来规范,在这类海峡内适用无害通过制度,包括按照第 38 条第一款不适用过境通行制度的海峡,或在公海或专属经济区的一个部分和外国领海之间的海峡。

由于国际海峡为领海所覆盖,因此如果海峡沿海国都是中立国,海峡便不能成为战争舞台。

另一方面,在武装冲突时,和平时期适用的航行权依然在某些情况下对交战方的船只和飞行器开放,因此,海峡沿岸的中立国家不得暂停或终止交战国船舶或飞机的这一权利,而中立船舶或飞机可以在沿海国为交战国的国际海峡中继续行使公约下的通行权。在行使过境通行权时,潜艇可以在下潜状态时通过国际

17　Y. Tanaka, *The International Law of the Sea*, 2nd edn., CUP, 2015, p. 167.

18　《联合国海洋法公约》第 49 条。

19　*Corfu Channel Case* (UK *v.* Albania), ICJ Rep. (1949) 4.

海峡。

6. 专属经济区与公海

专属经济区是领海以外并邻接领海的一个区域，受《联合国海洋法公约》第五部分规定的特定法律制度的管辖，在这个制度下，沿海国的权利和管辖权以及其他国家的权利和自由均受《联合国海洋法公约》有关规定的规范[20]。例如，第 57 条将缔约国可以主张的专属经济区宽度限制在从测算领海宽度的基线量起不超过 200 海里的界限内。

在专属经济区内，不论沿海国或内陆国，享有在《联合国海洋法公约》第 87 条所包括的航行和飞越自由、铺设海底电缆和管道的自由，以及与这些自由有关的其他形式对海洋的合法使用，诸如同船舶和飞机的操作及海底电缆和管道的使用有关的，并符合公约其他规定的那些用途[21]。

《联合国海洋法公约》第 86 条将公海定义为：不包括在国家的专属经济区、领海或内水或群岛水域内的全部海域。第 87 条第一款规定了公海上通行的以下自由：(a)航行自由；(b)飞越自由；(c)铺设海底电缆和管道的自由(受第六部分的限制)；(d)建造国际法所容许的人工岛屿和其他设施的自由(受第六部分的限制)；(e)捕鱼自由(但受第七部分第二节条件的限制)；(f)科学研究的自由。这些自由由所有国家行使，但须适当顾及其他国家行使公海自由的利益，并适当顾及公约所规定的同"区域"内活动有关的权利。毫无疑问，公海上可以发动战争，但交战各国必须尊重各中立国航行和开发资源的权利[22]。

(三) 中立国水域和港口

中立水域包括中立国的内水、领海以及群岛水域[23]，在这些区域上方是中立国领空，其下是中立国海床和底土。中立国的管辖权并不限于上面提到的区域。但其管辖下的其他地区，规则有明显变化，对此下文将予以解释。

1. 交战国舰船在中立水域时被禁止的行为

在这些水域，包括包含国际海峡的水域或港口内，交战国之间的敌对行为是禁止的。敌对行为包括：1)攻击或捕获位于中立水域水中、水面和水下的人员或物体；2)利用此类水域作为攻击水域外人员或物体的基地；3)布设水雷；4)临检、搜查、改变航向或拿捕。当然，在这类水域中行使通过权意味着通过行为必须

---

20 《联合国海洋法公约》第 55 条。

21 《联合国海洋法公约》第 58 条第一款。

22 参看《圣雷莫海战法手册》，第 110 页，第 36.1 节。

23 同上，第 14 条。

是持续不停的且避免对沿海国使用或威胁使用武力。

以条约方式确立的中立海域也适用类似规则。例如,根据 1959 年《南极条约》第六条,南极附近海域不得施行任何军事性措施,包括战争行为[24]。其他情形还包括麦哲伦海峡:针对这一水道,1881 年智利和阿根廷之间订立的边界条约将其中立化,而两国签订的 1984 年《和平友好条约》再次确认了这一安排[25]。

2. 交战国舰船在中立水域内被允许从事的行为

另一方面,中立沿海国可以在其水域内允许交战国军舰或辅助舰船的某些行为而不损害其中立性。第一,在通过这些水域时,船只可以雇佣当地领航员。第二,任何船只可以补充足以使其返回本国领土的食物,水和燃料。第三,船只可以得到维修以获得适航能力,但不得恢复或强化其战斗能力,沿海国当局务必通知这类舰船在 24 小时内或在当地法律所规定的期限内驶离该水域[26]。但是,如果考虑到船舶受损情况或天气恶劣,交战国军舰可以逾期停留超过 24 小时[27]。

3. 在中立国专属经济区内或大陆架上的敌对行为

一般认为,在中立国的专属经济区内或大陆架上可以采取敌对行为。该水域和大陆架受中立国管辖这一事实并不意味在其内或其上不得采取军事行动。交战国必须"顾及"中立沿海国开发或开采专属经济区内和大陆架上经济资源和保护海洋环境的权利与义务;他们必须特别顾及中立国建造的人工岛屿、设施、结构和安全区;他们也必须顾及该国渔船作业的区域。

4. 中立领空

交战国军用飞机和辅助飞机不得进入中立国空域。如果进入,该中立国应使用一切手段要求该机在其领土内降落,并应扣留该机及其机组人员至武装冲突结束[28]。

5. 中立区

海战实践催生了在公海中建立中立区的做法。1982 年,在英国与阿根廷之间爆发的"马岛战争"中,双方便共同设立了一个这样的区域,被叫做"红十字区

24　1959 年 12 月 1 日缔结,1961 年 6 月 23 日生效,目前有 29 个咨询国和 25 个非咨询国,参看《南极条约》秘书处官网: https://www.ats.aq/devAS/ats_parties.aspx? lang＝e(浏览于 2019 年 7 月 25 日)。

25　B. B. Jia, *The Regime of Straits in International Law*, OUP, 1998, pp. 122-123.

26　《关于中立国在海战中权利和义务的海牙第十三公约》,第 13 条: *Schindler and Toman*, p. 1407.

27　同上,第 14 条。Cf. D. O'Connell, *The International Law of the Sea*, vol. ii, ed. by I. Shearer, OUP, 1984, pp. 1126-27, 1128 (the *Graf Spee* incident).

28　《圣雷莫海战法手册》,第 11 页,第 18 节。

域"，医疗船可以在其中停留，以照顾伤病并且交换受伤的敌方士兵[29]。当然，在中立区域之外的海面或海底，仍属于海战区域，在其中可以采取敌对行动。

6. 受武装冲突影响者的待遇问题

针对受武装冲突影响的个人，受《日内瓦第二公约》约束的中立国需比照适用公约相关规定，来对待在其领土内被收容或拘禁之伤者、病者、遇船难者、医务人员与随军牧师及所发现之死者的条约条款[30]。若伤者、病者或遇船难者被收容于中立国军舰或军用飞机上，如国际法有此要求，应保证此等人员不再参加战争[31]。另外，如中立国与交战国间不存在相关协定，经地方当局许可，在中立国港口登陆的伤者、病者或遇船难者，遇国际法有此要求时，应由中立国加以看守，务使其不能再参与武装冲突[32]。

（四）基本原则

在这里要强调的是"区别原则"的重要性。海战和空战中发动的攻击行动，应严格限于军事目标。就物体而言，军事目标只限于由于其性质、位置、目的或用途对军事行动有实际助力、在当时情况下其全部或部分的毁坏、缴获或失去效用能提供明确的军事利益的物体[33]，因此，可以不经警告攻击、击沉或扣押敌方军舰和军用飞机。

但是在这种情况下，其他原则同样发挥制约作用。因此，在击沉军舰时，"比例原则"和"人道原则"会要求攻击者允许敌方船员离开将被击沉的船只，或者提示没有必要毁坏该船[34]。此外，战争手段也不是不受限制的，并且不能具有不分皂白或造成无谓痛苦或伤害的效果，比如使用触发性水雷这一作战手段时就需要考虑上述原则。

一般来说，敌方商船或民航飞机上的船员或空乘人员在被捕后可以成为战俘[35]，抓捕方按情况决定是否便于将俘虏扣留或送至本国港口、中立国港口，甚或敌国领土内之港口。如属最后一情形，被送回本国之战俘，在战争期间不得再次

29 　N. Ronzitti, "Le droit humanitaire applicable anx conflits armés en mer", 242 *RdC*（1993，Ⅴ），pp. 116-117.

30 　《日内瓦第二公约》第 5 条。

31 　《日内瓦第二公约》第 15 条。

32 　《日内瓦第二公约》第 17 条。

33 　《第一附加议定书》第 52 条第二款。

34 　《海战法指挥官手册补充注释》，第 409 页，8.2.2.1.节。

35 　《日内瓦第三公约》第 4 条（子）款（五）项。

服役[36]。作为普遍性规则，如果没有被损害，船上被扣押的财产连同船舶一起成为战利品，所有权向抓捕者转移。

所有这些原则一律适用于水面船舶、潜艇和飞机。

（五）海战方法和手段[37]

1. 水雷战

在海战中水雷——直效的武器，尤其是对那些舰队规模小于海军大国舰队的国家来说。在北约实践中，"水雷"指的是被安置在水体中、海床上或底土中，以损害或击沉船只，或阻止进入某一地区的航运为目的的爆炸性装置[38]。

1907 年《关于敷设自动触发水雷的海牙第八公约》既没有普遍禁止使用水雷，也没有规定使用的地域限制[39]。该条约在 1910 年 1 月 26 日生效[40]。它的第二条禁止以阻断商业航运为唯一目的的、在敌国海岸和港口敷设自动触发水雷；鉴于自动触发水雷可能是有锚或是无锚的，第三条规定：交战国在使用有锚的自动触发雷时应对和平航运（中立航运）采取安全预防措施。第四条规定，在其海岸外使用这一战争方法的中立国，应将铺设水雷的区域通知其他政府和各国船东。在第五条下，一俟战争告终，各缔约国保证各自扫除其所敷设的水雷；至于交战国一方沿另一方海岸敷设的有锚自动触发水雷，敷设水雷的国家应将敷设地点通知另一方。

"科孚海峡案"从一个侧面展示了《海牙第八公约》规则适用的效果[41]。案件涉及的事实发生时，希腊认为自己正与阿尔巴尼亚处于战争状态[42]。1946 年 5 月 15 日，阿尔巴尼亚沿岸炮台向正在穿越科孚海峡阿方领水的英国军舰开火，这一以警告为目的的炮击并没有击中英国军舰；之后英国政府向阿尔巴尼亚提出抗议，其中警告：未来英国船只在行使无害通过时再遭炮击将开火还击。1946 年

36　《日内瓦第二公约》第 16 条。

37　此标题下的内容没有穷尽所有问题。还有其他相关的手段和方式：N. Ronzitti, "Le droit humanitaire applicable anx conflits armésenmer", 242 *RdC*（1993）9，pp. 84-86（missiles），pp. 89-91（naval bombardment）.

38　W. Heintschel von Heinegg, "The Law of Armed Conflicts at Sea", in: *Fleck（ed.）, Handbook*, p. 504.

39　*Schindler and Toman*, p. 1071.

40　该条约的中文版可参见：https://www.icrc.org/zh/doc/resources/documents/misc/hagueconvention8-18101907.htm（浏览于 2019 年 8 月 19 日）。

41　ICJ Rep.（1949），p. 4.

42　Ibid., p. 29.

10 月 22 日,两艘英国海军军舰——"索玛雷兹号"和"沃立志号"——在科孚海峡中的触发锚雷,导致人员和物资的严重损失。这次航行由英国海军部下令,作为对阿尔巴尼亚态度的测试。国际法院认为,引起 10 月 22 日爆炸的水雷区不可能在阿尔巴尼亚政府不知情的情况下完成铺设[43],因为布雷区中最近的水雷距离阿尔巴尼亚海岸只有 500 米远[44]。法院认为,阿尔巴尼亚承担对包括英国军舰在内的所有船舶通知在其领海内存在布雷区的义务,但这一义务并不基于《海牙第八公约》,而是来自"某些一般公认的原则,即基本的人道考虑,即便其在和平时期比战时更明确,海上通过自由的原则以及每一国家不能允许故意让本国领土被用于不利其他国家权利的行为的义务。[45]"

关于这一段的解读,有两点值得注意。其一,法院的谨慎用词并没有解释希腊和阿尔巴尼亚是否处于战争状态的事实,其所依靠的原则似乎对战时、平时均可适用。因此,假如这一状态存在的话,适用《海牙第八公约》也是合理的。

其二,即使法院暗示这个公约不适用于本案情况,但是从习惯法角度来看,该公约要体现的基本原则——中立船舶应尽量免于被交战国水雷毁坏——仍然是通行的。国际法院判定阿尔巴尼亚管制外国军舰通过其领海的做法是合理的,但是禁止这类通行或使通行受制于事先授权则不合理;无论如何,这一部分的判决不影响法院就阿尔巴尼亚应对爆炸事件负责的判断[46]。这个原则才是习惯法专注的地方,毕竟《海牙第八公约》针对的是比较过时的水雷(即自动潜水触发雷),但上述原则的适用没有时间上的限制,即使现代水雷技术已经发展到极高的水平,比如 20 世纪 60 年代末,水雷就可以自动启动准备爆炸、能自动识别扫雷舰或其他特殊船舶、监听低频率信号,等等[47]。

现在看来,"科孚海峡案"涉及的法律问题与事实问题紧密关联,这一组合的背后是几个相关国家的政治考量,但是国际法院直面的是法律在复杂事实状况中的适用,从某种程度上已经超越了政治的范畴。也正是因为这一处理方式,本案才成为国际法院历史上经典案例之一,其影响经久不衰。这一有趣的现象在案件中一个重要但技术性的细节的演变过程中得到诠释。

该案中,国际法院注意到英国政府拒绝提供编号为"XCU"的文件,这是一份决定此次通行性质的海军部命令,但没有从这一拒绝中得出对英方的不利推

43　Ibid. , p. 22.

44　Ibid.

45　Ibid.

46　Ibid. , p. 29.

47　D. O'Connell, *The Influence of Law on Sea Power*, Manchester University Press, 1975, p. 94.

论——英国船只有可能是奉命侦测沿海防卫情况,而这一用意可能证明这次航行起初并不是无害的[48]。这一命令在英国政府档案库中的原始保密期到 2003 年底截止,并在 2004 年 1 月对外公开[49],命令表明 1946 年 10 月的通行确实以此为目的[50]。

然而,即使承认英国在案发当时滥用军舰的航行权利,也不能免除沿海国因故意让本国领土被用于侵害其他国家权利的行为的责任,因为后者违反了无害通过制度中的制裁规则(使用武力的可能性和合法性),也违反了对其他国家所承担的尊重其船舶无害通过阿尔巴尼亚领海的义务(特别是后者主要是商船)(《海牙第八公约》中的基本原则)。

此案结束之后,无害通过规则被编纂进一系列海洋法条约中,尤其是《联合国海洋法公约》,绝大多数的这些规则均已经成为习惯法的一部分,特别是其定义:航行行为只要不危害沿海国的和平,良好秩序和安全,就是无害的[51]。

另一方面,水雷技术已经发展到高度复杂的程度,除了传统类别之外,还包括"沉底"水雷、遥控水雷或者甚至核水雷[52],《海牙第八公约》没有预见到这些类型的出现。也许可以说《海牙第八公约》的条款代表了习惯法[53];其对新型水雷的适用则是需要适当调整现有法律规则的地方。

在"尼加拉瓜案"这一经典案例中,国际法院判定在 1983 年或 1984 中的某段时间,美国总统授权美国政府机构在尼加拉瓜港口以及尼加拉瓜内水和领海里布雷,并且在布雷前后美国政府都没有向国际航运业发布有关铺设水雷区域的警告[54],之后水雷爆炸造成了其他国家人员和物质的损失,包括在荷兰、苏联、日本和巴拿马登记的船只。法院参考《海牙第八公约》后判定,如果一国在没有对国际航运发出警告的情况下布设水雷,就违反了体现在公约规则之中的国际人道法原

48　ICJ Rep.（1949）4，p. 32.

49　A. Carty, "The Corfu Channel Case-and the Missing Admiralty Orders", 3 *The Law and Practice of International Courts and Tribunals* (2004), pp. 1-35.

50　命令编号为"ADM 116/5759"。

51　《联合国海洋法公约》,第 19 条第一款。还可参考:W. Agyebeng, "Theory in Search of Practice: The Right of Innocent Passage in the Territorial Sea", 39 *Cornell International Law Journal* (2006), pp. 371-399.

52　《海战法指挥官手册补充注释》,第 9.2.1 节,第 442 页。

53　W. Boothby, *Weapons and the Law of Armed Conflict*, OUP, 2009, pp. 281-285.

54　ICJ Rep.（1986）14，para. 80.

则[55]（习惯法下也有类似要求[56]）。法院以 12:3 判定美国在尼加拉瓜内水和领海以布设水雷的方式使用武力，干扰和平的海运贸易，违反了习惯法[57]；随后，基于其违反习惯法而给尼加拉瓜造成的全部损失，美国被判定承担赔偿的义务[58]。

只要满足根据习惯法确认的条件，布设水雷并不违法[59]。这些条件包括：第一，一旦布雷区设立，必须在国际层面马上发出通告[60]；第二，水雷不可以布设在 1)中立水域内，2)用于国际航行的海峡之中，3)用于国际航行的群岛海道中；第三，必须划定布雷区并局限在特定地区[61]。

2. 封锁

在历史上，英国及其盟国在两次世界大战中的封锁措施涵盖了整个北海以及大西洋部分地区[62]，即所谓"长距离封锁"的实践。这个以防止任何货物到达或离开敌对国家的实践，偏离了当时的习惯法，但是有观点认为，这种以孤立敌方经济为目的且常用于报复的措施，应当被视为是对既存法律的发展[63]。

《圣雷莫海战法手册》列举了若干对封锁国的要求[64]；如果海军行动不满足这些要求，则不构成封锁[65]。实施封锁时应向所有交战国和中立国通告，宣布时应详细说明封锁的开始时间、持续时间、位置和范围，以及允许中立国船只驶离被封锁海岸的期限；实施封锁的舰队有权依照军事需求来确定的离岸距离进行驻泊，对于有理由证明正在突破封锁的商船有权进行拿捕[66]，而对于经预先警告后有明显抵抗行为的商船有权进行攻击。虽然国际人道法没有定义封锁的范围，封锁措

55　Ibid., para. 215(这条规则也体现在《海战法指挥官手册补充注释》第 9.2.3 节，第 443 页上).

56　J. Busuttil, *Naval Weapons Systems and the Conventional Law of War*, OUP, 1998, pp. 78-79.

57　ICJ Rep. (1986) 14, para. 292 (6).

58　Ibid., para. 292 (13). 本案最后因为尼加拉瓜新政府撤诉而于 1991 年结束：*Military and Paramilitary Activities in and against Nicaragua* (*Nicaragua* v. *USA*), Order of 26 September 1991, ICJ Rep. (1991) 47.

59　多数反映在《海牙第八公约》，本节在之前已经提及。

60　J. Busuttil, 上引书，第 78 页。

61　《海战法指挥官手册补充注释》第 447 页。

62　*Oppenheim's International Law*, 7th edn., vol. ii, pp. 795-796；R. Leckow, "The Iran-Iraq Conflict in the Gulf: the Law of War Zones", 37 *ICLQ* (1988), p. 632.

63　D. O'Connell, *The International Law of the Sea*, vol. ii, ed. by I. Shearer, OUP, 1984, p. 1138.

64　第 93～100 条。

65　D. Guilfoyle, "The *Mavi Marmara* Incident and Blockade in Armed Conflict", 81 *BYIL* (2011) 171, pp. 196-204.

66　Dinstein, *Conduct*, 3rd edn., p. 257.

施一般以沿海港口为目标[67]，同时，实施封锁时不得阻止船只进入中立国港口和海岸，且封锁措施必须公平地适用于各国船只，但封锁行动必须达到确实有效地防止这些船只进入敌方港口[68]。

但是，封锁方不可以阻止船舶进入中立国的港口和海岸。中立旗下的航行活动在有封锁方发放的许可证的情况下，一般是被允许通过的。此外，封锁不能被宣布用于使平民忍受饥饿，或对平民造成的伤害可能或预计会大大超过封锁带来的军事效益。如果被封锁领土内的平民居民得不到足够的食品和生存所不可缺少的其他物品（包括药品供应），封锁国必须同意他们从外部接受食物和补给品，尽管封锁国可以搜查这些货物。

3. 安全区

这类地带由交战国设立作为防卫措施或者用于限制冲突活动的范围。原则上，这些地带的设立不应该对该区域中对海洋的合法使用产生不利影响。但是"二战"中德军建立的、包围不列颠群岛的战争区的经验表明，在战争趋向激烈之时，交战方开始表现出来的温和意图很快就会退化为"无限战争"的彻底敌意[69]。

4. 战争诈术与背信弃义

在追逐敌舰或被敌舰追逐时使用中立国或敌国国籍标志并不被认为是背信弃义，这就是为什么《第一附加议定书》第 39 条规定：本条或第 37 条第一款第四项的规定，不应影响适用于间谍或在进行海上武装冲突中旗帜使用的现行公认国际法规则。这个规则的传统和经典这一特性并不能解释它为何在今天仍被保留的事实；明显的是，这一规则只会增加中立国船舶航行的危险[70]。但是，处于这一条款保护下的军舰不能对它追逐的或追逐它的军舰开火，这一连带规则同样被接受。第 37 条第一款第四项还规定，使用联合国或中立国或其他非冲突国家的记号、标志或制服而假装享有被保护的地位，构成背信弃义的行为。

67　2006 年 7 月 13 日，以色列海军对黎巴嫩所有港口实行海军封锁，理由是这些港口被恐怖组织用来转运武器和人员：人权理事会，《调查委员会依据理事会决议第 S-2/1 号所作有关黎巴嫩的报告》，A/HRC/3/2，2006 年 11 月 23 日，第 268~275 段。

68　如果商船能进入被封锁的港口，就会使封锁措施变得无效并被忽视：A. van Wynen Thomas and A. Thomas，Jr.，"The Civil War in Spain"，in：R. Falk（ed.），*The International Law of Civil War*，The Johns Hopkins Press，1971，p. 164.

69　R. Leckow，"The Iran-Iraq Conflict in the Gulf：the Law of War Zones"，37 *ICLQ*（1988），p. 633.

70　H. Smith，*The Law and Custom of the Sea*，2nd edn.，Stevens and Sons Ltd.，1950，pp. 91-93. Also，N. Ronzitti，"Le droit humanitaire applicable anx conflits armés en mer"，242 *RdC*（1993，Ⅴ），p. 105.

5. 潜艇和"无限制潜艇战"

从 1899 年至 1936 年，作为海军强国的英国试图说服其他竞争者禁止使用潜艇作为海战手段，但是没有成功[71]。在第一次世界大战中，英国商船在使用虚假旗帜的同时被武装起来、并接受撞击德国潜艇的命令，这一做法使得德国放弃了最初临检和搜查的合法实践，引发了"无限制潜艇战"，导致各国船只和人员的重大损失[72]。

1915 年德国将环绕大不列颠和爱尔兰的水域当做战争区域对待，而且宣布将击毁在该地域中发现的所有敌方商船，当德国宣布这一意图，并警告属于中立国和交战国的全部舰船不得进入禁区否则船只将会遇到危险时，美国就提出了抗议，因为这样将使得中立国民和中立国所有舰船暴露在极端危险中，在这种情况下，德国无权主张合法关闭公海的任何部分[73]。

在 1916 年提交给德国外交部有关使用 U 型潜艇的"最后通牒"中，美国总统威尔逊就"萨赛克斯号"被击沉表明立场时阐述了下面的事实[74]：在 1916 年 3 月 24 日，在从英国福克斯通港前往法国碟培港时，悬挂法国国旗的商用轮渡"萨赛克斯号"遭到鱼雷攻击，当时船上载有 325 名乘客，其中有美国公民；"萨赛克斯号"从未被武装，通常仅用于运送旅客横渡英吉利海峡，而且并未沿着任何军舰或补给船使用的航道。大约 80 名乘客因此死伤，其中也包括美国公民，尽管他们无论男女老幼都是非战斗人员。

尽管德国政府一再保证客轮的安全，但是德国指挥官被允许完全无视这些保证。中立国所有的船只，甚至是往来于中立港口的中立国船只，以及交战国所有的船只一样被击毁，并且数量持续增加。有时在被开火或受到鱼雷攻击前，商船会得到警告或被要求投降；有时在船只沉入海底前，乘客和船员被允许乘坐救生艇离开。但像"露西塔尼亚号"和"阿拉伯号"这样的大型邮轮，以及像"萨赛克斯号"这样的客轮，没有经过警告就遭到了攻击。

威尔逊请求德国政府立刻放弃针对乘客和货运船只的潜艇战，否则美国政府将断绝与德国之间的外交关系。在美国的警告下，德国政府暂停了这种实践，并

---

[71] J. Busuttil, *Naval Weapons Systems and the Contemporary Law of War*, OUP, 1998, p. 104.

[72] W. Heintschel von Heinegg, "The Law of Armed Conflicts at Sea", in: *Fleck (ed.)*, *Handbook*, p. 518.

[73] D. O'Connell, *The International Law of the Sea*, vol. ii, ed. by I. Shearer, OUP, 1984, p. 1133.

[74] G. Hackworth, *Digest of International Law*, US Government Printing Office, 1943, vol. vi, pp. 478-481.

宣布今后在船只被鱼雷攻击前都将会得到明确警告;然而,德国在 1917 年 2 月恢复了原来的政策,致使美国断绝了与德国的外交关系[75]。

在 1921 年至 1922 年华盛顿裁军会议上,五个参与国——也是当时五个主要海军大国(英国、美国、意大利、日本和法国)——一致同意:潜艇在处理商船时接受与水面舰只同样国际法规则的制约[76],而不遵守这类规则的行为将违反战争法,并将按照海盗罪来决定个人责任,个人会接受审判和惩罚[77]。不久,这些规则被反映在 1930 年《限制和裁减海军军备的国际条约》之中[78],然而该条约的大部分条款于 1936 年失效,但是条约第 23 条宣布:第 22 条(被认为宣告了潜艇战中的习惯法规则[79])将无限期有效。这后一条款被逐字反映在 1936 年《限制和裁减海军军备的国际条约第四部分关于潜艇作战的议事记录》中[80]。1936 年的《议事记录》被认为宣告了国际习惯法,尽管迄今只有两个国家(汤加和斐济)正式批准了它[81];再有,该文件的重要意义还体现在其对"商船"这一范畴的澄清上[82]。

德国在两次世界大战中实施的"无限制潜艇战"中,如果商船被怀疑与同盟国贸易就会在无预警情况下被击沉;但是,"二战"中的交战双方都执行了这一做法,包括美国[83]。

纽伦堡国际军事法庭认为,邓尼茨海军上将既不对针对英国商船使用的"无限制潜艇战"负责,因为前者参与了英国的战争行动,也不承担对中立商船尤其是位于战争区域中的中立商船使用"无限制潜艇战"的责任,即使这种行为被该军事

---

75 G. Hackworth, ibid., pp. 481-483.

76 参见《关于在战争中使用潜艇和有毒气体的华盛顿条约》第一条,该条约从未生效。

77 同上,第 3 条。

78 M. Whiteman, *Digest of International Law*, US Government Printing Office, 1968, vol. 10, pp. 650-651.

79 第 22 条规定:"以下规定应被接受作为国际法的确定法则:(一)潜水艇在对商船的行动中,必须遵守水面军舰所应遵守的国际法法规。(二)特别是,除经适当召唤而仍坚持拒绝停驶或积极抗拒临检搜索外,军舰无论为水面船舰或潜水艇,不得在预先安置旅客、船员和船舶文书于安全地方以前击沉商船或使其不能航行。就这一目的而言,船舶上的小艇不被视为安全地方,除非在当时海上和气候情况下,由于接近陆地或者有另一船舶在场,可以将他们带上后者,而旅客和船员的安全由此获得保障。"

80 《国际联盟条约集》第 173 卷,第 353 页。尽管 1930 年条约没有生效,条约的第四部分在《议事记录》前言中被认为是"国际法所确立的规则",因此无限期有效。《议事记录》于 1936 年 11 月 6 日生效,先后有 40 个国家加入:https://ihl-databases.icrc.org/applic/ihl/ihl.nsf/Treaty.xsp?documentId=9FC4BDBAF19A0C60C12563CD002D6A5F&action=openDocument(浏览于 2019 年 8 月 23 日)。

81 J. Busuttil, *Naval Weapons Systems and the Contemporary Law of War*, OUP, 1998, pp. 127-129.

82 Ibid., p. 128.

83 W. von Heinegg, in: *Fleck*(ed.), *Handbook*, p. 518. 但是参见:J. Busuttil,上引书,第 133 页(美国并未真正实施这一作战方法)。

法庭视为非法[84]。

根据目前的规则,潜艇与水面舰船受同一类国际法规则的规范[85]。潜艇和水面舰船一样有义务救济遇船难者和伤员,除非由于军事必要而不可能提供救济[86]。特别值得强调的是,除经适当警告而仍坚持拒绝停驶或积极抗拒临检搜索外,军舰——无论为水面船舰或潜水艇,都不得在把旅客、船员和船舶文书预先安置于安全地带前击沉该商船,或使其不能航行。就这一目的而言,船舶所携带的救生艇不得视为安全地带——除非在当时海上和气候情况下,由于接近陆地或者有另一船舶在场并可以由救生艇将他们带上该船,从而使得旅客和船员的安全获得保障[87]。尽管军事必要可以阻止提供人道协助,潜艇艇员仍可以将在船上的敌方船员和乘客信息立刻传递给能够救助的船只、飞机或海岸设施[88]。

对于潜艇来说,将被俘人员关押在潜艇上的做法是不现实的,所以从自身安全利益出发,将此类人员转移到就近的医疗船上也是比较人道的做法。不过,在医疗船上,如果船旗国还同时是交战国,那么是否可以对船上的敌方伤兵进行讯问,以获得情报?实践在这个问题上并不统一,越战期间就存在着美军医疗船船长拒绝在他们的船上讯问敌方伤兵(视为战俘)的做法[89]。

(六) 尚未达到战争行为的措施：临检、搜查、拦截、改变航向和捕获

这些统称为"捕获法措施"。"临检"包括命令停船和检查船舶文件的程序;"搜查"是指讯问船长、船员和乘客以及检查船舶和船上货物;"改变航向"的效果来自采用一条特殊航线以便在适当港口临检和搜查;"捕获"则是派遣一名捕获员登上一艘船并获得该船舶的指挥权。

相关的术语包括带回、没收、扣押货物。"带回"是指护送被捕获的船舶到捕获国或盟国的港口——甚至包括捕获国或盟国控制下的港口。"没收"指根据捕获法院决定生效的对船舶的扣押。捕获法院的决定生效后,船舶及其设备的所有权移转给捕获国。扣押货物因捕获船舶而生效,但是,也可以不拿捕船舶而单独扣押船上的货物。

84　IMT Judgment, 41 *AJIL* (1947), pp. 303-304.

85　1936 年《伦敦规则》规则一。

86　《日内瓦第二公约》第 12 条和第 18 条。

87　1936 年《伦敦规则》规则二。

88　《海战法指挥官手册补充注释》,第 8.3 节,第 419 页。

89　D. O'Connell, *The International Law of the Sea*, vol. ii, ed. by I. Shearer, OUP, 1984, p. 1120.

1. 临检和搜查商船

商船悬挂敌国旗帜是证明其敌对属性的确凿证据。此外,敌对属性还可通过验明注册文件、所有权凭证、租赁契约或其他因素等加以确定,也可以通过有关船舶的行为来加以确定,即是否加入敌方并从事军事行动,或者作为敌方军舰的辅助舰船[90]。

在国际性武装冲突中,交战国军舰和军用飞机有权对那些处于中立国水域之外的、有理由怀疑其应被捕获的商船进行临检、搜查[91]。或者,可以命令悬挂中立国旗帜的商船改变其已经公布的目的地航向,因此免除临检和搜查的需要。此外,符合下列条件的船只可免除对其行使临检和搜查:正驶往中立国港口;由一艘相同国籍的中立国军舰或该中立国的盟国的军舰护航;船旗国保证该船没有携带禁运品;或者,护航军舰的指挥官根据请求提供商船以及货物的全部信息。如果形势需要,商船可以被改变航向驶往一个合适的海区或港口以便临检和搜查。

各交战国有权制定合理措施以检查中立国商船的货物和给未携带禁运品的船只颁发通行许可证;中立国也可以提供这种许可证。

2. 对民用飞机的拦截、临检、搜查

在中立空域之外,交战国军用飞机有权对有理由怀疑其应被捕获的民用飞机进行拦截[92]。如果拦截后上述怀疑依然存在,交战国有权命令该民用飞机在一个安全的机场降落以进行临检和搜查。此外,敌方民用飞机可以被要求改变航向,而不用经过临检和搜查;对中立国民用飞机,则可以在自愿基础上说服其改变其航向。

3. 对敌船、敌货的捕获

在中立水域外可以捕获敌国舰船及船上货物,而不需要预先临检、搜查。但是,下述船只依法免遭捕获:1)医院船和救援飞机;2)其他专门用来运送伤、病员和遇船难者的医务运输船只;3)按交战双方约定遂行安全行动的船只(比如从事运输战俘的船只,或者从事人道任务和从事救济和救援行动的船只);4)运输受特殊保护的文物的船只;5)负有宗教、非军事科学或慈善使命的船只;6)小型的、从事近海捕捞的渔船和从事本地贸易的小船;7)专门为治理海洋环境污染而设

90　《海战法指挥官手册补充注释》第386~387页。
91　M. Whiteman, *Digest of International Law*, US Government Printing Office, 1968, vol. 11, p. 61.
92　《圣雷莫海战法手册》第33页。

计或改装、正在从事此类活动的船只。另外，邮船很可能应该被包含在内[93]。这些船只在他们从事正常任务时免于捕获，但它们应当按要求接受检查。这些规则可以在 1907 年《海牙第十一公约》中找到渊源[94]。

若有军事必要，被捕获的敌国船只可以被摧毁。例如，如果这样的船只被认为有能力支援敌方进行战争，但在摧毁前要为乘客与船员提供安全保障，保护好被捕获货物的有关文件；如有可能，应保存好乘客和船员的个人财产。

4. 对中立国商船和货物的捕获

禁止在海上摧毁运载平民乘客的中立国客轮，应要求该船改变航向驶往一个港口以完成捕获。中立的货运船只可以在中立水域外被捕获，如果他们从事了下述被禁止的行为：正在运载禁运品；正在运载敌方武装部队的成员；在敌方直接控制下航行；出示欺骗性文件，或销毁及藏匿文件；在海战区域内违犯交战国之一所制定的规则；正在突破封锁或企图突破封锁。

（七）受保护人员和医疗运输工具

1. 对伤者、病者或遇船难者的保护

在这方面的基本规则是：在《日内瓦第二公约》第 12 条下提到的武装部队人员或其他人员，如果在海上受伤、患病或遇了船难，在一切情况下应受尊重与保护，并得到控制战俘的冲突各方的人道待遇与照顾，不得有所歧视[95]。《第一附加议定书》第 8 条第二款将"遇船难者"定义为：

> "……在海上或在其他水域内遭遇危险的军人或平民——危险源于这两类人或运载他们的船舶或飞机的霉运，且这两类人均已不再从事任何敌对行为。如果这两类人仍然不从事任何敌对行为，在被营救期间直至依据《日内瓦公约》或本议定书取得另外的身份时为止，应继续被视为遇船难者。"

交战国之伤者、病者及遇船难者一旦落于敌方手中，应视为战俘，并对之适用国际法有关战俘之规定[96]。《日内瓦第二公约》第 13 条详细列举了这些人员，该条逐字反映了《日内瓦第三公约》第四条的内容，在列举的类别中，商船船员和民航

93　D. O'Connell, *The International Law of the Sea*, vol. ii, ed. by I. Shearer, OUP, 1984, pp. 1123-1124.

94　*Schindler and Toman*, p. 1087.

95　《日内瓦第二公约》第 12 条。参看：L. Doswald-Beck, "Vessels, Aircraft and Persons Entitled to Protectionduring Armed Conflicts at Sea", 65 *BYIL* (1994), pp. 279-294.

96　《日内瓦第二公约》第 16 条。

机组人员同样被当做战俘对待。这与 1907 年《海牙第十一公约》第六条的内容形成反差,因为后者规定,这类商船船员不被视为战俘,而且须书面承诺不牵涉到敌对行动之中[97]。

辅助舰船的船员和辅助飞机的机组人员,以及直接参与敌对行动的中立国船只的船员和飞机的机组人员,可以被捕获并作为战俘对待。

作为战俘,所有这些人员都应得到控制战俘的冲突各方的人道待遇和照顾。对其生命之任何危害或对其人身之暴行,均应严格禁止;尤其不得加以谋杀和消灭,施以酷刑或供生物学的实验,不得故意不给予医疗救助及照顾,亦不得造成使其冒传染病危险之情况。同样,《第一附加议定书》第 10 条规定,所有伤者、病者和遇船难者,不论属于何方,均应受尊重和保护。在任何情况下,上述人员均应受人道待遇,并应在最大可能范围内和最短延误之后,获得所需的医疗照顾和关怀。在这类人之中,不应以医疗以外任何理由为依据而加以任何区别,否则杀害沉船幸存者构成一项战争罪[98]。

医院船上的宗教、医务及医院工作人员以及其船员,应受尊重及保护;不论船上有无伤者及病者,他们在医院船上服务期间不得被俘虏[99]。但医务和宗教人员可以被留下,以利用他们的专长,虽然不能将他们作为战俘对待。

2. 冲突双方的保护义务

每次交火之后[100],冲突各方应立即采取一切可能之措施以搜寻并收集遇船难者、伤者与病者,对之加以保护,免于抢劫及虐待,而予以适宜之照顾,并搜寻死者而防其被剥劫[101]。

3. 关于中立国国民的规则

作为乘客登上中立国或敌国舰船和飞机的中立国国民,将被释放且不能被作为战俘对待。如果他们是敌国军舰船员或军用飞机上的机组人员,他们可以被拿捕并有权被作为战俘对待。如果他们是敌国或中立国民用船只的船员或民用飞机机组人员,他们应当被释放且不能作为战俘,除非船只和飞机参与了敌对行为。

97　《日内瓦第二公约评注》第 98～101 页(其中详细说明了敌国商船船员待遇的发展趋势)。

98　*Trial of Karl-Heinz Moehle*, British Military Court, Hamburg, 15-16 October 1946, *LRTWC*, vol. ix, p. 75.

99　《日内瓦第二公约》第 36 条。甚至当这些人暂时上岸修整或短期离开服务的船舶,或船上并没有伤病员需要治疗、看护,第 36 条的保护措施也同样适用:《日内瓦第二公约评注》,第 204 页。

100　不止包括海军军舰之间的交火,也包括其他攻击方式和来自空中的攻击:《日内瓦第二公约评注》,第 132 页。

101　《日内瓦第二公约》第 18 条。

4. 医疗船和医疗运输工具

军用医疗船，即各国专用以救助、医治并运送伤者、病者及遇船难者而建造或装备之船只。在任何情况下都不得对之攻击或捕获，反而应随时予以尊重与保护，条件是：须于该船投入救助行动前十日，将船舶名称及其外观和性能描述通知到冲突各方[102]。这类船舶可以装备箔条和闪光弹等干扰式自卫装备，但是事前必须告知其他国家；船员可以携带轻武器，船上还可以使用加密设备——只要不是用来传递情报[103]。其他本公约里的相关规则在此只做简单列举：

第一，各国红十字会及官方承认的救济团体或私人所使用的医疗船，应享受与军用医疗船同样的保护并应免予捕获[104]。

第二，租用的、用于运输医疗设备的船舶不得捕获，但敌国保留登船检查的权利（第 38 条）；专用以搬运伤者、病者及遇船难者以及运送医务人员与设备的飞机，不能成为军事袭击的目标（第 39 条）；第 41 至第 45 条还规定了上述船舶和人员佩戴/展示的不同标志和徽章。

在提供上述的保护措施后，《日内瓦第二公约》谨慎地规定：此等船只绝不得妨碍战斗人员的移动[105]，对它们可以采取搜查措施[106]。由于这类船舶不是军舰，如果驶入中立国港口，它们也不会被要求在 24 小时后离开[107]；当然。它们需要像中立国船舶一样行动[108]。

另一方面，公约第 22、24 条及第 25 条提及的保护措施，适用于任何吨位的医疗船及其救生艇，而不论其活动地点何在。如果需要远距离运送伤者，医疗船总吨位应在两千吨以上[109]。

5. 严重违反公约行为

按照《日内瓦第二公约》第 50 条规定，"各缔约国担任制定必要立法，俾对于本身犯有或令别人犯有下条所列之严重违反本公约之行为之人，处以有效的刑事

---

[102] 《日内瓦第二公约》第 22 条第一款。对照：《日内瓦第二公约评注》，第 162 页（排水量、外形剪影、长度、高度等）。

[103] 《日内瓦第二公约》第 34 条和第 35 条。

[104] 《日内瓦第二公约》第 24 条。

[105] 《日内瓦第二公约》第 30 条。

[106] 《日内瓦第二公约》第 31 条。

[107] 1907 年《海牙第十三公约》第 12 条确立了限制条件：*Schindler and Toman*，p. 1407.

[108] D. O'Connell, *The International Law of the Sea*, vol. ii, ed. by I. Shearer, OUP, 1984，p. 1120.

[109] 《日内瓦第二公约》第 26 条。为了确保运输方便和易于从远处辨认，1949 年日内瓦大会的谈判期间曾有国家提出吨位的建议，参见《日内瓦第二公约评注》，第 170 页。

制裁"[110]。此外,"各缔约国有义务搜捕被控曾犯有或曾令别人犯下此种严重违反本公约行为之人,并应将此种人——不分国籍——送交该国法庭。该国亦得于自愿时,并依其立法规定,将此种人送交另一有关缔约国进行审判,但以该缔约国能说明存在初步案情者为限"。另外,各缔约国应采取必要措施,以制止"严重破坏本公约之行为"以外的一切违反本公约规定的行为。最后,在所有情况下,被告人应享有适当审讯及辩护的保障,而此种保障的程度不得低于《日内瓦第三公约》第105条及其以下各条所规定者。

针对《日内瓦第二公约》保护的人或财产所实施的"严重违反公约行为",公约第51条予以列举:故意杀害、酷刑或不人道待遇,包括生物学实验;故意使身体及健康遭受重大痛苦或严重伤害;虽无军事必要,非法与恣意对财产之大规模破坏与征收。这一规则已经被纳入《罗马规约》第8条第(二)款第一项第四目。

二、适用于空战的国际人道法

(一) 定义

在20世纪初期,空战随着航空技术的突破而成为现实,空战(特别以飞行侦查、投弹轰炸的手段为代表)在飞机出现后的10年时间里就已经成为现实:意大利与土耳其战争(1911—1912年)以及稍后爆发的巴尔干战争(1912—1913年)都已经开始使用飞机[111]。

1944年12月7日,《国际民用航空公约》(亦称《芝加哥公约》)缔结,并于1947年4月4日生效;该公约现有193个缔约国[112]。该公约只适用于民用航空器,但是其中包含的相关定义得到普遍承认和适用[113]。本节将适用这个公约里的"飞机"定义。

"飞机"在《芝加哥公约》附件中被定义为:"凡能依靠空气的反作用力,而不是依靠空气对地(水)面反作用力作支撑的任何机器为航空器。"因此此定义不包括气垫船在内。

"民用飞机"既非军用飞机和军用辅助飞机,也非海关飞机或海警飞机,而是

110　第51条列举了此种严重违反公约的行为。

111　J. Guisández Gómez, "Le droit dans la guerre aérienne",80 IRRC (1998),pp. 371-389,at 372-373.

112　参看国际民用航空组织官网:https://www. icao. int/secretariat/legal/List%20of%20Parties/Chicago_EN. pdf(浏览于2019年9月1日)。

113　《圣莫雷海战法手册》,第13节和第13.26(1)节,第91页。

专门从事商业或私营服务的飞机。民航客机是指带有明显标志的专门沿空中交通勤务航线定期或不定期运送平民乘客的民用飞机。存在这两个有区别的定义的原因，是"它们被广泛用于在国际航行中运送平民乘客和无辜旅客在武装冲突地区会面临的潜在危险"[114]。

"军用飞机"是指由一国武装部队操纵、带有该国军用标志、受武装部队成员指挥，并配备有服从正规武装部队纪律管辖的机组乘员的飞机[115]。军用飞机包括军队使用的运输、侦察和气象飞机——无论它们是否被用于战斗，但它们必须带有表明军用性质的标志。在《芝加哥公约》中还有一个分类方式，称为"国家航空器"，这一类别包括用于军事、海关和警察部门的航空器[116]。

（二）作战区域

《芝加哥公约》第一条规定，每一国家对其领土之上的空域具有完全的和排他的主权。出于实践的要求，可以说国家权利在领空中的上限是飞机所能飞行的最高海拔并且低于轨道地球卫星可能的最低近地点；卫星轨道内和轨道以上都是外层空间[117]。

交战国领土上的领空是空战区域。实践中存在一国军用飞机进入与另一国领空邻接的国际空域以达到监视和观察后者领空和领土上活动的目的[118]。既然专属经济区和公海属于海战区域[119]，这些地区的空域也比照于此对空战活动开放。

习惯法下存在着设立防空区和防空识别区的做法[120]。这些区域的基础不是主权的延伸，而是一国为管理外国飞机进入该国领空而确立合理条件的权利；目的是为了识别和早期预警。接近被标识为这类区域的外国飞机将被要求在进入领空前表明身份，不遵守这个识别要求并不必然成为领土国使用武力的理由，但是足以证明领土国拒绝其飞入其领空的做法是合法的，然而，对于那些并不飞入

---

114 同注释113，第13.27节，第92页。

115 对比：Y. Dinstein, "Air Warfare", in: *MPEPIL* (*Them. Ser.*), vol. 2, OUP, 2017, pp. 14-15.

116 公约第3条（b）项。

117 *The UK Manual*, p. 312. 参照：W. Jenks, *Space Law*, F. A. Praeger, 1965, pp. 189-191；V. Kopal, "The Question of Defining Outer Space", *Journal of Space Law* (1980), pp. 154-173, at 172.

118 L. Green, *The Contemporary Law of Armed Conflict*, 3rd edn., Manchester University Press, 2008, p. 210.

119 参看本章第一大节第二节。还可以参看：Y. Dinstein, "Air Warfare", in: *MPEPIL* (*Them. Ser.*), vol. 2, OUP, 2017, p. 15.

120 L. Green，上引书，第210页。

沿海国领空,而只是在前往其他目的地的途中通过识别区的飞机,这一要求是否适用还不确定。在后一种情况下,互惠性原则可能发挥作用[121]。

有时,国家会建立"临时警告区",该区域在《芝加哥公约》中被称为禁区[122],包括进行核试验的地区。对这类区域,应当发布国际通告。国家对侵入其领空的飞机可以采取适当的预防措施,但不能在缺乏加重情节时立刻使用武力或扣押入侵飞机。1983年,一架韩国民航客机被当时的苏联空军击落后,国际民用航空组织批准了《芝加哥公约》修正案,承认各国必须避免对飞行中的民用航空器使用武力的原则,该修正案在达到102个公约缔约国批准它后于1998年10月1日生效[123]。当然,上述修正案也只是在和平时期中适用。

(三) 基本规则

在《第一附加议定书》第35条下,冲突各方选择作战方法和手段的权利并不是无限制的,它们被禁止使用引起过分伤害和不必要痛苦的武器、弹药和物质及作战方法,还被禁止使用旨在或可能对自然环境造成广泛、长期而严重损害的作战方法或手段。此外,区别原则也同样适用。

早有观点认为在海上发生的空战应当受海洋法支配[124],这当然没有争议,但是应该注意的是,发生空战的区域会超越海洋的范围。

从军事战略角度来说,值得注意的是现在仍然存在的"现代战争可以由空军单独打赢"的思路[125]。1999年北约轰炸科索沃的战争就体现了这种思路。人道法中空战的基本规则主要是以习惯法为渊源,对这种战略的施行的影响是个有趣的问题。进一步说,既然实践中存在着这样和其他的国际法问题,法律顾问的作用是不可或缺的,这一点在近期的空战事例中军事指挥官策划军事活动时显露无遗[126]。

---

[121] 《海战法指挥官手册补充注释》第142页,第2.5.2.3节(有关美国实践)。

[122] 公约第9条。

[123] *Protocol Relating To An Amendment To The Convention On International Civil Aviation* (*article 3bis*), adopted on 10 May 1984, 23 *ILM* (1984), pp. 705-707.

[124] H. Smith, *The Law and Custom of the Sea*, 2nd edn., Stevens and Sons Ltd., 1950, p. 168.

[125] M. Lewis, "The Law of Aerial Bombardment in the 1991 Gulf War", 97 *AJIL* (2003), pp. 481-509, esp. 484-487.

[126] J. Humphries, "Operations Law and the Rules of Engagement in Operations Desert Shield and Desert Storm", 6 *Airpower Journal* (1992) 25.

（四）中立国的民航飞机和攻击开始前的预防问题

此类飞机只能在成为军事目标后才能被攻击[127]。它们在下列情形下将变成军事目标：1) 有合理理由相信其正在运载禁运品，并且经过预先警告或拦截后，仍有意和明显地拒绝改变目的地航线，或者拒绝进行临检、搜查；2) 如果代表敌国从事交战活动；3) 如果为敌方武装力量担任辅助飞机；4) 如果参加或协助敌方情报系统；5) 对敌方军事行动提供其他有效的支援。

这类飞机与其他民用飞机一样，应该出于安全考虑避开军事活动区域。在海军作战的邻近区域中，民用飞机须执行交战国为其指定航向与高度的指令，且不能妨碍空中军事活动。

所有交战国和中立国须制定程序，以使军舰和军用飞机的指挥官能够不间断地了解民用飞机被分配的指定航线，或民用飞机提交的飞行计划，包括有关通信频道、识别方式及识别码、目的地、乘客及货物等情报。

各交战国和中立国还应向飞行员发布通告——《飞行通告》，提供对民用飞机具有潜在危险区域内的军事活动的信息[128]；民用飞机应当遵守《飞行通告》，军队应使用一切可用手段识别并采用适当手段警告民用飞机，但不包括实弹射击。

（五）空战的方式和手段

1. 导弹或炸弹

空战或是导弹战指的是武装冲突中使用各种型号的飞机或导弹执行军事任务，从事攻击或防御[129]。

早在 2001 年，导弹的存在就已经被联合国成员国视为对"全球性和地域性"安全局势产生"重大影响"的因素，而导弹本身的技术能力——携带、送达大规模杀伤性武器——使得这种武器成为重大的政治和军事问题[130]。

实战中，使用精确制导炸弹和无制导炸弹都是允许的。

但是，那些策划或决定使用这些武器（导弹和炸弹）的指挥官必须在选择攻击手段和方式时采取可行的预防措施以避免或减少附带平民伤亡、对民用物体的损坏；他们还必须确认目标不是民用性质或处于特别保护之下。他们应避免做出

---

[127] 《第一附加议定书》第 52 条第二款。

[128] 《圣莫雷海战法手册》第 75 节。

[129] HPCR, *Manual on International Law Applicable to Air and Missile Warfare*, Bern, 2009, Rule 1.

[130] "Report of the Secretary-General: the Issue of Missiles in all its aspects", A/63/176, 28 July 2008, paras. 5-6. Also see UNGA Resolution 55/33 A, 12 January 2001.

可能导致与预计军事效益相比过分的平民损失的攻击命令[131]。

如果目标不是军事目标,应该取消攻击计划[132]。

2. 燃烧性武器

1980 年《常规武器公约第三议定书》第 2 条第二款"禁止在任何情况下以空投燃烧武器攻击位于平民聚集地区内的任何军事目标。"这里的基本考虑是区分原则。第二款的禁令是绝对的,适用于"任何情况"和"任何军事目标"。不过,此类武器的使用在此类地域以外似乎是允许的。再有,现有的规则尚未发展到全面禁止使用此类武器的程度[133]。

3. 轰炸

区别原则尤其适用于这种空战中的作战手段,因为它很可能构成不分皂白的攻击,1923 年《海牙规则》就已经预见到这一可能[134]。劳特派特曾指出,该文件中包含的规则澄清了空战法律规则,具有权威性[135]。上述文件里的其他有关规则,禁止攻击远离冲突区域的城镇、村庄等地点;禁止以造成平民居民恐慌或破坏或损坏非军用性质的私人财产或伤害非战斗人员为目的的轰炸行为[136]。所有这些规则都在《第一附加议定书》第 51 条第二、四、五款和第 52 条第二款中得到特别强化。

在 1999 年"科索沃战争"中,北约空军从高空对塞尔维亚和科索沃的地面目标实施轰炸,以降低飞行员伤亡的几率[137],但是如何避免不分皂白的效果——特别是附带的平民伤亡和平民财产的损失,都是当时无法回避的问题,而且实践说明并没有好方法来解决这些问题。

4. 诈术与背信弃义

交战国飞机可以使用伪装但可识别的国籍标志或虚假的无线电信号,但是不

131　HPCR, *Manual on International Law Applicable to Air and Missile Warfare*, Bern, 2009, Rule 5(a) and Rules 32-33 and 35.

132　同上注,第 35(b)条规则。

133　同上注,第 6 条规则(该规则下列举了在空战和导弹战中禁止使用的武器,其中没有包括燃烧性武器)。

134　Art 24, *The Hague Rules Concerning the Control of Wireless Telegraphy in Time of War and Air Warfare*, 1923(这套规则是由一个法学家委员会在 1922 年 12 月 11 日到 1923 年 2 月 17 日期间在荷兰海牙起草而成的,但最终未能作为条约被各国接受): *Schindler and Toman*, pp. 315-325.

135　*Oppenheim's International Law*, 7th edn., vol. ii, p. 519. Also see J. Spaight, *Air Power and War Rights*, 3rd edn., Longmans, 1947, pp. 42-43.

136　第 22 条和第 24 条。

137　Y. Dinstein, "Air Warfare", in: *MPEPIL* (*Them. Ser.*), vol. 2, OUP, 2017, p. 17.

允许使用医务飞机的标志或受保护的徽章。

5. 攻击敌国军用飞机

这类飞机可以在除中立国领空和陆地领土外的任何空间和陆地被击毁或捕获。但如果敌国飞机是医用飞机，或冲突双方协议批准其安全通过战区，则它们不是军事目标，而与敌国民航客机一样。其实，对攻击手段和方式存在来自于国际人道法的基本原则和相关规则的限制，除此之外是没有特别限制性规定的，比如：燃烧弹就曾被允许用于对付敌方的热气球——参看 1923 年《海牙规则》第 18 条。

6. 敌方飞机的投降

在战斗过程中投降看起来是不现实的，因为敌国驾驶员在驾驶飞机时不能说他已经发下武器；然而，在适当场合下，善意投降必须被接受。敌方的地面部队也可以向对方飞机（飞行员）投降。

（六）跳伞飞行员的待遇

1. 飞机遇险

如果敌国飞机已经无法继续并将不会恢复战斗能力，或实际上已被解除武装，且将其击毁不会产生任何军事效益，那么对它的攻击必须暂停，以允许机上人员撤离；之后该机可以被摧毁。从遇难飞机上跳伞降落的任何人，在其降落过程中均不应成为攻击对象[138]；这一规则反映在许多国家立法和军事手册之中，可以说构成习惯国际法规则[139]。

从遇难飞机跳伞降落的人，在落在敌方所控制领土的地面时，并在成为攻击对象前，应被给予投降的机会，除非他显然在当时从事着敌对行为。这一实践是对 1949 年之前实践的改变[140]。

2. 躲避、拿捕和逃脱

在敌国占领区逃避拿捕的飞行员，在投降前是合法的攻击目标[141]。他可以像战斗人员一样行为，而且必须身着制服；否则在被捕后将被当做间谍对待。如果被捕，他将成为战俘；他在被拘禁期间的待遇——包括有关逃脱的规则——适用《日内瓦第三公约》的有关规定[142]。

---

138 《第一附加议定书》第 42 条。

139 *Henckaerts and Doswald-Beck*，vol. ii，pp. 979-987.

140 L. Green，*The Contemporary Law of Armed Conflict*，3rd edn.，Manchester University Press，2008，pp. 214-215.

141 《第一附加议定书》第 42 条。

142 参阅本卷第八章。

（七）未达到战争行为的措施：拦截、临检、搜查、改变航向和捕获

1. 敌对性质的确定

如果军用飞机机长怀疑涂有中立国标志的民用飞机实际上具有敌对性质，该机长有权行使拦截权；如果必要，还可行使迫使该机改变航向以进行临检、搜查的权利。如果经临检、搜查后，怀疑仍然存在，则有权捕获该飞机。确定飞机的性质可以通过其登记记录、所有权证明、租赁合同或其他标准来确定。

2. 对民用飞机的拦截、临检和搜查

当今习惯国际法禁止攻击正在飞行的民用飞机，除非后者成为军事目标。"9·11"事件表明，民用飞机也可以变为致命的武器。但在中立空域外，交战国战机有权对有理由怀疑用于像运输部队这类非民用目的的民用飞机进行拦截，因此被捕的飞行员有权享有战俘地位，除非在国际人道法下他们能够得到更好的保护。或者，交战国战机可迫使敌国民用飞机改变航向，驶离它宣布的目的地航向；而中立国民用飞机在自愿同意基础上也可以被说服改变航向。

3. 捕获敌国民用飞机和机上货物

交战国可以在中立国领空之外捕获这类飞机，连带货物。下列敌国飞机原则上免遭捕获：一、医疗飞机；二、经冲突双方约定享有安全通过权的飞机。但是，这一豁免待遇实现前相关飞机还需满足下述条件：1）从事正常运营；2）未卷入针对敌方的敌对行动；3）接到命令后立即接受检查；4）不故意妨碍战斗人员的部署；5）未违背任何先前订立的协议。捕获措施包括命令民用飞机飞往一个安全机场，在降落后将该机作为捕获物扣押，当然必须保存好有关捕获物的文件和证件。

4. 捕获中立国民用飞机与货物

在中立国空域之外，中立国民用飞机如果从事下列活动之一可被捕获：1）正在运载禁运品；2）正在运输敌方武装部队；3）直接处于敌方控制、命令下飞行；4）出示虚假文件，或缺少必要文件，或销毁、损坏、藏匿文件；5）在海战区附近违犯交战国相关规定；6）从事突破封锁线的活动。货物如果是禁运品可予没收。捕获飞机时，必须保证乘客和机组人员的安全。

（八）医疗飞机

这一类别指的是专门用于搬运伤者、病者、遇船难者，以及运输医务人员、宗教人员、医疗设备或医用品的民用或军用飞机。

事实上，多数带有白底红十字标志的飞机都属于军用医疗部门[143]，因为白底红十字标志是武装部队医疗部门的特殊徽章和区别标志[144]。飞机收集情报的能力的不断提升，以及远距离识别医疗飞机并确保它们只被用于医疗目的的困难，导致《第一附加议定书》中增加了更加具体的条款，以协助确认、辨认医务飞机是否享受人道法下规定的保护地位。

总体来说，医务飞机应该得到尊重和保护[145]。这类飞机应显著标识红十字或红新月并展示它们的国籍；为此目的还可以使用光信号（闪烁的蓝灯）、电子和无线电信号。在有关交战国间所特别约定之高度、时间及航线飞行时，此类飞机应受各交战国的尊重，免于被攻击[146]。这意味着在武装冲突中使用医务飞机取决于事先协议[147]。在执行任务而飞行时，医务飞机不能飞越敌方领土或敌方控制的领土，对于违反本规则的飞机，应服从被飞越的领土国要求降落的命令[148]，这很重要，因为飞机不会在进入领空后立刻遭到攻击。当医务飞机因为天气、引擎故障或其他妨碍其继续飞行的原因，在敌方或敌方占领区被迫降落时，机上的伤病员以及机组成员将成为战俘。

根据事先协定[149]，他们也可以在中立国领土上降落，后者可以对飞机和机组施加其他限制措施[150]。

另一方面，这类飞机不能被用于获取军事利益，不应携带武器，不应收集和传送情报；除与敌方事先达成协议外，不应在其领土上空展开搜救[151]，否则，他们将失去按照国际人道法得到的保护地位。

---

143 I. Diederiks-Verschoor, *An Introduction to Air Law*, 6th rev. edn., Kluwer Law International, 1997, p. 35.

144 《日内瓦第一公约》第 38 条；《日内瓦第二公约》第 39 条。

145 《第一附加议定书》第 24 条。

146 《日内瓦第一公约》第 36 条。

147 参照《日内瓦第一公约评注》第 288 页。亦可参见《第一附加议定书》第 29 条。

148 着陆后的程序，见《第一附加议定书》第 30 条。

149 《第一附加议定书》第 29 条。

150 《日内瓦第一公约》第 37 条；《第一附加议定书》第 31 条第五款。

151 《第一附加议定书》第 28 条第一至第四款。

第七章 武装冲突中的个人：战斗人员与非战斗人员

扩 展 阅 读

R. Baxter, "So-called 'Unprivileged Belligerency': Spies, Guerrillas and Saboteurs", 28 *BYIL* (1951), pp. 323-345; G. Draper, "The Status of Combatants and the Question of Guerrilla Warfare", 45 *BYIL* (1971), pp. 173-218; L. Green, "The Status of Mercenaries in International Law", 8 *Israel Yearbook of Human Rights* (1978), pp. 9-62; S. E. Nahlik, "L'extension du statut de combatant à la lumière du Protocole I de Genève de 1977", 164 *RdC* (1979), pp. 171-249; T. Mallison and S. Mallison, "The Juridical Status of Irregular Combatant under the International Humanitarian Law of Armed Conflict", 9 *Case Western Reserve Journal of International Law* (1979), pp. 38-78; H. Wilson, *International Law and the Use of Force by National Liberation Movements*, OUP, 1988; M. Sassòli, "La 'guerre contre le terrorisme', le droit international humanitaire et le statut de prisonnier de guerre", 39 *CYIL* (2001), pp. 211-252; G. Aldrich, "The Taliban, Al Queda, and the Determination of Illegal Combatants", 96 *AJIL* (2002), p. 891; L. Zegveld, *The Accountability of Armed Opposition Groups in International Law*, CUP, 2002; K. Dörmann, "The Legal Situation of 'Unlawful/Unprivileged Combatants'", 85 *IRRC* (2003), p. 45; M. Sassòli, "The Status of Persons held in Guantánamo under International Humanitarian Law", 2 *Journal of International Criminal Justice* (2004), pp. 96-106; A. Balguy-Gallois, "Protection des journalists et des médias en période de conflit armé", 86 *IRRC* (2004), No. 853, pp. 37-68; J. Gallen, "*Unlawful Combatants and the Geneva Conventions*", 44 *Virginia Journal of International Law* (2004), pp. 1025-1072; M. Schmitt, "War, Humanitarian Law and Direct Participation in Hostilities by Private Contractors or Civilian Employees", 5 *Chicago Journal of International Law* (2005), pp. 511-546; E. Crawford, *The Treatment of*

Combatants and Insurgents under the Law of Armed Conflict，OUP，2010；M. Schmitt，"The Interpretative Guidance on the Notion of Direct Participation in Hostilities：A Critical Analysis"，1 *Harvard National Security Journal* (2010)，pp. 5-44；S. Scheipers，*Unlawful Combatants：A Genealogy of the Irregular Fighter*，OUP，2015；M. Sassòli，"Combatants"，*MPEPIL* (*Thema. Ser.*)，2017，vol. 2，pp. 249-260；K. Dörmann，"Combatants, Unlawful"，ibid.，pp. 260-272.

一、导　论

（一）主要地位与次要地位

　　一般来说，卷入武装冲突之中的个人根据身份地位的不同而被分为战斗人员与平民两个种类[1]。然而，这种分类有时可能会造成概念上的混淆。战斗人员是与非战斗人员相对而言的；而平民的地位则是另一套人道法规则的规范对象，它在这个范畴里与武装部队的概念相对。平民是非战斗人员，但反之却未必如此；非战斗员还包括其他无权直接参与敌对行动的个人，所以，一些无权直接参与敌对行动的武装部队成员——诸如医务人员和宗教人员——就不是战斗人员。

　　战斗人员与非战斗人员的地位可能随着具体情况而发生变化。一般而言，平民可以被认为是非战斗人员，但他们在某些情况下会成为战斗人员。1856 年之前，个人在得到其政府所颁发的特别许可证的情况下，可以拿捕敌方的商船；然而，1856 年《巴黎宣言》取缔了这种"私掠船"制度[2]。此外，参与人民起义的人员也是较为明显的例子[3]。国际法虽然允许从一种地位到另一种地位的转换，但是禁止一个人同时享受平民和战斗员的特权。普遍认为，战斗员与非战斗员之间的区分，和一国武装部队与平民居民之间的区分并不完全重合。

　　另一方面，战斗人员可能会由于丧失战斗力退出战斗，比如：他们可能出于自我选择（放下武器）或情势所迫（受伤或患病）而不再拥有继续战斗的能力，成为丧失战斗力人员。原则上，这类人员会被当作战俘对待；他们会受到拘留，以防他们进一步参加战斗。虽然他们的行动自由遭到了限制，但是战俘地位仍然能保

1　K. Ipsen，"Combatants and Non-Combatants"，in：*Fleck*（ed.），*Handbook*，p. 80.

2　J. Busuttil，*Naval Weapons Systems and the Contemporary Law of War*，OUP，1998，pp. 109-111.

3　*Schindler and Toman*，p. 66.

护他们的尊严与健康。

（二）直接参与敌对行动的权利

战斗员与平民的区别在于是否拥有直接参与敌对/军事行动的权利[4]。这种区分有其深刻的历史根源，它意味着拿起武器进行战斗是某个特定阶层所享有的特殊法律权利，而该特权受到与此相关的国际法的约束[5]。换句话说，不具有国际法所承认的交战权利的个人不应参与武装冲突，否则就可能处于法律保障之外，后果是无法享受战俘或平民的待遇；相反，会遭到敌对国家或占领国的审判（尽管即使在这种情况下，他们也应受到人道对待，并有权得到公正审判；而一旦他们对敌对国家或占领当局的安全不再构成威胁时，应立即享受《日内瓦第四公约》下被保护平民所享受的一切权利和保障[6]）。

战斗人员可以成为敌方武装部队攻击的对象，非战斗人员则不会。"敌对行动"这个术语是指"就其性质或目的而言，旨在专门打击敌方武装部队人员与作战物资的战争行为"[7]。现在公认的是，敌对行动的范畴并不狭隘，一般不以战斗行为或实际军事行动为限，间谍行为也可能属于敌对行动。此外，红十字国际委员会认为，直接参与敌对行动"意味着所从事的行动、给敌方造成的损害，以及行动发生地点之间存在着直接的因果关系"[8]。

拥有战斗的权利必须以符合国际人道法的要求为前提。在相关法律发展过程中，"谁拥有战斗权利"这个问题经历了 1945 年以前许多战争的检验[9]；依照现在已经成熟的法律，对这个问题的答案就在《第一附加议定书》第 43 条下所反映的规则中[10]。

4　《第一附加议定书》第 43 条第二款。还可参看：M. Schmitt, "Deconstructing Direct Participation in Hostilities: the Constitutive Elements", 42 *Journal of International Law and Politics* (2010), pp. 697-739.

5　G. Draper, "The Status of Combatants and the Question of Guerrilla Warfare", 45 *BYIL* (1971) 173, p. 174.

6　《日内瓦第四公约》第 5 条。就此处的理论和实践分歧，参看：K. Dörmann, "Combatants, Unlawful", *MPEPIL*(*Thema. Ser.*), 2017, vol. 2, pp. 261-262.

7　*Commentary on APs*, p. 516, s. 1679.

8　Ibid.

9　就这个问题所带来的法理问题，参看：R. Baxter, "So-called 'Unprivileged Belligerency': Spies, Guerrillas and Saboteurs", 28 *BYIL* (1951), pp. 323-34.

10　在非国际性武装冲突中，不存在"战斗人员"这一概念，参看：M. Sassòli, *International Humanitarian Law*, Elgar, 2019, p. 276.

二、谁是战斗人员？

（一）武装部队

就此问题，《第一附加议定书》第43条第一款给出了相当详细的定义：

　　"冲突一方的武装部队，是由一个为其部下行为负责的指挥机构统率下的、有组织的武装部队、团体和单位组成，即使敌方未承认该冲突方的政府或权力机构。该武装部队应受内部纪律制度的约束，除了包括其他规则，该制度应强制遵守适用于武装冲突的国际法规则。"

由此可知，"武装部队"定义里的要件有三个。第一，所谓"部队、团体和单位"必须是有组织的，并且受到对之行为负责的指挥机构的统帅；第二，该指挥部门为其部下的行为向冲突一方——政府或权力机构——负责；第三，须有适当的内部纪律制度，其突出作用是强制上述组织的成员遵守适用于武装冲突中的国际法规则。

第43条第二款规定，冲突一方的武装部队成员是战斗人员，该条款把《日内瓦第三公约》第33条所包括的医务人员和随军牧师排除在了战斗人员范畴之外。与此相对的是第三款的规则：无论何时，如果冲突一方将准军事机构或武装执法机构并入其武装部队内，应通知冲突其他各方[11]。

第43条规定了判断涉及武装冲突人员的地位的要件。《第一附加议定书》第44条第一款对此进行了补充规定：第43条所规定的任何战斗人员，如果落于敌方控制之下，均应被视为战俘。因此可以说，原则上战俘地位是合法战斗人员的标志，但是有一点应当加以注意：战俘地位并非永远与合法战斗人员地位对应。

比如在《日内瓦第三公约》第4条A款第四项中，战俘地位也被赋予那些伴随武装部队而实际并非其成员之人，比如军用机上的文职工作人员、战地记者、供货商人、劳动队工人或为武装部队提供福利服务的人员，前提是这些人必须获得其所伴随的武装部队的准许才能随军，而该武装部队应为此目的发给他们与《日内瓦第三公约》所示样式相似的身份证。这些人不是战斗人员，但是他们享有战俘地位。

　　11　比如："丑角部队"（the "Jokers"）在"富荣基雅案"（*Furundžija*，IT-95-17/1-T，Judgment of 10 Dec. 1998）中的作用：该组织是波黑克族人（克罗地亚国防委员会）武装部队中的一支军事警察特别部队，该部队的成员身着黑色制服，制服上印有"Jokers"的特别标志。

战俘这一范畴当然涵盖"合法战斗人员"这一概念。战俘范畴更大一些，那么将战俘地位当作用以证明合法战斗人员地位的初步证据，就是恰当、可行的。虽然一般认为，某人在武装冲突中被捕之后在押时，可以适用前述的判定方法，但是假如一个人身着制服却未携带武器，那么敌方士兵就无法借助上述这种方法来评判他的法律地位。对作战士兵而言，他需要知道是否可以在战斗中对这种人使用武力。

国际人道法为了实现这个目的，还有其他替代规则，将在下文加以讨论。

（二）非武装部队组成部分的民兵和志愿部队

武装冲突中是否还存在其他人员可以被界定为合法战斗人员呢？这里可以参考一下《日内瓦第三公约》第四条 A 项下的分类，该条除涵盖属于冲突一方的常规武装力量和单位外，还包括有权获得战俘地位的其他几个特定人群。《日内瓦第三公约》单独规定了对这些群体的保护，确认了他们被捕前的行为即使被认为是敌对行动，在国际人道法下也是合法的行动。

除了冲突一方武装部队人员以及构成此种武装部队组成部分的民兵和志愿部队人员，还有可能成为战俘的群体包括下面几类：

1）冲突一方所管辖的其他民兵及志愿部队人员，包括有组织的抵抗运动人员中在其本国领土内、外活动者，即使该领土已经被占领；但此类民兵或志愿部队，包括有组织之抵抗运动人员，必须先符合下列条件：

（1）有为部下行为负责之人的统率；

（2）备有可从远处识别的固定的特殊标志；

（3）公开携带武器；

（4）依照战争法规及惯例进行军事行动。

2）自称效忠于拘留国未与承认的政府或权力机构的正规武装部队人员；

3）冲突方的商船队船员，包括船长、舵手与见习生，以及民航机组工作人员——只要他们在国际法下不享受更优惠的待遇。

可以说，所有上述人员都能获得《第一附加议定书》第 43 条第一款定义下的冲突方武装部队的资格[12]。当然，这个观点和《日内瓦第三公约》第四条的条文会有些出入，后者对这些不同人员加以分类时适用了不同规则。

12　红十字国际委员会似乎持同样看法：*Commentary on APs*，pp. 512-513，s. 1672.

（三）游击队和非正规军

被称为"游击队员"的人[13]，在本质和功能上与前文所述的民兵或类似部队的成员并无不同[14]。他们的非正规性质可能是源于名称、制服和所携带武器的不正规、不统一；从本质上看，他们并不隶属于武装部队[15]。在以前，这些人会被视作战犯，而在 20 世纪的战争中，渐渐地也经常成为人民抵抗侵略者这一诉求的化身[16]。不过，对游击队法律地位看法的改变直至"二战"之后才慢慢开始形成；在"二战"期间，对待游击队和对待间谍的方式是一样的[17]。

在当代的武装冲突中，许多参与冲突的非正规军在政治上属于冲突中的一方，但在军事上却独立于该方正规军的指挥架构[18]，而且，其战斗手段和方式都与正规军相反，一般没有徽章以作区别[19]，他们在被捕前后的法律地位就成了问题。在前南刑庭的"布拉斯基奇案"中，一个此类的军事组织——"Vitezovi"（"骑士团"）——就扮演了重要角色[20]。

"Vitezovi"是 1992 年 9 月 10 日在波斯尼亚中部地区的维泰斯市（Vitez）由"克罗地亚人国防委员会"所创建的一支特种部队，该部队受 D. 克拉列维奇的领导，身着黑色制服。在本案中，证人证词声称他们在某些士兵的制服上辨认出了这支部队一贯使用的标志，"骑士团"部队有指挥机构，但没有特别的纪律制度，只向波斯尼亚克罗地亚族的政治领导人负责，而不对其他任何人负责。作为 HVO 在波斯尼亚中部战区指挥官的布拉斯基奇上校，对于"骑士团"部队在 1993 年 4 月间在形式上隶属于他统率这一点并无异议，且对他曾在 1993 年间合法地向该部队发出作战命令这一点也无异议，但是他声称，从下令调动部队、必要时加以惩

13　*Commentary on GCIII*，p. 52.

14　"游击队"一词显然来源于拿破仑在西班牙伊比利亚半岛上发动的"半岛战役"：Draper，上引文，第 177 页。

15　Baxter，28 *BYIL* (1951)，p. 333（他视这一类人为不符合《日内瓦第三公约》第四条规定之条件的个人或者个人的集合）。

16　I. Trainin, "Questions of Guerrilla Warfare in the Law of War", 40 *AJIL* (1946), pp. 534, 554.

17　"The Hostages Trial", *TWC*, vol. xi, p. 1245.

18　这些组织在 18 世纪出现时，就被作为正规军的附属而存在；在"二战"中，流亡政府也倾向于接受抵抗组织作为正规军的附属而非其组成部分：S. Scheipers, *Unlawful Combatants：A Genealogy of the Irregular Fighter*, OUP, 2015，第 133～138 页。

19　E. Crawford, *The Treatment of Combatants and Insurgents under the Law of Armed Conflict*, OUP, 2010, pp. 9-10.

20　*Prosecutor v. Blaškić*, Case No. IT-95-14-T and A.

戒的实际能力这个角度讲,他并不能实际控制这个部队[21];如果他不能控制,那么"骑士团"行为责任就需要根据其他国际法规则进行评价,因为在国际人道法下他们不再被视为是合法的战斗人员。

对于这种部队而言,他们的作战行动常常具有保密性,而长久以来,这种保密性都在为他们享有国际人道法的保护制造障碍;不过,国际法在其发展的较早阶段就已成功地用一种相当理想的方式解决了这个问题。

在1907年《海牙第四公约》第一条所确认的习惯法下,这类组织必须满足下列四个条件,才能主张其合法的战斗人员资格,他们必须:1)由一个对部下行为负责的人指挥;2)有可从一定距离以外加以识别的、固定的、明显的标志;3)公开携带武器;4)在作战中遵守战争法规和惯例。满足了这些要求,一个非正规部队就能享有《日内瓦第三公约》第四条 A 款第二项的战俘权利。不过,在实践中游击队可能不太容易符合这四个要求。

Y. 丁斯坦等学者认为,《日内瓦第三公约》为这类团体主张其合法战斗人员资格,在第四条基础上增加了三个额外条件:5)他们必须是有组织的团体;6)必须属于冲突一方并活动于其本国领土内或外,即使此项领土已被占领;7)他们还必须效忠于除拘留国之外的国家或政治实体[22]。如果该团体有能对其成员作战行为负责的指挥机构,则可以推定它是有组织的。而他们必须属于冲突一方的这个条件也是可以推断出来的,因为拥有指挥机构和佩戴特殊标志能够显示出他们属于某个政治实体。进一步讲,他们所属的实体必须是冲突中的一方;否则,强调与战争无关一方的个人可以被视为该场冲突中的战俘,这样的抗辩是很难成立的(除非该个人以雇佣军身份出现在冲突之中,但即使如此,雇佣军与冲突一方之间还是存在雇佣关系的,至少可以说存在着"准效忠"关系)。第7)项条件来源于实践,英国枢密院司法委员会在1967年判决的一个案件中,一批在马来西亚登陆的印度尼西亚准军事部队人员遭到了逮捕,其中有些人是马来族人[23],后者能否获得战俘待遇由其法律地位决定,而他们的法律地位是有争议的。委员会多数意见认为他们不是战俘,因为他们实际上效忠于拘留国马来西亚。这一判断是基于《日内瓦第三公约》第87条和第100条的规定:战俘可以因为违反拘留国法律而被起诉至该国法院,但是这两条都明确规定战俘不能为拘留国的国民。

在实践中,上述要件会导致新问题的产生,因此需牢记要件的目的。例如,要

21　Ibid., Case No. IT-95-14-A, Appeal Judgment, 29 July 2004, paras. 498-499.

22　Dinstein, *The Conduct*, pp. 39-40. Cf. Draper, *op. cit.*, 45 *BYIL* (1971), p. 188.

23　*PP v. Koi et al.*, [1968] AC 829.

以合理方式理解对特殊标志的要求：在夜晚不借助光线的情况下，特殊标志的确有可能是看不到的；一个人佩戴着特殊标志，但却可能坐在一辆没有任何标志的车里，没有标志的车是不能符合佩戴标志这一要求的。特殊标志这一要求的存在，是基于这样的道理：战斗人员不得蓄意欺骗敌方，让敌方误认为他们是平民。根据区分原则，战斗人员必须把他们自己和平民区分开来。《日内瓦第三公约》第4条A款第2项下所规定的第4)项要求具有对等性，即：只有自己遵守了国际人道法，才能期待敌方也按照这些规则来对待自己的国民。

诚然，为了促进对平民居民的保护不受敌对行动的影响，战斗人员在从事攻击或攻击前准备行动时，应使自己与平民居民有所区别，这是国际人道法义务。但在实践中不折不扣地执行某些要件是有困难的。比如，《第一附加议定书》第44条提出了这样一种可能的局面：武装战斗人员因敌对行动的性质而不能与平民居民相区别，那么在下列情况下，只要他公开携带武器，就应保留其作为战斗人员的身份：1)在每次交火期间；2)在他参加攻击前进行部署时，且此时敌人看得见他在进行部署。第44条第三款这样的规定，导致了美国拒绝加入《第一附加议定书》[24]。其实，第44条里这个简化了的要求早已经扎根于习惯国际法之中，它绝非是1977年日内瓦会议上妥协而成的便利结果[25]。

此外，即使他们不符合国际人道法所规定的上述几个条件，他们被捕之后遭到处罚的方式也不会因此改变。处罚的形式和程度是拘留国国内法下的问题[26]。

总的来说，国际人道法要求非正规部队符合某类条件，这样才能在遭敌方拘留的时候享有国际人道法的保护。

（四）民族解放运动

《第一附加议定书》第1条第四款规定，上款（即第1条第3款，该款交叉引用了《日内瓦四公约》的共同第2条，此条规定：《日内瓦四公约》适用于两个或两个以上缔约国间所发生的一切经过宣战的战争或其他任何武装冲突，也适用于任一缔约国的领土一部或全部被占领的场合）所指的场合，还包括各国人民在行使庄

---

[24] J. Yoo and J. Ho, "The Status of Terrorists", 44 *Virginia Journal of International Law* (2003—2004), pp. 226-227. 应当补充说明的是，美国对《第一附加议定书》敌视的原因有很多，其中之一就是美国很反感在民族解放战争中适用国际人道法：《海战法指挥官手册补充注释》，第307页（文中提及了美国总统1987年1月29日信件中的态度）。

[25] Draper，上引文，第203页（在1899年和1907年海牙和平会议上都有代表团提出这样一个观点：最好的特殊标志就是公开携带的武器和弹药）。

[26] Baxter，上引文，第338页。

严载入《联合国宪章》和1970年《关于各国依联合国宪章建立友好关系及合作之国际法原则之宣言》(联大第2625(XXV)号决议附件)的"人民自决权"中的、对殖民统治、外国占领以及种族主义政权作战的武装冲突。

一般而言,民族解放运动这样的组织是代表人民使用武力,以成立新国家为目的的实体。它存在的法律基础是国际法下被认为是人权之一的"人民自决权"。因此,这种组织都能获得国际人格,比如当年南非的"非洲国民大会"和巴勒斯坦地区的"巴勒斯坦解放组织",都属于这种组织。在武装冲突中,需要研究的是国际人道法对这种组织是否适用的问题,而非对他们的特性加以准确描述的问题。

在实践中,这种组织往往展现出遵守国际人道法的意愿,这也有利于他们将自己的斗争国际化。上面已经提到,《第一附加议定书》第1条第三款规定,《第一附加议定书》适用于《日内瓦四公约》共同第2条所指的几个场合。值得注意的是,《日内瓦四公约》共同第2条还规定,冲突一方虽非公约缔约国,其他曾签订公约之国家于其相互关系上,仍应受公约之约束;设若上述非缔约国接受并援用公约之规定,则缔约各国对该国之关系亦应受公约之约束。

因此,自1969年起,巴解组织就反复宣称他们会遵守《日内瓦四公约》及附加议定书的规定;在实践中,巴解组织也赋予被捕的以色列士兵以战俘地位[27]。另一方面,虽然以色列不认为巴勒斯坦武装人员是战俘,但是也给予他们战俘待遇[28]。实践说明,《第一附加议定书》下加入的"民族解放组织"这一概念并不能被所有国家所接受[29]。

(五) 抵抗组织

《第一附加议定书》第43条同样适用于这类团体,尽管该条款并没有提及这类组织的说法。它们与民族解放运动和游击队都有所区别[30]。若要将抵抗组织认作冲突一方正规武装部队的一部分,它们需要有能对其行为负责任的指挥机构、内部纪律制度,以保证国际法规则得到遵守。若能满足此要求,他们的成员享

27　H. Wilson, *International Law and the Use of Force by National Liberation Movements*, OUP, 1988, p. 60.

28　Ibid. 值得注意的是,以色列早于1951年就批准了《日内瓦四公约》。联合国安理会曾特别要求以色列在自1967年占领的土地上适用《日内瓦第四公约》: UNSC, S/RES/681, 20 December 1990.

29　H.-P. Gasser, "Acts of terror, 'terrorism' and international humanitarian law", 84 *IRRC* (2002), No. 847, pp. 547, 562-564.

30　R. Barnidge, "Resistance Movements", in: *MPEPIL* (*Thema. Ser.*), 2017, vol. 2, p. 1102.

有战俘地位[31]。

（六）人民起义

这个类别起源于法国大革命。1907 年《海牙第四公约》第 2 条清楚地定义了这个概念：未被占领的领土的居民在敌人迫近时，自发拿起武器以抵抗入侵部队而无时间按照第一条规则组织起来，但只要他们公开携带武器并尊重战争法规和惯例，就应被视为交战方。可见，这类人要成为合法战斗人员，需要满足两个要求。此外，反抗行为还须发生在一片未被占领的领土上，因此这和发生在被占领领土上的抵抗运动是不一样的。《日内瓦第三公约》第 4 条 A 款第六项继承了《海牙第四公约》的相关规定。

（七）儿童士兵

《第一附加议定书》第 77 条将 15 岁设定为武装冲突中享有特殊保护的儿童的年龄界线。作为对比，1989 年《儿童权利公约》将儿童定义为 18 岁以下的人。后一公约于 1989 年 11 月 25 日由联大第 44/25 号决议通过，并于 1990 年 9 月 2 日生效，共有 196 个缔约方[32]。

《儿童权利公约》第 38 条规定：

"1. 缔约国承担尊重并确保尊重在武装冲突中对其适用的国际人道法中有关儿童的规则。

2. 缔约国应采取一切可行措施确保未满 15 岁的人不直接参加敌对行动。"

如果儿童不满 15 岁却参与了武装冲突，那么他们将会成为非法战斗人员，从而丧失战俘待遇。在措辞上，第 38 条第 2 款与《第一附加议定书》第 77 条第 2 款是完全相同的。当然，这样的儿童会继续受到《第一附加议定书》第 77 条第三款的保护：

"如果在例外情形下，尽管有第二款的规定，而十五岁以下的儿童直接参加了敌对行动，并落于敌方权力下，这类儿童不论是否战俘，均应继续享受本

31　《第一附加议定书》第 44 条。

32　See http://indicators.ohchr.org（浏览于 2019 年 9 月 10 日）。1992 年 3 月 2 日，中国政府批准了该公约。在批准该公约时，中国政府在保留中承诺履行 1989 年《公约》第 6 条所规定的义务，但前提是《公约》与涉及计划生育的中国《宪法》第 25 条相符，并且需合乎中国 1991 年《未成年人保护法》第 2 条中未成年人是未满 18 岁的公民这一规定。

条所给予的保护。"

可以说，第 77 条给予了儿童特殊的尊重和保护。

2000 年 5 月 25 日，联合国大会第 54/263 号决议通过了 1989 年《公约》《关于儿童卷入武装冲突问题的任择议定书》，议定书于 2002 年 2 月 12 日生效，共有 168 个缔约国[33]。该议定书的前言提到了《罗马规约》将征召、招募年龄在 15 岁以下儿童士兵或在武装冲突中将他们部署于敌对行动中的做法规定为战争罪；议定书还规定：

> "第 1 条
> 缔约国应采取一切可行措施，确保不满 18 周岁的武装部队成员不直接参加敌对行动。
> 第 2 条
> 缔约国应确保不满 18 周岁的人不被强制招募加入武装部队。"

《罗马规约》第 8 条第二款第二项规定下述行为构成战争罪："征募不满十五岁的儿童加入国家武装部队，或利用他们积极参与敌对行动。"这两个条约的规定之间是有冲突的，在实践中会带来一定困难。

英国政府于 2003 年 6 月批准了上述《任择议定书》，并依照议定书第 3 条做出了声明，将最低入伍年龄规定为 16 周岁，以反映本国通常的习惯做法[34]。美国于 2002 年 6 月 16 日批准了该议定书，此前，美国将参与武装冲突的年龄限制设在了 17 周岁；在批准议定书之后，美国就不再把未满 18 岁的士兵派往海外参加战斗活动了。

中国在这个领域一直相当活跃。2006 年 7 月 24 日，中国代表在联合国安理会"儿童与武装冲突问题公开辩论会"上发言称，中方支持包括安理会在内的联合国各机构为加强对武装冲突中儿童的保护所做出努力，还表示：

> "中方再次敦促所有武装冲突的各冲突方切实履行有关义务，尊重并维护儿童应有权利……中国政府一直将保护儿童事业作为一项工作重点，早在 2002 年即批准了《〈儿童权利公约〉关于儿童卷入武装冲突问题的任择议定书》。我们呼吁更多的国家加入该议定书，并希望该议定书关于入伍年龄的

---

[33]　Ibid. Cf. D. Helle, "Optional Protocol on the involvement of children in armed conflict to the Convention on the Rights of the Child", 82 *IRRC*（2000），No. 839，p. 797.

[34]　http://indicators. ohchr. org（浏览于 2019 年 9 月 10 日）.

规定能得到各方遵守。"[35]

三、谁是非战斗人员?

(一) 平民居民

正如在开篇所言,非战斗人员不等于平民,反之,平民也未必是非战斗人员。《第一附加议定书》第50条将平民定义为所有<u>不</u>属于1)《日内瓦第三公约》第4条A款第一、二、三、六项;以及2)《第一附加议定书》第43条所指各类人中任何一类的人。

这些规则不要求一个人必须有意识地去选择是保持平民身份或是从属于武装部队。但是,从现有实践来看,这个要求一定暗含存在于所有情形中[36]。需要注意的一点是,第50条要求,遇有对任何人是否平民的问题有怀疑时,这样的人应被视为平民。平民居民包括所有作为平民的人。在平民居民中存在有不属于平民定义的人,并不使该平民居民整体失去平民性质。虽然《第一附加议定书》给出了平民居民的定义,但是实践中对之解释并不容易。

在实践中,按照某个限定性标准来解释"平民居民"一词的努力并不成功。《前南刑庭规约》第5条是构成前南刑庭行使管辖权的基础之一,依据第5条,法庭对在武装冲突中对"任何平民居民"犯下特定罪行的人享有管辖权。如果没有证据证明这种居民确实存在,而针对被告的指控又是以此为基础,那么法庭就不能行使管辖权,甚至需释放被告人。在这里举一下"库那拉茨案"的例子。

在此案中,上诉庭采纳了上述议定书里的定义[37]。从1992年4月起至(最早)1993年2月为止,波斯尼亚塞族人和穆斯林人在佛洽(Foča)地区发生了武装冲突,武装冲突造成的直接后果是,非塞族的平民遭到了杀害、强奸或其他方式的虐待,本案上诉人既参与了武装冲突,也参与了对被拘留平民(尤其是穆斯林妇女)的虐待。在谈及第5条时,上诉庭认为:

"正如审判庭所正确指出的那样,'居民'一词的使用并不意味着攻击所

35　http://www.china-un.org/chn/zgylhg/jjalh/alhzh/wzctpm/t264710.htm(浏览于2018年10月19日).

36　The British *Manual of Military Law* of 1929,amended in 1936,para. 17,quoted in:Draper,上引文,第188页。

37　*Prosecutor v. Kunarac et al.*，IT-96-23&IT-96-23/1-A，Appeal Judgment，12 June 2002.

发生地区的全部居民必须都遭到了攻击。只要证明有足够多的个人在攻击过程中成为目标，或者攻击他们的方式足以让审判庭相信攻击事实上是针对平民'居民'的、而不是针对为数不多或随意选择的个人，这就足够了。"[38]

在另一个案例中，前南刑庭的审判庭也处理过这个问题[39]。判决中的事实部分展示了波黑地区在 1992 年宣布独立后的复杂情况，特别涉及位于波黑西南部的莫斯塔市（Mostar）及其周边地区。此案中的两名被告分别是 M. 那列提利奇和 V. 马提诺维奇。在 1990 年至 1991 年间，那列提利奇回到了波黑地区并建立了一个名为"犯人营"（"KB"）的军事组织。同样在 1992 年，马提诺维奇加入了"克罗地亚人国防力量"（HOS）并成为一名指挥官。在本案中，对两名被告的指控基于他们在波斯尼亚克罗地亚族和波斯尼亚政府军的冲突中所负的刑事责任，该冲突于 1993 年 4 月发生在波斯尼亚中部地区。

在包含了 22 项指控的起诉书中，针对那列提利奇的第一项指控是施行政治上、种族上和宗教上的迫害行为，第二项至第八项指控则包括非法使用劳工以及将被拘留者用作"人体盾牌"等罪行。对马提诺维奇的指控类似。其中，第一项指控与《罗马规约》第五条罪行之间存在着特别的关联。

审判庭在其判决中从各个方面考察了"居民"的定义，审判庭指出：

> "要满足这些要素，须证明有足够多的个人在攻击过程中成为目标，或者攻击他们的方式足以让本庭相信，攻击行为在事实上是针对平民居民的，而不是针对随意选出的、为数不多的个人的。"[40]

构成"居民"所需的人口数量并不确定，数量的多少往往是由法官综观案件全部事实之后再加以评定。另一方面，攻击行为所采取的方式也是用以判断攻击性质的一个重要指标。不管怎样，法律标准必须经得起每一个案件事实的考验，才是有意义的标准。

从这个案件的判决中还可以引申出一个相关问题：战斗人员混入平民居民中可能构成国际人道法下战争罪的一种。因此，《罗马规约》第 8 条第二款第二项第 23 目规定，将平民或其他被保护人置于某些地点、地区或军事部队之中，利用其存在使该地点、地区或军事部队免受对方攻击的做法，构成战争罪。该条不仅特别适用于将为数不多的平民或其他被保护人用作"人体盾牌"的情形，也适用于

38　Ibid. , para. 90.

39　*Prosecutor v. Naletilić and Martinović*, Case No. IT-98-34-T, Trial Judgment, 31 March 2003.

40　Ibid. , para. 235.

冲突方利用平民掩护大队武装人员发动突袭的情形。在这种情况下，我们很难说这些居民的性质没有发生变化，但是也一样很难把这个"混合人群"当成军事目标，就是因为他们之中存在着平民。

另一个类似的情形也会造成判断上的混乱，即：武装部队成员来到了平民居民中，却并没有任何将他们用作盾牌的意图。他们可能只是暂时离开了自己的军务、正在休假，或者仅仅是在出发执行新任务前短暂地逗留一下。这种情况下，就需要借助判例法，总结出处理该问题的路径。审判庭称：

> "如果平民居民是攻击的首要目标，那么该攻击就是'针对'平民居民的。如果受到攻击的居民主要是平民，那么这些居民整体就会被视为平民【性质】。这不仅意味着平民居民的定义包含了那些曾经有过抵抗行为的个人以及失去战斗力人员，还意味着居民中存在一些非平民的事实不能推翻这些居民所具有的显著的平民性质。"[41]

前南刑庭上诉庭在自己的实践中也考虑过这个问题[42]，它认为这个问题是由习惯法所规范的，并主要援引《第一附加议定书》第50条作为分析的起点。在考察了《第一附加议定书》的文本和《日内瓦第三公约》第四条的文本之后，上诉庭得出结论："上诉庭认为，在平民中存在已经放下武器的抵抗组织成员或前战斗员，不会改变这些居民的平民性质。"[43]它接着援引了红十字国际委员会所作的评论：

> "在战时，属于战斗人员这一类别的个人会不可避免地混杂在平民居民之中，比如士兵放假探望家人。但是他们只要不是人数众多的正规军，就不会对这些居民的平民性质造成任何改变。"[44]

上诉庭的结论是："要确定在平民居民中存在士兵是否会剥夺这些居民的平民性质，必须对士兵的数量加以考察，还要考察这些士兵是否在休假。"[45]据此，这一结论部分推翻了上述审判庭的判决，因为后者似乎做出了较为笼统的判断，认为士兵的存在一概不会影响这些居民的性质。

（二）医务人员和随军牧师

《第一附加议定书》第8条第三项对医务人员做了如下定义：

41　Ibid.

42　IT-95-14-A, Appeal Judgment, 29 July 2004.

43　Ibid., para. 113.

44　Ibid., para. 115, citing *Commentary on APs*, p. 612, para 1922.

45　Ibid.

"'医务人员'是指冲突一方指派用于第五款所列目的，或被派用于管理医疗队，或运作或管理医务运输工具的人员。这一指派可以是经常性或临时性的。该术语包括：

（一）冲突一方的医务人员，不论是军事或平民医务人员，包括第一和第二公约所述的医务人员以及被派到民防组织的医务人员；

（二）冲突一方所正式承认和核准的各国红十字会（红新月会、红狮与太阳会）和其他国内志愿救济团体的医务人员；

（三）第九条第二款所述的医疗队或医务运输工具的医务人员。"

这些医务人员可能是军队成员，无权参与敌对行动[46]，不是战斗人员，但他们也不是平民。如果他们直接参与了敌对行动，会被剥夺非战斗人员地位，并且有义务接受审判与惩罚。然而，医务人员为了保护自己而对抗暴力行为是允许的。为了这个目的，他们可以配有适当武器来自卫或保护那些他们负责的伤者、病者[47]。这些医务人员通常隶属于军队的医疗队。

另一方面，宗教/神职人员则服从于军队的随军牧师编制。《第一附加议定书》第八条第四项将宗教人员定义为专门从事宗教工作的（军人或平民）牧师，并依附于下列单位：

（一）冲突一方的武装部队；

（二）冲突一方的医疗队和医务运输工具；

（三）第九条第二款所述的医疗队或医务运输工具；或

（四）冲突一方的民防组织。

宗教人员的依附关系既可以是永久的也可以是暂时的；第八条第11款提及的相关条款对他们也适用。

（三）救援人员

此类人员是非战斗人员。根据《第一附加议定书》第71条，在必要时，救援人员构成任何救援行动所提供的救助内容的一部分——特别是救济物资运输和分配这样类型的救援行动。这类人员的参加须经这类人员履行其职责所在领土控制方的同意。此外，接受救援物资的一方，应在实际可行的最大范围内，协助救援人员履行其使命。至于他们的安全，第71条第二款规定：这类人员应受尊重和

46　《第一附加议定书》第43条第二款。

47　《日内瓦第一公约》第22条。

保护。他们所受保护的程度与非冲突方的某国平民所受的保护相似[48]；《日内瓦第四公约》第二部分也对他们适用。

《第一附加议定书》第 71 条第三款规定，只有在存在迫切军事必要的情形下，才能限制救援人员的活动或暂时限制救援人员在当地的移动。这一款没有提及在军事必要情形下救援任务的终止，但是，如果救援人员在冲突一方领土上履行职责时，却对该方的安全利益不予理睬，那么不考虑这些条件的任何人员的行为都可能被终止。

需要补充的是，救援人员与红十字国际委员会的工作人员的待遇还是不同，因为后者享有红十字标志的保护。此外，为了实现红十字国际委员会的国际性使命，委员会及其职员所享有的特权和豁免受到了政府、联合国以及其他国际组织的广泛承认，以至于红十字国际委员会实际上被视作是一个政府间组织。它所获得的特权与豁免权一般由红十字国际委员会和东道国政府所签订的总部协议所承认，或者是由东道国国内法所承认。红十字国际委员会经由联大决议而受邀成为联合国大会观察员[49]。

（四）失去战斗力人员

依据《日内瓦四公约》的共同第三条，这些人是"不实际参加战事之人员，包括放下武器之武装部队人员及因病、伤、拘留，或其他原因而失去战斗力之人员。"根据武装冲突的性质来对这个定义加以区分是没有必要的；失去战斗力的人员基本上就是那些曾经参与过敌对行动，直至某个决定性事件的发生让他们无法继续作战的人。

《第一附加议定书》第 41 条第二款规定，下列的人等是失去战斗力人员：1)在敌方控制下的个人；2)明示其投降意图的个人；3)因受伤或疾病而失去知觉，或存在其他无能力的症状，因而不能自卫的个人。在上述任何情形下的个人，均须不从事任何敌对行为，并无企图脱逃的行为。根据语境解释可知，第 41 条只考虑了那些曾是战斗人员的个人；一般而言，平民都是"失去战斗力的"个人。

此外，《第一附加议定书》第 41 条第一款规定了冲突各方都负有的一项普遍性义务：不得攻击那些被认为失去战斗力或按照情况应被认为失去战斗力的人。此规定不在《日内瓦四公约》所赋予的保护措施范围之内，这是此类人员所享有的额外保护。

48　*Commentary on APs*，p. 834，ss. 2871 and 2890.

49　A/RES/45/6，dated 16 October 1990.

（五）记者

1907 年《海牙规则》第 13 条只要求军事当局签发合适的身份证来保护那些随军的战地记者。联大曾授权经社理事会通过人权委员会起草一部保护执行危险任务的新闻记者的公约草案[50]。然而，1974—1977 年日内瓦会议选择在《第一附加议定书》草案文本中来提供保护，而并未接受人权委员会所提交的草案[51]。

根据《第一附加议定书》第 79 条，在武装冲突地区担任危险专业任务的新闻记者，只要他们没有参与敌对行动，都应视为平民；而战地记者在被敌方俘获后有权享受战俘待遇。至于新闻记者，其国籍国、居住地国或雇用他的媒体所在地国会向他们发放一种特别身份证。一般认为，新闻记者包括通讯员、采访记者、照相师，以及电影、广播和电视的技术助理[52]。

在近期的武装冲突中，针对记者的攻击越来越多，记者的伤亡率很高[53]。2006 年中，有 75 名记者在武装冲突中丧生，其中 25 人在伊拉克遇难；这一情况促使联合国安理会通过了第 1738（2006）号决议以加强对记者的保护[54]。安理会谴责"在武装冲突局势中故意攻击新闻记者、媒体专业人员和有关人员的行为"，并呼吁所有当事方终止这种做法。再有，安理会回顾了国际人道法中将这类人员视为平民或战俘的不同规则，认为媒体设备和设施为"民用物体"，因此不应成为攻击或报复的对象。该决议同时重申了煽动针对包括记者在内的平民的暴力这一行为所产生的刑事责任。最后，决议要求武装冲突所有当事方全面遵守有关武装冲突中保护平民以及保护新闻记者、媒体专业人员和有关人员的相关国际法义务，强调各国有责任起诉严重违反国际人道法的个人和行为。

安理会的决议反映了一项逐渐清晰的习惯法规则[55]。

（六）其他两种可能存在的非战斗人员

根据《日内瓦第三公约》第 4 条，有两种人也是战俘，但该条没有明确表示他

50　联大第 2673（XXV）号决议。

51　*Commentary on APs*，p. 919.

52　"在武装冲突地区执行危险任务的新闻记者的国际公约"草案第 2 条第一款：UN Doc. A/10147，1975 年 8 月 1 日，附件一。

53　A. Balguy-Gallois, "Protection des journalistes et des médias en période de conflit armé", 86 *IRRC* (2004), No. 853, pp. 37-67.

54　于 2006 年 12 月 23 日通过。

55　*Henckaerts and Doswald-Beck*, vol. i, Rule 34.

们没有直接参加敌对行动的权利。第一类人包括伴随武装部队而实际上并非其成员之人，如军用飞机上的文职工作人员、战地记者、供货商人、劳动队工人或照顾武装部队福利的服务人员，前提是这些人已经获得其所伴之武装部队的准许，而该武装部队应为此目的发给他们与附件格式相似的身份证。第二类人包括冲突方的商船船员——船长、舵手与见习生，以及民航机组人员，只要这些人在国际法下没有享受比本公约规定更优惠的待遇。

虽然第二类人群的地位曾经受到争议[56]，但是《日内瓦第三公约》已经解决了这一问题。从第四条的用语看，第二类人是否无权参加敌对行动并不清楚。另一方面，考虑到他们在第二次世界大战中的角色，他们的地位可能类似于伴随武装部队而实际并非其成员之人。换言之，他们是非战斗人员，但不是平民。

四、特殊类型

（一）非法战斗人员

所谓非法战斗人员，是指那些直接参与了敌对行动，但却在国际法上无权这样做的人[57]。一旦非法战斗人员落入了敌方之手，他们会因为其参战的非法性而无法获得战俘地位；同样，对其是否有参战权利尚存争议的个人亦属此类。在习惯法下，这些人会在拘留国国内法或军事法下遭到审判[58]。

在此举一个例子[59]，即设于拉马拉的以色列军事法庭所审判的"卡萨姆案"[60]。本案中，被俘的"解放巴勒斯坦人民阵线"成员被移送到了法院接受审判，其中有些人主张其拥有战俘地位，但军事法院驳回了该主张，理由如下：

> "……有关这个问题的文献忽视了战斗人员被俘后有权享受战俘待遇所需满足的最基本条件，即非正规部队必须属于交战方之一。如果他们不属于他们为之而战的政府或国家，那么对我们来说，在现行国际法下他们似乎从

56　*Commentary on APs*，pp. 65-66.

57　参考：M. Sassòli，" 'Unlawful Combatants'：The Law and whether it Needs to be Revised"，97 *Proceedings of the American Society of International Law*（2013），pp. 196-203.

58　Baxter，*op. cit.*，28 BYIL（1951），p. 340.

59　早期的著名案例有美国最高法院宣判的 *Ex parte Quirin*，317 US 1（1942）.

60　*Military Prosecutor v. Omar Mahmud Kassem and others*，Decision of 13 April 1969；*Sassòli, Bouvier and Quintin*，vol. ii，pp. 1070-1075.

一开始就无权在被俘后享有战俘地位。"[61]

法院还注意到,和以色列处于交战状态的政府中,没有哪个政府表示对该组织的敌对行为承担责任。

在同期发生的"奥斯曼案"中[62],两名印度尼西亚武装部队的成员成为被告,背景是 1965 年马来西亚(新加坡当时是马来西亚的一部分)和印度尼西亚处于武装冲突状态之中,而这两个人在新加坡的一家银行中放置了炸弹,炸弹爆炸导致了平民伤亡,根据国内刑法典,这两个人被控犯有谋杀罪。他们在一审时主张其享有战俘地位,但未成功;在上诉判决中,英国枢密院司法委员会认为,根据《日内瓦第三公约》这两个人无权在被俘后享有战俘待遇,因为他们从事了破坏活动,并且在放置、点燃爆炸物时以及被捕时都身着平民服装[63]。

非法战斗人员的概念似乎也包括了国际恐怖分子,即便对这类人的公认定义尚不存在。这些人可能有权直接参与敌对行动,但是由于他们未能满足国际人道法下对(广义)武装部队的要求,国际实践剥夺了对他们的保护,并认为他们是非法战斗人员。被拘留在关塔那摩基地的俘虏们就是这样一个例子[64]。

最初,美国政府将这些被拘留者看做非法战斗人员:参看 2002 年 2 月 7 日的总统声明[65]。这个立场的依据是,"基地组织"不是 1949 年《日内瓦四公约》的缔约方,因此其成员也不能享受《日内瓦第三公约》的保护;此外,因为"塔利班"人员没有遵守战争法,所以即使阿富汗是《日内瓦第三公约》的缔约方,"塔利班"人员也不受公约的保护。后来,美方对这个政策有所修正,认为"塔利班"战士有权享有战俘地位,但是"基地组织"人员仍然没有这种权利。

"塔利班"在战争时期有效控制了阿富汗 90% 以上的领土,但是其作为阿富汗的事实政府的地位,并没有得到国际承认[66]。拒绝承认"塔利班"战士的战俘地位的主要原因,是因为他们既没有身着制服,也没有佩戴特殊识别标志[67]。但是也有学者认为,在他们的地位存疑的情况下,这个问题应当移交给一个《日内瓦第

61　Ibid., p. 1072.

62　*Osman v. Prosecutor* (1969), before the British Privy Council, from the Federal Court of Malaysia, quoted from *Sassòli, Bouvier and Quintin*, vol. ii, pp. 928-936.

63　Ibid., pp. 934-936.

64　G. Aldrich, "The Taliban, AL Qaeda, and the Determination of Illegal Combatants", 96 *AJIL* (2002), pp. 891-898.

65　J. Mintz and M. Allen, "Bush Shifts Position on Detainee", *Washington Post*, 8 Feb. 2002, A1.

66　除了沙特阿拉伯、巴基斯坦和阿联酋外,但是这三个国家后来撤回了它们的承认:J. Yoo and J. Ho, "The Status of Terrorists", 44 *Virginia Journal of International Law* (2003—2004), p. 207, n. 38.

67　Dinstein, *Conduct*, p. 65.

三公约》第 5 条下提到的法庭来决定[68]；与此同时，这些人在有关他们地位的最终决定做出之前，享有《日内瓦第三公约》下所规定的战俘地位[69]。

然而，在这个问题上，有些司法判例认为塔利班人员的确公开携带了武器[70]。《第一附加议定书》第 44 条第三款的条文，承认在武装冲突中有些情况使战斗人员因敌对行动的要求而不能将自己与平民区别开来，该战斗人员保留其作为战斗人员的身份；但在这种情况下，他必须在每次交火时、在所参加的攻击发动之前的部署阶段且敌方可以观察到他的期间，公开携带武器。根据这条，"塔利班"战士有权享有战俘地位。但是，第 44 条第三款也正是美国迟迟不批准《第一附加议定书》的原因之一：由于恐怖分子和其他非正规军企图藏身于平民居民之中，该条的执行会危及平民的安全[71]。虽然第 44 条第三款至少反映了国际法扩大保护范围的立法趋势[72]，但是，除非它反映习惯法，而美国又不是一个持续反对者，否则该条对美国没有拘束力。

与此相比较，"基地组织"成员既没有身着制服，也没有佩戴特殊识别标志，还将自己隐藏在平民居民之中，他们显然完全无视国际人道法[73]。但是国际人道法仍然对他们适用，这个观点有许多支持者。例如，前南刑庭审判庭在"塞勒比奇案"中确认，在一群波斯尼亚穆斯林人自发拿起武器的情况下，即使尚不清楚他们是否公开携带了武器、是否遵守了战争法律与惯例，对他们或者适用《日内瓦第三公约》，或者适用《日内瓦第四公约》[74]。换言之，他们的地位并非不确定。

然而对于上述两类人（"塔利班"和"基地组织"）来说，适用法的原则是一样的：这些人有权合法主张某些基本保证，包括享受人道待遇的权利和获得恰当司法审判的权利，这些权利得到了《第一附加议定书》第 75 条的认可。此外，占领区内个别被保护人如因系间谍或破坏分子，或因确有危害占领国安全的活动嫌疑而

68　M. Sassòli, *International Humanitarian Law*, Elgar, 2019, pp. 262-263. 此类法庭的性质是非军事法庭; R. Chesney, "Prisoners of War", in: *MPEPIL (Them. Ser)*, p. 1024.

69　《第一附加议定书》第 45 条第一款。

70　*US v. Lindh*, 212 Suppl. 2nd 541, 548 (2002). 林德先生并不是在关塔那摩的特别军事法庭受审的；由于他是美国公民，所以审理他的是一个美国国内法院。

71　J. Yoo and J. Ho, "The Status of Terrorists", 44 *Virginia Journal of International Law* (2003—2004), pp. 207, 226-227.

72　*Commentary on APs*, p. 536, s. 1714. 人们公认，日内瓦会议通过的该条款代表着法律上的一个重要发展。

73　Dinstein, *Conduct*, p. 66.

74　*Prosecutor v. Delalić* et al., IT-96-21-T, Trial Judgment, 11 Nov. 1998, para. 271. 其他案件参见 J. Stewart, "Rethinking Guantánamo: Unlawful Confinement as Applied in International Criminal Law", 4 *Journal of International Criminal Justice* (2006), pp. 12, at 18-20.

被拘留者，在绝对的军事安全有此要求的情况下，其人应被视为丧失《日内瓦第四公约》下的通信权。但即使在这种情况下，这些人仍应受人道待遇，且在受审判时，不应被剥夺《日内瓦第四公约》规定的公平正常审判的权利[75]。但即使在这种情况下，也应斟酌个别情况，尽早在该国或占领国安全有所保障时，给予这些人——作为被保护人——依《日内瓦第四公约》所享有之全部权利与特权。上述这些规则得到了《第一附加议定书》第 45 条第三款的进一步支持，后者也同样保护非法战斗人员[76]。

（二）间谍

间谍行为是合法的战争手段[77]，在国际人道法下[78]，它既不会导致间谍雇佣国的国际责任[79]，也不会导致从事间谍行为者的个人责任[80]，间谍也不是战犯[81]。但有趣的是，《日内瓦第一公约》没有对间谍的定义做出规定。这个定义反而是在《海牙规则》第 29 条中找到：

> "只有以秘密或伪装方式在交战一方作战区内搜集或设法搜集情报，并企图将情报递交敌方的人方能被视为间谍。"

传统上，间谍行为与战时通敌罪是不同的，后者主要是指那些被占领土内的平民居民违反占领国颁布的法律、向占领国的敌方传递信息的行为[82]。如果一个人从事了间谍行为，那么此人可能会遭到利益受损一国国内法的审判。如果此人不是拘留国的国民，那么他的罪名就是间谍行为；如果此人是该国国民，那么罪

---

[75] 《日内瓦第四公约》第 5 条。

[76] K. Dörmann, "The legal situation of 'unlawful/unprivileged' combatants", 85 *IRRC* (2003), No. 849, pp. 45, 67.

[77] Dinstein, *Conduct*, p. 276, s. 762.

[78] 和平时期或两国处于关系紧张时期，间谍的指控会牵扯到《维也纳领事关系公约》执行的问题：ICJ, *Jadhav Case* (*India v. Pakistan*), Judgment, 17 July 2019, paras. 68-90: https://www.icj-cij. org/files/case-related/168/168-20190717-JUD-01-00-EN. pdf (last visit 19 September 2019).

[79] 在国内武装冲突的人道法中，没有关于间谍的规则：C. Schaller, "Spies", *MPEPIL* (*Thema. Ser.*), 2017, vol. 2, p. 1175.

[80] R. Baxter, "So-called 'Unprivileged Belligerency': Spies, Guerrillas and Saboteurs", 28 *BYIL* (1952), pp. 323, 330-331. Also see *Dinstein*, 3rd edn. , p. 278, s. 768.

[81] 对间谍行为处罚主要是国内法的问题：D. Fleck, "Individual and State Responsibility for Intelligence Gathering", 28 *Michigan Journal of International Law* (2007), pp. 687-709, at 702.

[82] R. Baxter, "The Duty of Obedience to the Belligerent Occupant", 27 *BYIL* (1950), pp. 235, 244. 这个术语的现代含义首次出现在《利伯法典》第 90 条中。间谍行为具体也可以表现为向占领者的敌人提供信息，或者给敌方做向导。

名就是叛国。惩罚间谍的目的是阻止这种战争方法的使用。

《第一附加议定书》第 46 条对间谍做出了规定，但只考虑武装部队成员成为间谍的情况。根据第 46 条第一款，尽管有《日内瓦四公约》与《第一附加议定书》的其他规定，在从事间谍行为时落于敌方控制下的冲突一方武装部队的任何成员，无权享受战俘身份，但得予以间谍的待遇。就这一点而言，武装部队成员这一资格不是决定性的，在被俘时主张这个资格以期获得战俘待遇也是无效的。这条规则对判断某个人是否是间谍提出了并列的两个要求：俘获此人时，间谍行为须正在发生。第 46 条追随了 1907 年《海牙规则》第 30 条的规则。推测而言，如果间谍行为在逮捕发生前停止了，此人可能被当做平民或者战俘来对待，这取决于他当时着装的性质。上述的并列要求对于确定俘虏的地位起到了决定性作用。

第 46 条的其余条款对不同间谍作出规定。第一，根据第 46 条第二款，在敌方控制领土内为冲突一方搜集或企图收集情报的后者武装部队的人员，如果"在其行事时"没有穿着其武装部队的制服，应视为从事间谍行为；穿着军装会使此人免于被视为间谍[83]。第二，根据第 46 条第三款，冲突一方武装部队的人员如果是敌方占领领土上的居民，而又在通过虚假行为或故意以秘密方式，为占领者的敌人搜集或企图搜集具有军事价值的情报，那么此人应被视为间谍。这一条款暗含之意是这个人秘密行动时未必需要穿着制服。第 46 条第三款也承认，只要一个人在被捕之时没有从事间谍行为，那么他就不应丧失享有战俘地位的权利。如果他在从事间谍行为时被捕，那么在该条款下，就意味着此人会丧失其享有战俘地位的权利，而无论他在从事间谍行为时是否穿着军装。第三款所规定的判断标准比第 46 条第二款要严格，在第二款下，身着军装的人即享有战俘地位。第 46 条第三款可能适用于一类从事间谍行为的特殊军人：那些占领区的居民；在这种情况下，制服无法像在其他情形中一样保护这些人。诚然，参与 1974—1977 年日内瓦会议的代表们的共识是，那些也许不总是穿着制服的游击队员，在战斗时确实是公开携带着武器，并同时收集情报。此条所指的"秘密"状态和不穿制服并不完全相同；再有，秘密和伪装都含有非法性因素在内，因为二者都不是正常行为的样子。因此，站在街上观察军队移动并不是秘密搜集信息，但是如果修建了一条通向军事基地的路径来观察军队的移动，则算是秘密搜集信息。第三，根据第 46 条第四款，如果此人不是敌方占领区的居民，而在该区内从事间谍行为，且在重返其所属的武装部队之前就遭到俘获，那么此人会被当做间谍。间谍所属的武装部队可能位于被占领土内或外，比如一支突袭部队或侦察部队进入了占领区。

---

83 对制服问题的有关讨论，参见：*Commentary on APs*，pp. 566-567，s. 1776.

第四款这一规定的问题是，即使此人被捕时并不在从事间谍活动，逮捕他也许仍然是第 46 条第四款下的合法逮捕。因此，就第四款而言，其包括的"正在从事间谍行为"这一要求并不必要，但是若此，第 46 条第一款下的"同时发生"的这一要求显然就被绕过去了。现有研究还未深入讨论过这个问题[84]。

根据《海牙规则》第 30 条的规定，间谍不得未经审判而受到惩罚；在重归所属部队以后被敌方俘获的间谍，享受战俘地位，并对他过去的间谍行为不承担任何责任。这也体现了间谍行为在习惯法下是合法的战争手段。

至于那些不是武装部队成员的间谍，他们享有《第一附加议定书》第 75 条下对平民的基本保护措施，这一权利既受到《日内瓦第四公约》第 5 条的限制，但也受到《日内瓦第四公约》下其他相关保障的加强。

（三）雇佣兵

在 1977 年以前，武装冲突法中并不限制在武装冲突中使用雇佣兵，但雇佣兵在本质上是非法战斗人员，《第一附加议定书》第 47 条第一款也规定："雇佣兵不应享有成为战斗人员或战俘的权利。"根据这一条，雇佣兵是任何在当地或外国特别征募、以便在武装冲突中作战的人，他们事实上直接参加敌对行动，主要以获得私利作为参加敌对行动的动机，并在事实上从冲突一方接受远超过该方武装部队内具有类似等级和职责的战斗人员所被允诺或付给的物质报偿。此外，雇佣兵既不是冲突一方的国民，又不是冲突一方所控制领土的居民，也不是冲突一方武装部队的人员，而且不是非冲突方的国家所派遣的、作为其武装部队人员执行官方任务的人。可以说，雇佣兵与武装冲突完全无关，但会为了允诺的私利而为冲突方的利益参与实战。

然而，《第一附加议定书》否认了他们的战斗人员地位和战俘地位，因为第 47 条第二款所包含的六个条件缺一不可，因此那些不为了私利而作战的人并不会被视作雇佣兵；但是他们还需要遵守《日内瓦第三公约》第四条，方能作为战俘而受到保护。根据第 47 条，军事顾问不是雇佣兵，因为他们并不直接参与冲突；他们是来履行官方任务的。一支军队中的外国编队也不是雇佣兵，比如在英国军队中服役的廓尔喀人；他们是冲突方武装部队的一部分。

1989 年，联合国大会通过了《反对招募、使用、资助和训练雇佣兵的国际公

84　*Commentary on APs*，pp. 562-570.

约》[85]，该条约并没有得到广泛批准。条约重新定义了雇佣兵的含义，以致那些可能无须直接参与冲突的人也可能成为雇佣兵。但是条约反映了习惯法：它规定直接参与冲突的雇佣兵不是合法战斗人员，且其行为构成可惩罚的罪行。该公约第九条允许缔约国以属地管辖原则、属人管辖原则和普遍管辖原则（管辖权及于任何犯下罪行又身处条约缔约方领土之上的人）为基础，建立对相关罪行的管辖权[86]。中国暂时还不是该公约的缔约方。

雇佣兵的概念与私营军事公司现象息息相关，这些公司在近期发生在科索沃、伊拉克等地的武装冲突之中十分活跃[87]。之所以二者有关联性，是因为这种公司的雇员可能同时满足雇佣兵的条件，而其余员工则可能在国际人道法下获得平民资格[88]。这些公司所牵涉的产业价值约1000亿美元，而有关雇佣兵的现有规则尚不能有针对性地规制这些公司[89]。

（四）《第一附加议定书》第75条

然而，上述所有特殊类型的人仍应受到国际人道法规则的规制。《第一附加议定书》第75条规定了基本保证措施[90]。在武装冲突或占领的情形中，在冲突一方控制下而在各公约和《第一附加议定书》之下不享受更优惠待遇的人，在任何情况下均应受到人道待遇，并至少应享受第75条的保护，且不得基于种族、肤色、性别、语言、宗教或信仰、政治或其他意见、民族或社会出身、财富、出生或其他身份或任何其他类似标准而遭不利区别。作为冲突方的普遍义务，第75条要求它们尊重所有这类人的人身、荣誉、信念和宗教仪式。第75条第二款罗列了在任何时候、任何地方均应禁止的下列行为，不论是平民或是军人所为：

---

[85]　29 *ILM* 89，92（1990）；A/RES/44/34，72nd plenary meeting，4 December 1989，公约是该决议的附件。条约于2001年10月20日生效。

[86]　Cf. K. Fallah，"Corporate actors：the legal status of mercenaries in armed conflict"，88 *IRRC*（2006），No. 863，pp. 599，609.

[87]　C. Lehnardt，"Private Military Companies"，*MPEPIL*（*Thema. Ser.*），2017，vol. 2，pp. 1031-1039. Also see 17 States，"The Montreux Document on Pertinent International Legal Obligations and Good Practices for States related to Operations of Private Military and Security Companies during Armed Conflict：Montreux，17 September 2008"，UN Doc. A/63/467-S/2008/637.7，6 October 2008.

[88]　若出现这些雇员违反国际法规则的犯罪行为，主管的政府官员或这些公司的董事、经理，都可能面临被追究个人刑事责任的后果：同上注，"The Montreux Document"，第27段。

[89]　L. Cameron，"Private military companies：their status under international humanitarian law and its impact on their regulation"，88 *IRRC*（2006），No. 863，pp. 573，575，594.

[90]　该议定书第45条第三款也规定："任何"参加过敌对行动的个人都受第75条的保护，如果他不享受《日内瓦第四公约》下更为优惠的待遇的话。第45条保护所有"参加过敌对行动的个人"。

（一）对人的生命、健康，或身体上或精神上的良好状态所施暴行，特别是：

1）谋杀；

2）所有身体上或精神上的酷刑；

3）体罚；和

4）伤残肢体；

（二）对人身尊严的侵犯，特别是侮辱性和降低身份的待遇、强迫卖淫和任何形式的非礼侵犯；

（三）扣留人质；

（四）集体惩罚；和

（五）以任何上述行为相威胁。

第 75 条第三款规定，任何因有关武装冲突的行动被逮捕、拘留或拘禁的人，应立即以其所了解的语言被告知采取这些措施的理由。除因刑事罪行而被逮捕或拘留的情形外，这类人应尽速予以释放；无论如何，一旦逮捕、拘留或拘禁所依据的情况不复存在，应立即予以释放。第 75 条第四款规定，对犯有与武装冲突有关的刑事罪行的人，除公正和正常组成的法院依照公认的正常司法诉讼程序原则判定有罪外，不得判刑和处罚。

该条款的草案是红十字国际委员会提出的，目的在于为任何落入冲突一方控制之下，却又因为种种原因无法主张享有战俘、《日内瓦第四公约》下被关押平民、伤者、病者或遇船难者等特定地位的人，提供最低限度的保障。该条款是对基本的法律——尤其是保障司法程序的法律——的总括。

在实践中，第 75 条已经被视为习惯法规则[91]。近期出版的美国国防部《战争法手册》认为：

> "尽管非法战斗人员不享有战俘地位，但像其他所有被拘禁者一样，必须受到人道待遇。特别是，与其他被关押者一样，他们必须得到在 1949 年《日内瓦公约》共同第 3 条下人道待遇的基本保障。再有，出于法律义务的考虑，美国已表示明确支持《第一附加议定书》第 75 条作为适用于所有在国际性武装冲突中被俘人员人道待遇的最低标准。"[92]

---

[91]　The Inter-American Commission on Human Rights, "Report on Terrorism and Human Rights", OAS Doc. No. OEA/Ser. L/V/II. 116; Doc. 5 rev. 1 corr, 22 October 2002, para. 64: http://cidh. oas. org/Terrorism/Eng/toc. htm（last visit on 10 September 2019）. Also see K. Dörmann, "Combatants, Unlawful", *MPEPIL*（*Thema. Ser.*）, 2017, vol. 2, p. 265.

[92]　US Department of Defense, *Law of War Manual*, Department of Defense, 12 June 2015（updated December 2016）, s. 4. 19. 3. 1.

第八章　战俘的待遇

扩 展 阅 读

R. Wilson, "Escaped Prisoner of War in Neutral Jurisdiction", 35*AJIL* (1941), pp. 519-530; R. Baxter, "Asylum to Prisoners of War", 30 *BYIL* (1953), pp. 489-498; Jean de Preux, *Geneva Convention relative to the Treatment of Prisoners of War*, the ICRC, Geneva, 1960; H. S. Levie, "The Employment of Prisoners of War", 57 *AJIL* (1963), pp. 318-353; R. Falk, "International law aspects of repatriation of prisoners of war", 67 *AJIL* (1973), pp. 465-478; A. Rosas, *The Legal Status of Prisoners of War: A Study in International Humanitarian Law*, Helsinki, 1976; H. Levie, "Prisoners of War", 59 *International Law Studies*, US Naval War College, 1978; H. Levie, "Documents on Prisoners of War", 60 *International Law Studies*, US Naval War College, 1979; N. Meyer, "Liability of POWs for Offences Committed prior to Capture-The Astiz Affair", 32 *ICLQ* (1983), pp. 948-980; S. Lamar, "The Treatment of Prisoners of War", 5 *Emory International Law Review* (1991), pp. 243-284; G. Risius and M. Meyer, "The Protection of Prisoners of War against insults and public curiosity", 33 *IRRC* (1993), No. 295, pp. 288-299; M. Sassòli, "La 'gurre contre le terrorisme', le droit international humanitaire et le statut de prisonnier de guerre", 39 *CYIL* (2001), pp. 211-252; UK, *Prisoners of War Handling*, Joint Warfare Publication 1-10, March 2001; F. Bugnion, *The International Committeee of the Red Cross and the Protection of War Victims*, ICRC, 2003; S. Borelli, "Casting Light on the Legal Black Hole: International Law and Detentions Abroad in the 'War on Terror'", 87 *IRRC* (2005), No. 857, pp. 39-68; A. Jachec-Neale, "Status and Treatment of Prisoners of War and Other Persons Deprived of Their Liberty", in: E. Wilshurst and S. Breau (eds.), *Perspectives on the ICRC Study on Customary International Law*, CUP, 2007, pp. 303-36；N. Rodley，The Treatment of Prisoners under International Law，3rd edn.，OUP，2009；R. Chesney，"Prisoners of War"，*MPEPIL*（*Thema. Ser.*），2017，vol. 2，pp. 1016-1031.

一、谁是战俘？

自 17 世纪以来，战俘的权利得到了很大改善，在此之前，战俘可以被处死、致残或奴役，因为他们被视为俘获者个人的财产，而非敌对国家权力手中的囚犯。国际人道法在之后世纪里的显著发展，使得战俘的待遇呈现出明显规范化、人性化的趋势，但虐待现象在后来的许多武装冲突中仍然存在。

历史上，于 1929 年 7 月 27 日缔结于日内瓦的《关于战俘待遇的公约》曾发挥过重要作用[1]，该公约共有 97 条，包括禁止对战俘采取报复措施（第 2 条），并确立了战俘在被俘后受询问时只需提供特定信息的权利（第五条）。在第二次世界大战中，该公约是德国与其他国家处理战俘待遇的依据，但在德国与苏联之间不适用，因为苏联未批准该公约，这一事实导致的结果是系统而大规模的死亡[2]。

本书第七章已经讨论过战斗人员与非战斗人员、合法战斗人员与非法战斗人员之间的区别，这一讨论在这里也有相关性。战俘地位属于合法战斗人员的权利，他们不会因为参与武装冲突而被视为罪犯。一般来说，他们是享有参与敌对行动权利的武装部队人员。将敌方士兵作为战俘处置，是为了防止其继续参加武装冲突。

在被俘获前，战俘只是履行职责参与合法的军事行动，正如美国最高法院在"基林案"中指出的：

> "通过普遍接受的协定与实践，战争法在武装部队与交战国平民、合法战斗人员与非法战斗人员之间作出区分。合法战斗人员被俘获与拘留后，成为敌方武装部队的战俘。非法战斗人员同样会被俘获与拘留，但应就非法交战行为接受军事法庭的审判与惩罚。[3]"

现行的主要规则体现在 1907 年《海牙规则》第 4 至第 20 条、《日内瓦第三公约》，以及《第一附加议定书》的第 43 至第 47 条之中。可以说，这些条款的大部分

1　*Schindler and Toman*，p. 421.

2　IMT Judgment，41 *AJIL*（1947），pp. 226-227.

3　*Ex Parte Quirin et al.*，317 U. S.（1942）1，sect. 30.

都反映了习惯法规则[4]。1993 年联合国秘书长的报告（S/25704）明确指出，《日内瓦四公约》与《海牙规则》反映了习惯国际法[5]。

（一）通常类型

《日内瓦第三公约》第四条规定了有权取得战俘身份的人员，这在第七章关于战斗员或非法战斗员的身份时也曾讨论过[6]。《第一附加议定书》第 43 条明确了"战斗人员"的概念，该条第二款规定：

> "冲突一方的武装部队人员（除第三公约第 33 条所包括的医务人员和随军牧师外）是战斗员，即这类人员有权直接参加敌对行动。"

第 44 条第一款界定了战俘的范围："第 43 条所规定的任何战斗人员，如果落于敌方控制下，均应为战俘。"

被俘的武装部队的伤者、病者及遇船难者显然是战俘，并在康复前享受《日内瓦第一公约》与《日内瓦第二公约》的额外保护。《日内瓦第一公约》第 14 条规定："交战国的伤者、病者之落于敌人手中者，应为战俘，国际法有关战俘之规定并应适用于彼等。"《日内瓦第二公约》第 16 条规定："交战方之伤者、病者及遇船难者之落于敌方手中者，应为战俘，并对之适用国际法有关战俘之规定"[7]。

此外，《日内瓦第三公约》第 4 条第二款规定了另外两种不太常见的战俘类型。

第一种是"现属于或曾属于被占领国武装部队之人员，而占领国认为因此种隶属关系对之有拘禁之必要者，尽管占领国于该占领区外进行战事时原曾将此等人员释放——特别是这些人员曾企图再参加原来所属而正在作战之武装部队未获成功，或他们未遵守【占领军针对他们所发】拘禁令。"这是为了防止"二战"期间

---

4 Eritrea-Ethiopia Claims Commission, *Partial Award* (*Prisoners of War*, *Ethiopia's Claim* 4) (Ethiopia v. Eritrea), 1 July 2003, para. 32. 本案中，厄立特里亚在 1993 年从埃塞俄比亚分离时，不是《日内瓦四公约》的缔约国，并表示不继承埃塞俄比亚作为公约缔约国的身份，直到 2000 年才以"加入"的方式成为公约的缔约国。鉴于此，求偿委员会决定就双方之间的案件适用习惯法，然后判定《日内瓦四公约》——特别是第三公约——相关部分反映习惯法，对案件当事方适用。

5 第 35 段。

6 参见本卷第七章的第一、二节。

7 然而，按照《日内瓦第二公约》第 16 条后半段，"俘获者得按情况决定是否方便继续扣留他们，或送至俘获者本国之港口、中立国港口，甚或敌国领土内之港口。如属最后一种情形，被送回本国之战俘，在战争持续期间不得【再次】服役。"与此相关，该公约第 12 条规定了"被保护人"的含义，并对其所保护的人员规定了人道待遇的原则。

德国的如下做法的重演：释放而后重新拘禁被占领国（如荷兰）武装部队遣散人员，并主张本国已经在这种情况下免于将这类人员视为战俘的义务。

第二种包括"属于本条所列举各类人员之一种，为中立国或非交战国收容于其领土内，依照国际法应由该国拘禁者"。

（二）特殊类型

1. 游击队员与民兵

《第一附加议定书》第44条第三款的规则是，战斗人员应公开携带武器，佩戴识别标志，使自己与平民居民相区别，该款进一步规定：

"然而，由于在武装冲突中存在使武装战斗人员因敌对行动的性质而不能与平民居民相区别的情形，因而该人应保留其战斗人员的身份，但在这种情况下，该战斗人员须：1)在每次交火期间，和2)在进行攻击行动发动前的部署——且为敌人所看得见——时，公开携带武器。"

第44条第四款规定：

"不符合第三款第二句所列要求而落于敌方控制下的战斗人员，失去战俘权利，但其所享受的保护应在各方面与第三公约和本议定书所给予战俘的保护相等。这项保护包括在这类人因犯有任何罪行而受审判和惩罚的情形下得到与第三公约给予战俘的同等保护。"

《第一附加议定书》起草意图是明确的：在此框架下给予非法战斗人员尽可能多的保护。

2. 医务人员及随军牧师

《日内瓦第三公约》第33条规定：

"拘留国为协助战俘而留用之医务人员及随军牧师不得视为战俘。但彼等至少应享受本公约之利益与保护，并应给予彼等以从事战俘之医疗照顾及宗教工作所必需之一切便利。"

医院勤务员、护士或担架员享受同样的待遇。

但是，有两类人员在任何情形下都被视为战俘，第一种类型在《日内瓦第一公约》中第25条下有所规定：

"武装部队中曾受特别训练以备于需要时充当医院勤务员、护士或辅助担架员，从事寻觅、收集、运送或诊疗伤者及病者之人员，如其执行任务时与敌人接触，或落于敌方之手，应同样受尊重与保护。"

按照第 29 条的规定，"这些人员落于敌方手中者，应为战俘，但于需要时应令其担任医务工作"。按照《日内瓦第三公约》第 32 条的规定，"拘留国得令彼等为其所依附之国之战俘的利益执行医疗任务。在此种情况下，此项人员仍应被视为战俘，但应与拘留国所留用之相当之医务人员享受同样待遇。彼等应免除第 49 条中之任何工作"。这些医务人员与《日内瓦第三公约》第 33 条下的医务人员不同，因为他们不是其本国武装部队医疗队的成员。

《日内瓦第三公约》第 36 条规定了享有战俘身份的第二类人员是"战俘中之牧师而未经正式委派为其所属部队之随军牧师者，不论其教派为何，得自由对本教教徒提供宗教服务。为此目的，彼等应享受与拘留国留用之随军牧师同样之待遇。彼等不得被强迫从事任何其他工作"。

3. 民防人员

这是指"永久被分派专门执行民防工作"，因此不参加敌对行为的武装部队成员[8]。《第一附加议定书》第 61 条规定了他们的义务，这些义务也是此等身份的判断标准。"民防"是指旨在保护平民居民不受危害、帮助平民居民克服敌对行动或灾害的直接影响、提供平民居民生存所需的条件的工作，包括下列某些或全部人道主义任务的执行：发出警报；疏散；避难所管理；灯火管制措施的管理；救援；医疗服务（包括急救）；宗教服务；救火；危险地区的识别和标明；清除污染和类似保护措施；提供紧急住宿和用品；在灾区内恢复和维持秩序的紧急救助；紧急修复不可缺少的公用设施；紧急处理死者；协助保护生存所必需物资；为执行上述任务、包括但不限于计划和组织的辅助性行动。

《第一附加议定书》第 67 条第一款规定了被派到民防组织的武装部队人员和军事建制团体的义务，在满足下列条件时，他们应受尊重和保护：第一，这类人员和这类团体须永久被分派专门用于执行第 61 条所载任务，如果已经这样指派，该人员须在冲突期间不执行任何其他军事职；第二，这类人员须显著地展示适当大小的民防人员的特殊标志，以便与武装部队其他人员有明显区别，并须持有本议定书附件一下第五章所提到的身份证；第三，这类人员和这类单位须仅配备个人用轻武器以维持秩序或自卫，第 65 条第三款还对陆上冲突正在进行或可能进行的地区内所允许携带武器作了规定；第四，这类人员不可直接参加第 67 条第一款第五项所规定的敌对行为，这类人员和这类单位须仅在其所属一方的领土内执

8　Cf. "Civil Defence 1977-1997：From Law to Practice"，37 *IRRC*（1997），No. 325，p. 715.

行民防任务,禁止不遵守第 67 条第一款第五项所载的条件。

如果落入敌方控制下,这些人员就成为战俘,但是,如果他们不能遵守《第一附加议定书》第 65 条的要求、从事或被用来从事其正当任务以外的敌对行为的话,其所受保护将被停止。

4. 间谍

间谍不享受战俘待遇,但是,按照《第一附加议定书》第 75 条的规定,他们有权在被惩罚前受审[9]。

5. 逃兵与叛变者

逃兵被俘获后成为战俘,但叛变者无权享有战俘身份。然而,战俘在俘期间叛变,继续保持其战俘身份。

叛变可以表现为其他形式。拘留国公民加入与其本国敌对的外国军队者,可以将其拘留。在这种情况下,虽然此人拥有拘留国的国籍,但他仍可以战俘身份主张《日内瓦第三公约》的保护,这需要他自己在本国法院或相关当局面前提起。然而,对《日内瓦第三公约》的严格解释,似乎会导致拒绝给予其公约下保护的结果[10],拒绝的决定是基于此人对拘留国的效忠义务[11]。

6. 外交人员

经认证的外交人员应准予在敌对行动爆发时返回本国。如果他们未在合理期间内离境,其外交特权将被终止。他们可以被拘留或驱逐,但就其官方行为仍享受外交豁免。如果他们参加敌对行动,即放弃了离境的机会。相关规则可见《日内瓦第四公约》第 35 条、1969 年《维也纳外交关系公约》第 39 条第二款与第 44 条。根据《日内瓦第四公约》第 35 条的规定,在冲突开始时或冲突进行中,被保护人中希望离境者均应有权离境,除非其离境有违所在国之国家利益。这些被保护人通常是具有敌国国籍的平民[12]。

伴随敌方武装部队或在拘留所从事公务的中立国军事人员或外交人员,不得作为战俘逮捕,条件是他们携带证明文件且未参与敌对行动。如果中立国与拘留国之间没有正常外交关系,不具备外交官身份的中立国军事顾问受《日内瓦第四公约》的保护。

9　参见本卷第七章。

10　*Public Prosecutor v. Oie Hee Koi and connected appeals*,Privy Council,［1968］2 *Weekly Law Reports*,715,pp. 726-727（该案背景为:在马来西亚与印尼武装冲突期间,12 名出生或定居于马来西亚的中国籍马来人在马来西亚被俘获,身份为受印尼空军指挥的伞兵,问题是他们是否有权取得战俘身份)。

11　Ibid.,p. 728.

12　《日内瓦第四公约评注》第 234 页。

（三）身份的判定

对于会成为战俘之人，冲突方应发放身份证。参照《第一附加议定书》第 45 条——其标题是"对参加敌对行动人员的保护"——的规定，对相关人员应作出战俘地位的有利推定。也许可以说该标题暗含着这样的意思：在《第一附加议定书》下，合法与非法战斗人员之间没有实质性区别。因此，该条款的目的是宣示《第一附加议定书》意在对所有人给予尽可能多的保护。

在第 45 条第一款下，参加敌对行动而落于敌方控制之中的个人，如果主张战俘的身份，或看起来有权享有这种身份，或其所依附的冲突方通知拘留国或保护国代其主张这种身份，应推定为战俘，因而应受第三公约的保护。因此，在此情形下推定战俘地位是有条件的，即该人或其保护者依据《日内瓦第三公约》主张这种身份。第 45 条第一款同时规定，如果对于任何这类人是否有权享有战俘身份的问题有任何怀疑，这类人"在管辖法院决定其身份以前"[13]，应继续享有这种身份，因而受《日内瓦第三公约》与《第一附加议定书》的保护。这种决定给予或拒绝战俘身份的程序在《日内瓦第三公约》第五条中有所规定：

> "凡曾从事交战行为而落于敌方手中者，在其是否属于第四条所列举各类人员之一种存在疑问时，在其地位未经管辖法院决定前，应享受本公约之保护。"

《第一附加议定书》第 45 条第一款中关于存在武装冲突与在被俘获时主张是武装部队成员的要求，在实践中还存在着疑问[14]。对战俘身份的主张可在俘获者面前或审判此事的法庭前提出[15]。《第一附加议定书》第 45 条第三款规定，参加敌对行动而无权享有战俘身份，而且不能按照第四公约获得保护的任何人，无论何时均应有权受第 75 条的保护。可以说，在法庭不承认战俘身份时，第 75 条仍应适用。

一个相关的问题是那些涉嫌犯有国际法中战争罪的个人，学界倾向于对这些人也应给予战俘身份，然而，如下所述，这会使第 130 条毫无价值[16]。按照《日内瓦

13　关于"管辖法庭"含义的不确定性，参看：Y. Naqvi, "Doubtful prisoner-of-war status", 84 *IRRC* (2002), No. 847, pp. 571, 577-588.

14　*Osman v. Prosecutor* (1969), before the British Privy Council, from the Federal Court of Malaysia; *Sassòli, Bouvier and Quintin*, vol. ii, pp. 928-936.

15　《第一附加议定书》第 45 条第二款。

16　该条规定了"严重违反"公约的行为。

第三公约》第五条进行的审判结束后,法庭可能判定申诉人不是战俘,而且实际上严重违反了公约的规则。在此情形下,不能同时认为他仍然拥有战俘地位,否则他不能以战俘身份被缔约国或国际法庭拘留。

管辖法庭应根据立法合法建立,而军事委员会"只有在实际需求允许偏离军事法庭实践的情况下,才可按照我们的军事法系统的标准'合法建立。'"[17]。

(四) 战俘身份的持续期间

《日内瓦第三公约》第 5 条规定:"本公约对于第四条所列之人员之适用,应自其落于敌方权力下之时起至最后被释放及遣返时为止。"

在此有必要将第 5 条与《第一附加议定书》第 3 条第二款作比较,该款规定如下:

> "在冲突各方领土内的军事行动全面结束时,各公约和本议定书应终止适用。在被占领土内,则于占领终止时终止适用。但在上述任何一种情况下嗣后予以最后释放、遣返或安置的人员除外,这类人在最后释放、遣返或安置前,应继续享受各公约和本议定书的有关规定。"

与上述条款相关,《日内瓦第三公约》第 7 条规定,在任何情况下,战俘不得自己放弃该公约或冲突方之间的特别协议所赋予他们的权利之部分或全部。该规定考虑到战俘与其俘获者谈判过程中处于弱势地位这一事实;实践中,俘获者可能劝说战俘"自愿"加入前者武装部队名册之中,为之效力。

二、法 律 框 架

(一) 初始阶段

在冲突发生时,冲突方在《日内瓦第三公约》的适用过程中应与保护国合作并接受其监察,保护国的责任在于维护相关冲突国的利益,为此目的,保护国在其外交或领事人员之外,可以从其本国国民或其他中立国国民中指派代表,上述代表应经其执行任务所在国之认可之后,再开始执行任务[18]。

但是,缔约国还承担其他义务,比如:在第 122 条下,冲突方应为在其控制下

---

[17]　*Hamdan v. Rumsfeld*，Case No. 05-184（U. S. 29 June 2006），before the US Supreme Court，Concurring（in part）Opinion of Kennedy J（slip opinion at p. 10）.

[18]　《日内瓦第三公约》第 8 条。

的战俘设立官方情报局；在第 123 条下，冲突方应在中立国境内设立中央战俘情报事务所。

此外，在第 17 条下，冲突方对于在其管辖下有资格成为战俘之人，应为之发放身份证，记载持有者的姓名、官阶、军、团、个人番号或类似之材料，以及出生日期，身份证上并需有持有者的签字或指纹，或二者兼有，以及冲突方愿列入其武装部队人员之其他信息，该证之尺寸应尽可能为 6.5 厘米×10 厘米，每证制作两份。遇要求时，战俘应出示此证；在任何情况下绝不可以从本人身上没收。

再有，在第 43 条下，冲突方应互相通知《日内瓦第三公约》第四条所述人员之军衔及等级，以保证等级相当之战俘之待遇平等。

此外，在第 112 条下，冲突方应指派混合医务委员会检查伤、病战俘，并作关于对他们治疗的适当决定。此委员会之指派、任务及工作，应符合《日内瓦第三公约》所附规则之规定。如果拘留国医务当局认为，某战俘系显然受重伤或患重病者，可以不经医务委员会之检查而予以遣返。

对战俘通常采取的做法是拘禁，战俘不得离开拘留营地——不论是否有围栅——所在的城镇、村庄或地段[19]。这意味着可以将其禁闭于一个牢房或房间中。关于战俘待遇存在着规则，诸如人道待遇（《日内瓦第三公约》第 13 条）[20]、对伤者与病者的看护（《第一附加议定书》第 12 条）、解除俘虏的武装与搜身（《日内瓦第三公约》第 18 条）、个人物品的保存（《日内瓦第三公约》第 18 条）（包括衣物、钢盔、防毒面具等军事防护设备、饮食器具、定量包裹、水壶、等级、国籍、军队徽章、勋章，身份证与身份牌，以及诸如眼镜、私人信件或照片等私人物品）。

此外，还有一些允许没收诸如武器与弹药等其他军事物品的规则，但个人物品的没收只可基于安全考虑[21]，可根据军官命令没收战俘的现金，但这样做必须进行登记并给予收据，被俘终止时应归还给战俘或存入他的账户。该规则也适用于贵重物品。另外，拘留国应为战俘颁发身份证，并作记录，而其他身份证明（例如驾驶证）可以由战俘自留。对战俘可以审讯。

最后，《日内瓦第三公约》第 42 条允许对战俘——尤其对脱逃或企图脱逃之战俘——使用武器，但应属极端手段，使用武力前，应以适合当时情况的方式给予警告。

19　《日内瓦第三公约》第 21 条，以及《日内瓦第三公约评注》第 178 页。

20　N. Rodley, *The Treatment of Prisoners under International Law*, 2nd edn. , OUP, 1999, p. 297.

21　《日内瓦第三公约》第 18 条。

（二）对战俘的责任

在 18 世纪以前，武装冲突被认为是个人与个人之间的关系；此后则成为国家之间的事情，俘虏不再被视为俘获者的"财产"后者是为国家看管战俘。按照《日内瓦第三公约》第 12 条[22]，基本规则是：拘留国对战俘负责任，而非俘获他们的部队。这意味着国家有义务确保遵守相关国际人道法。例如，《日内瓦第三公约》第 12 条规定：

> "拘留国仅可将战俘移送至公约之缔约国，并须在拘留国对于接受国实施本公约之意愿与能力感到满意后再开始转移。战俘在此种情形下被移送时，其在接受国看管期间，本公约的实施之责任即由该国承担。"[23]

然而，若该接受国在任何重要方面未能遵守本公约之规定，则原移送战俘之国（即拘留国），一经保护国通知，即应采取有效办法纠正此种情况，或直接要求将战俘返还。

需要指出的是，拘留国未能履行上述义务，会导致基于国家责任规则的求偿主张[24]。另外，在"二战"结束后，虐待战俘的违法行为基本是通过军事法庭的起诉、审判得到处理[25]。远东国际军事法庭曾处理过对战俘的刑事责任问题，其裁决先对责任要件作了阐述[26]，明确了拘留国的责任范围。首先，作为习惯法规则，拘留国对其拘留的战俘与平民负有照顾责任；其次，习惯法与条约法同时承认的防止虐待战俘的责任；最后，假如政府领导层与政府官员未尽上述责任的话——例如没有建立适当对待战俘的制度，或有该制度却废弃不用——将产生个人责任。

22　这一条反映了 1907 年《海牙规则》第 4 条的规则。

23　战俘的移送通常是按照双边条约进行的。

24　*Oppenheim's International Law*，7th edn.，vol. ii，p. 376，n. 2（"二战"后美国颁布特别法律，允许战俘向违反食物供给国际义务的敌国政府提出个人赔偿请求）。

25　*The Trial of SS. Brigadeführer Kurt Meyer*（also known as the "*Abbaye Ardenne* Case"），Canadian Military Court，Aurich，Germany，10-28 December 1945，*LRTWC*，vol. iv，p. 97（某装甲师指挥官因不为战俘提供住处而被判有罪）。

26　Official Transcript，pp. 48,442-447，reproduced in：R. J. Pritchard and S. M. Zaide（eds.），*The Tokyo War Crimes Trial*，Garland Publishing Inc.，1981，vol. 20. Also，B. V. A. Röling and C. F. Rüter，*The Tokyo Judgment*，Amsterdam，1977，vol. i，pp. 29-31.

（三）战俘待遇

1. 人道待遇

《日内瓦第三公约》第 13 条规定，战俘在任何时候须得到人道待遇。相比之下，《第一附加议定书》第 11 条对此有更为具体的规定。此外，《日内瓦第三公约》第 14 条规定，对于妇女之待遇应充分顾及其性别，并在一切情形下应享受与男性同等之优遇[27]。另外，《日内瓦第三公约》第 15 条规定，拘留国应免费维持战俘生活及给予其健康状况所需之医疗看护。最后，《日内瓦第三公约》第 16 条要求拘留国给予所有战俘同等待遇，不得基于种族、国籍、宗教信仰，或政治意见，或根据类似标准之任何其他区别而有所歧视。

2. 被禁止行为

《日内瓦第三公约》第 13 条禁止拘留国采取任何不法行为，或可导致其看管战俘死亡或严重危害其健康的不作为，并将此类行为或不作为视为严重违反《日内瓦第三公约》的行为。特别需要强调的是，该条禁止对战俘加以肢体伤残，或对他们采取医学或科学试验，而这种试验并非出于战俘医疗、牙齿护理或住院诊疗的需要而施行[28]。进一步说，战俘应在任何时候受到保护，尤其是免于遭受暴行、恫吓、侮辱与公众好奇心的烦扰；对战俘不得采取报复措施。

第 13 条的规则源于习惯法。远东国际军事法庭曾这样宣判：

> "本法庭判决畑俊、木村兵太郎、松井石以及武藤章将军承担刑事责任，理由是他们故意或出于疏忽违反了在其部队对战俘或被拘禁平民犯下暴行时进行约束的义务。在此有必要提及对日本前陆军大将、后来的首相东条英机的判决，其中认定他'既未采取充分手段处罚（虐待战俘与被拘禁平民的）罪犯，也未防止同样罪行的再次发生'，作为负责战俘与被拘禁平民事务的日本首相，'他仅对[巴丹死亡]行军一事作出敷衍调查，却未采取行动'，'没有处罚任何一人'，因此，他'在知情时故意拒绝履行日本政府所承担的、遵守战争法规的义务'。鉴于其在此方面的恣意怠忽，尤其是纵容对战俘与被拘平民的虐待，本法庭就第 54 项指控判决东条有罪。"[29]

在欧洲审判德国战犯的军事法庭也审判过类似案件，例如在"梅尔策案"中，

---

[27] E. Crawford, *The Treatment of Combatants and Insurgents under the Law of Armed Conflict*, OUP, 2010, pp. 90-91.

[28] IMT Judgment, 41 *AJIL* (1947), p. 228.

[29] Official Transcript, pp. 49,845-846, and p. 49,848.

驻罗马的德国指挥官因盟国战俘遭受侮辱与暴力行为而被判承担个人刑事责任[30]。"阿尔梅娄案"涉及战争中德国士兵杀害了一名英国战俘,本案中服从枪毙命令的每个德国士兵都被判承担集体责任,包括死刑执行人到监视防止外部干预死刑执行的两名警卫,法庭指出,"如果相关人员同时参加一项不法行动,每个人都以自己的方式促成了共同目的的实现,那么他们在法律上同等地承担责任。"[31]该案中的每个被告都知道那名战俘将被处死,而仍然扮演了死刑执行过程中各自被要求的角色。

违反国际人道法的虐待行为还表现为其他形式。在"布拉斯基奇案"中,前南国际刑庭上诉庭指出,将战俘或平民被拘禁者作为"人体盾牌"是被《日内瓦公约》所禁止的,分别构成了《前南国际刑庭规约》第 2 条与第 3 条下的非人道或残酷待遇[32]。

尽管存在这些禁止性规定,讯问中存在的合法性存疑的方法并未杜绝。关塔那摩湾被拘者就是例子。在此有必要提及 2006 年 2 月 17 日任职于联合国人权委员会的五位特别报告员发布的《关于关塔那摩湾被拘留者处境的联合报告》[33]。因美国政府拒绝私人采访,五位报告员被迫取消访问该基地的计划,转而收集美国政府发布的相关信息、采访居住或被拘于其他地方的、曾在该基地被拘留者、听取被拘者律师的反馈、参考非政府组织的报告以及媒体报道,在此基础上写成、发布这份报告。五位报告员呼吁美国政府关闭该基地的拘押中心,将所有在拘人员提交独立、适当的法院审理,或将其释放;就美国国防部授权使用的讯问手段,他们认为,若同时使用这些手段,则是对人道待遇的减损;如果这些手段导致严重疼痛或痛苦,则将构成酷刑。此外,该报告还指出,拘留期限的不定与持久的单独监禁都构成非人道待遇。

3. 讯问

拘留国可以通过讯问战俘获得战术性或战略性情报,但战俘不应被强迫披露这些情报。在《日内瓦第三公约》第 17 条下,当其受讯问时,每一战俘仅需报告姓名、官阶、出生日期及军、团、个人番号;如其不能提供上述信息,也可以提供类似

---

[30]　*Maelzer Case*,LRTWC,vol. 11,p. 53.

[31]　*Trial of Otto Sandrock and Three Others*,British Military Court for the Trial of War Criminals,Almelo,Holland,24th-26th November 1945,*LRTWC*,vol. 1,pp. 35,43(法院认为,判决符合文明国家确立的刑法规则,亦即不仅直接的行为犯,而且帮助犯、教唆犯、从犯都应承担刑事责任)。

[32]　*Prosecutor v. Blaškić*,Case No. IT-95-14-A,29 July 2004,para. 653.

[33]　作者存档。

信息来替代[34]。该条是《海牙规则》第九条的扩充版本，与 1929 年日内瓦《关于战俘待遇的公约》第 5 条第一款不同，第 13 条对从战俘处获得的信息更为广泛。当然，第 17 条禁止对战俘施以肉体或精神上之酷刑或任何其他胁迫方式借以获得任何情报，战俘拒绝回答时不得加以威胁、侮辱，或使之受任何不快或不利之待遇，以毒打或威胁等胁迫方式的讯问可导致国家责任[35]。

此外，按照第 17 条的规定，讯问战俘应以其所懂之语言进行。若战俘故意违犯第 17 条的规则，拘留国可因此限制其原有官阶或地位所对称的权利，他依照《日内瓦第三公约》条款所应得的权利将因此被削减[36]。

4. 战斗状态中的待遇

以自保或以保留战俘将阻碍或危及军事行动为由杀害战俘是非法的。在此情况下，战俘如果不能随军撤退，应予以释放，并"应采取一切可能的预防措施保证其安全。"[37]

（四）战俘的撤离

按照《日内瓦第三公约》第 19 条规定，战俘应在被俘获后尽速撤离至远离战斗地带、足使其免于危险的战俘营。作为一项相关义务，在等候从战斗地带撤退时，不得令战俘冒不必要之危险。该公约第 20 条规定，战俘的撤离必须以人道方式进行，条件应与拘留国部队换防时的条件相类似。

拘留国对撤离的战俘应提供足够的食物与饮水，以及必需的衣服与医疗条件。拘留国应采取各种适当预防措施以保证战俘撤离时的安全，并应尽速编造被撤离战俘的名单。如战俘撤离时须经过转运营，其停留于转运营的时间务求尽量短暂。

然而，与 1929 年公约不同，《日内瓦第三公约》没有具体规定战俘在撤退过程中需行走的最长距离。1929 年公约第 7 条确立了每天 20 公里的限制。但在"二战"期间以及之后的武装冲突中，战俘常被要求行军更长的距离，从而导致违反人

34　参看：R. Geiss, "Name, rank, date of birth, serial number, and the right to remain silent", 87 *IRRC* (2005), No. 860, pp. 721, 729.

35　Eritrea/Ethiopia Claims Commission, *Partial Award* (*Prisoners of War*, *Ethiopia's Claim* 4), 1 July 2003, para. 76. 在此方面，作出的裁决支持埃塞俄比亚诉求，厄立特里亚须承担责任。裁决全文可在下述网站找到：http://www.pca-cpa.org.

36　《日内瓦第三公约评注》第 159~160 页。

37　《第一附加议定书》第 41 条第三款。

道法的个人刑事责任的产生[38]。

(五) 战俘营

1. 隔离

战俘一般被拘禁于拘留国控制的战俘营,但也可被拘禁于中立国领土上。《日内瓦第三公约》第21条确认了拘禁的权利,但是,除适用该公约关于刑事与纪律制裁之规定外,不得将战俘禁闭;遇到为保障其健康确有必要时,禁闭是被允许的。该公约第22条规定,战俘仅能被拘禁于陆地上场所,而且该场所具有卫生与健康条件上的保证。"反省院"通常不为这些目的而加以使用。该公约第16条允许基于公约关于其官阶及性别之规定,以及因健康状况、年龄或职业资格的考虑,给予战俘特别待遇。

公约上述第22条就隔离措施作了明确规定,拘留国应按战俘之国籍、语言及习惯,集中于各营地,但除经本人同意外,战俘不应与同属于其被俘时所服役之武装部队的战俘分开。

2. 战俘的人身安全

战俘营必须建于冲突区域之外。拘留国应通过保护国,将有关战俘营地理位置广为告知。可能时,战俘营应以"PW"或"PG"字母标识出来。

3. 战俘营的安全

战俘营周边可以设立围栏。对战俘——尤其对脱逃或企图脱逃之战俘——使用武器,应属最后的手段,并应每次开火前予以适当警告[39]。

4. 战俘营的生活条件

《日内瓦第三公约》第39条规定,"各战俘营应由属于拘留国正规部队之负责军官直接管辖。"因此,地方民兵或非正规部队建立的战俘营是违反公约的[40]。"此军官应备有本公约一份;应保证该营职员及警卫均知悉其中条款,并应在其政府指示下,负责本公约之实施。"该军官拥有纪律权。此外,按照公约第41条规定,各战俘营应以战俘本国文字,将公约及其附件之条文及第6条所规定之特别协议之内容张贴在人人均能阅读之处。

战俘被拘留时的条件应与拘留国部队驻扎时的条件一样[41]。首先,军官战俘

38　参看上引远东军事法庭判决中对东条的判决内容。

39　《日内瓦第三公约》第42条。

40　类似的违反情形包括"二战"期间根据纳粹党卫军或盖世太保官员命令设立的战俘营。L. Green, *The Contemporary Law of Armed Conflict*, Manchester University Press, 1993, p. 200, n. 88.

41　*Oppenheim's International Law*, 7th edn., vol. ii, pp. 379-380.

应向拘留国军官中官阶较本人为高者敬礼；但对战俘营长官，不论其官阶为何，必须敬礼，战俘营军官均应予回礼。战俘之间的关系，由其所属国的军事法管辖。

其次，每日口粮在量、质、种类上应足够保持战俘之健康，防止体重减轻或营养不足。应顾及战俘所习惯之饮食习惯[42]；住所应全无潮湿之患，并应有充足之温度与光线，住宿条件绝不得有害其健康。《日内瓦第三公约》第 27 条规定，"拘留国应充分供给战俘服装、内衣及鞋袜。"第 28 条规定，"在各战俘营内应设贩卖部，俾战俘得购买食品、肥皂、烟草及日常用品。其售价不得超过当地市价。""二战"期间，在德国战俘营的苏联战俘未获充分食物供给，并被要求从事危险劳动。据估计，在 570 万苏联战俘中，死亡人数达 330 万；另一方面，苏联拘留的 300 万德国战俘中，也有 100 万人死亡[43]。

在《日内瓦第三公约》第 29 条下，拘留国应负责采取保证战俘营清洁、卫生及防止传染病所必要之卫生措施。这些措施包括提供浴盆、淋浴以及肥皂。在第 30 条下，每一战俘营内应设医务室，使战俘可获得所需之看护与适当饮食，必要时给传染病或精神病患者应另设隔离病房。此外，第 31 条要求每月对战俘的健康进行检查。

最后，该公约第 33 条规定：

> "拘留国为协助战俘而留用之医务人员及随军牧师不得视为战俘……彼等应继续为战俘，尤其属于其本国武装部队者，提供医疗及宗教服务。"

战俘应有履行其宗教义务之完全自由，但以遵守拘留地军事当局所规定的纪律措施为前提条件[44]。

5. 通信与救济品包裹

被俘获之后，或在到达战俘营（含转运营）后一星期内，或患病或被转运到医院或其他战俘营，均应允许战俘直接写"战俘卡"寄给家庭以及第 123 条规定的中央战俘事务所，将其被俘事实、通信地址及健康状态予以通知，此卡在可能时应与公约所附之式样相类似，"战俘卡"应尽速转递，不得迟延[45]。

战俘的通信权利包括收寄信件及明信片、包裹或大宗装运物资，尤其内装食物、衣服、医药用品及所需之宗教、教育，或娱乐性质之物品，包括书籍、宗教器皿、

42　《日内瓦第三公约》第 26 条。参看：IMT Judgment, 41 *AJIL* (1947), p. 228（德国战俘营长官禁止平民向苏联战俘提供食物，结果大量苏联战俘死于饥饿）。

43　S. Krähenmann, "Protection of Prisoners in Armed Conflict", in: *Fleck* (*ed.*), *Handbook*, p. 362.

44　《日内瓦第三公约》第 34 条。

45　《日内瓦第三公约》第 70 条。所涉及的卡片称为"Capture Card"；《日内瓦第三公约评注》，第 340 页。

科学设备、试卷、乐器、运动服装及供战俘从事学习或文化活动的材料[46]。在第71条下，若拘留国认为需限制每一战俘所发信件及明信片之数量，其数量应不得少于每月信件两封及明信卡四张，但第70条所规定之"战俘卡"除外。

按照1974年《万国邮政公约》的规定，寄交或发至战俘的函件，包括传真、电子邮件、挂号信与邮盒、邮政包裹、邮政汇款，不管是直邮抑或间接通过情报局和中央战俘情报事务所代为收发，均免付邮费。

6. 个人贵重物品

战俘有权随身携带金钱，只要数额在拘留国规定的限额之内，在与保护国商定前，拘留国可以决定战俘可携带现金或类似款项之最大数目；超过之数目，确属战俘所有而从其没收或扣留者，应连同其自行交存的金钱，悉数记入他们的账户[47]，未经其同意，不得兑成其他货币[48]。多余的现金可基于安全理由从战俘手中没收，并应存入战俘账户。

战俘的另一项经济来源是第60条所规定的拘留国按月垫发的补助[49]，该条规定了以官阶为依据的补助标准。敌对行动结束时，战俘所属国应偿还这些垫发的金额。

第三项经济来源是按照第62条规定拘留当局付给的"公平工资"。

7. 战俘营中战俘的劳动

拘留国得斟酌战俘之年龄、性别、官阶及体力，并特别以保持战俘之身心健康为目的，使用体力合格之战俘从事劳动[50]。战俘中的士级或以下军官应仅令其从事监督工作，其无此项工作者可以要求从事其他适当工作，战俘营应尽力为之找到适当工作；若军官或与其地位相等之人要求适当工作，战俘营应尽可能为之觅获，但在任何情况下不得强迫其工作[51]。

《日内瓦第三公约》第52条规定，拘留国本国武装部队人员视为屈辱的劳动，也禁止分派战俘从事之。除有关战俘营管理、设备，或保养工作外，仅可强迫战俘从事下列各类工作：

1）农业；

2）与生产或采炼原料有关之工业及制造工业，但冶金、机械与化学工业除

46　《日内瓦第三公约》第71~72条。

47　第64条要求拘留国为每一战俘开立账户。

48　《日内瓦第三公约》第58条。

49　《日内瓦第三公约评注》第302页。

50　《日内瓦第三公约》第49条。

51　《日内瓦第三公约评注》第263页。

外；无军事性质或目的之公共工程及建筑；

    3）非军事性质或目的之运输与物资管理；

    4）商业、美术与工艺；

    5）家政服务；

    6）无军事性质或目的之公用事业[52]。

"二战"期间，苏联战俘被强迫在对德国"战争机器"运转至关重要的军工企业中工作；第52条则禁止这种做法。对战俘在强迫劳动时给予适当照顾的问题在"最高统帅部案"中有所涉及[53]，设在纽伦堡的美国军事法庭宣布了下述标准：

> "同样应予适用的条款【1907《海牙规则》第六条：禁止与作战行动相关的劳动】禁止在危险场所与工作中利用战俘劳动，在这里应该指出的是，我们认为，战斗部队在战斗区域内利用战俘劳动修筑防御工事等做法，构成现代战争状态下的危险劳动。"[54]

在"那列提里奇和马提诺维奇案"中（该案涉及1993年4月至1994年2月间波斯尼亚境内克罗地亚部队与波黑部队在波黑西南部莫斯塔区域的冲突），前南国际刑庭审判庭指出：

> "本庭听取了被迫在极端危险状况下执行军事辅助任务的战俘的证词，诸如靠近前线挖战壕、用沙袋封闭暴露的窗户或区域，或其他形式的有关防御工事的劳动，进一步证据也显示，俘虏被要求搬运炸药通过前线，或搬运受伤的克族士兵或尸体。曾经的被拘禁者和曾经的Skrobo ATG【"斯克罗波特种部队"，波黑克罗地亚人的军事组织】成员均作证说，俘虏经常被置于前线敌方的炮火之下，以致其中一些人受伤。然而，没有充分证据能排除合理怀疑地证明，被拘禁者是由于其处在马提诺维奇负责的区域内从事劳动而被丧命的。"[55]

审判庭因而判定，在"斯克罗波特种部队"总部从事的劳动，诸如清洗场所、维修私人车辆，并不属于第三公约规定的、可以强迫战俘从事的工作范围[56]。然而，这一判断并不适用于证词里描述的在前线从事的劳动。一审庭认为证据已经足

52　《日内瓦第三公约》第50条。

53　"*The German High Command Trial*", LRTWC, vol. Ⅻ, p. 1.

54　Ibid., pp. 91-92.

55　*Prosecutor v. Naletilić and Martinović*, Case No. IT-98-34-T, Judgment of 31 March 2003, para. 268. 这里的"俘虏"和"被拘禁者"均包括战俘在内。

56　Ibid., para. 269.

够证明在"斯克罗波特种部队"所控制地区里,存在着他们强迫战俘工作的事实,直接违了法庭规约第五条下对强迫劳役的禁令[57];而马提诺维奇被判承担个人直接责任和指挥官责任[58]。如前所述,强迫战俘在前线地区从事本案中所提到的劳动是《日内瓦第三公约》明令禁止的,尤其是该公约第 50 条与第 52 条分别禁止"军事性质或目的"的工作与"有害健康或危险性之劳动",只有在战俘自愿从事这些劳动的情况下,这种做法才有可能合法。这个案件在上诉阶段时,马提诺维奇对上述一审庭就事实所做有关他的指挥责任的决定提出异议,但是也只是提出了他自己对一审庭所考虑证据的分析,而未能证明一审庭的版本存在事实错误,所以上诉庭驳回了他在此方面的上诉[59]。

《日内瓦第三公约》第 51 条同时规定,对战俘须给予适当之工作条件,尤其是居住、饮食、衣着及设备等条件;此等条件不得劣于拘留国公民从事类似工作所享有的条件。在一切情形下,工作中遇有事故,对战俘应予治疗。

8. 战俘的申诉

战俘有权向管辖他们的军事当局提出有关在俘情况的请求[60];该军事当局的地位高于战俘营的管理层[61]。

战俘因工作受伤或成为残废,而要求补偿者,应通过保护国向其所依靠的国家提出请求[62]。依照第 54 条,在一切情形下,拘留国都应当给战俘提供说明文件,载明其受伤或残废之性质、事件发生时的情形,以及所受医疗或医院诊治的详情。

此外,战俘代表得向保护国代表致送关于战俘营情况及战俘需要的定期报告,这些代表按照《日内瓦第三公约》第 79 条规定选举产生,但须经拘留国批准,其作用在于增进战俘之物质、精神、文化福利[63]。

(六)战俘的转移

《日内瓦第三公约》第 46 条规定,在决定转移战俘时,拘留国应考虑战俘切身利益,尤须避免增加其之后遣返的困难。在转移时,应向战俘正式通知其行期及新通信地址,应准许其携带第 48 条下规定的个人物品及所收到之函件与包裹。

---

57 Ibid.，para. 271.

58 Ibid.，para. 272.

59 Case No. IT-98-34-A，Judgment of 3 May 2006，paras. 429-430，439.

60 《日内瓦第三公约》第 78 条。

61 《日内瓦第三公约评注》第 383 页。

62 《日内瓦第三公约》第 68 条。

63 《日内瓦第三公约》第 80 条。

转移费用应由拘留国负担。

（七）战俘的释放

《海牙规则》第 10 条规定，如战俘所属国家的法律许可，战俘可以在宣誓后获得释放。这里的"宣誓释放"指释放战俘以换取其不脱逃或重新加入其本国武装部队的承诺。同样，《日内瓦第三公约》第 21 条规定，在战俘所依附之国法律允许下，得将战俘部分或全部在宣誓或许下诺言后释放。释放若有助于改善战俘健康状况，更应采取。该规则似乎也允许在拘留国领土内释放，只要是在战俘营之外。

但是，任何战俘不得被强迫宣誓或许诺后才予以释放。其所依附之国不得要求或接受战俘违反其宣誓或诺言所提供的任何服役请求。假如宣示或许诺后被释放的战俘，再次拿起武器对抗释放他的国家，并随后被再次俘获，作为处罚，他将不再享有战俘身份[64]。不过，《日内瓦第三公约》对此立场稍加调整，增加第 85 条以确保该战俘在公约下的权益[65]。

（八）战俘的脱逃

1. 成功脱逃

《日内瓦第三公约》第 91 条规定，战俘脱逃应视为已经成功，假如：1)他已经参加其所依附之国或后者盟国的武装部队；2)他已经离开拘留国或其盟国所控制之领土；或 3)他已逃到悬有其所依附之国或其盟国的国旗的船只，而该船当时虽然处在拘留国领水内，但不为其所控制。

2. 未遂的脱逃

《日内瓦第三公约》第 92 条规定，战俘企图脱逃而未能在第 91 条之意义下完成脱逃以前而重被俘获时，对于该行为——即使是累犯——应只给予纪律处罚。《日内瓦第三公约》第 89 条规定了进行纪律处罚时可以使用的四种措施。

因此，对企图脱逃的处罚是有限度的，这源于战俘在其所属国法律上负有脱逃义务的现实[66]，并且，脱逃行为本身不是敌对行动，对脱逃者给予有利的待遇也是有正当理由的。此外，虽然国际法并未规定脱逃为非法行为[67]，但是有看法认为脱逃是一种敌对行为，重被俘获者仍然是战俘[68]。这后一种说法的问题是脱逃

64　《海牙规则》第 12 条。

65　《日内瓦第三公约》第 85 条；《日内瓦第三公约评注》第 181 页。

66　R. Baxter, 28 *BYIL* (1951), p. 341.

67　F. Kalshoven and L. Zegveld, *Constraints on the Waging of War*, 3rd edn., ICRC, 2001, p. 59.

68　《日内瓦第三公约评注》第 449 页。

与敌对行为的关系不清。

（九）对战俘的处罚

战俘应受拘留国武装部队现行法律、规则及命令的约束，对于战俘任何违犯此类法律、规则或命令之行为，拘留国得采取司法或纪律措施予以处罚[69]，但是，不许采取其他程序或处罚措施。

《日内瓦第三公约》第83条规定，在决定对战俘被控罪行的处理程序应属司法或纪律性质时，拘留国应保证主管当局尽量从宽，而尽可能采取纪律而非司法措施。

第84条规定，战俘应只由军事法庭审判，除非按照拘留国现行法律的规定，普通国内法院可以审讯该拘留国武装部队的人员；在这种情况下，普通法院可以对战俘被控的罪行进行审判。

第86条规定，战俘不得因同一行为或同一罪名而受一次以上之处罚。

在《日内瓦第三公约》第83条下，拘留国军事当局及法庭对于战俘判处刑罚不得超出对其本国武装部队人员犯同一行为所规定刑罚的力度，而且，因个人行为而予集体处罚、体罚、监禁于无日光之场所，以及任何形式之酷刑或暴行，应予一律禁止。

纪律性处罚措施如下：1）罚款不得超过战俘按照第60条及第62条所应得的、不超过30天的垫发补助与工资的百分之五十；2）停止其享受的超过本公约所规定待遇的特权；3）每日不超过两小时之超额劳动；4）禁闭[70]。这是一个排他性清单，并且第3）项所列处罚不得适用于军官。超额劳动是指军队成员轮流进行、超过正常工作时间的那种；禁闭包括隔离式与禁闭式两种[71]。上述规定中值得注意的是，纪律性处罚绝不得显现非人道、残暴，或危害战俘健康的特征。此外，第90条规定，每次处罚之时期绝不得超过30天。

第99条规定，如果战俘的行为非为拘留国法律或当时有效的国际法所禁止者，他不得因此而受审判或处刑；在未得到自我或通过律师辩护之前，战俘不得被定为有罪。为此，《日内瓦第三公约》第105条规定了战俘受审时的程序性权利。另外，第106条规定，战俘应与拘留国武装部队人员同样对其所受之判决保留上诉与申诉的权利。

---

69 《日内瓦第三公约》第82条。

70 《日内瓦第三公约》第89条。

71 《日内瓦第三公约评注》第438～439页。

第 100 条规定，按拘留国法律得处死刑之罪行应尽快通知战俘本人及其保护国，而其他罪行非经战俘所依附之国同意不得以死刑处罚；对战俘不得判处死刑，除非法庭曾经在第 87 条第二款下被特别提醒关注以下事实：被告非拘留国公民，故不受对该国效忠义务的约束，且他因在非其本人意志支配的情势下落于拘留国控制之下。

第 101 条规定，若有战俘被宣判死刑，则应在保护国于其指定之地址接获第 107 条所规定之详细通知后至少满 6 个月以后，方得执行。

（十）被俘终止与遣返

1. 战争期间交换战俘

这一问题的规则属于是习惯法内容，在《日内瓦第三公约》下并未有特别规定。通常在人数互换、军衔对等的基础上达成政府层面的协议，双方间的协议（有时被称作"战俘交换协议"）可以规定其他条件。

2. 脱逃后抵达中立国的战俘

战俘在成功脱逃、抵达中立国领土后，被俘状态终止而重获自由。但是，他们无权留住在中立国，中立国有权决定是否准许其留下，并有权限制这些人的行动自由。被交战国带至中立国的战俘将重获自由，中立国会视其为成功脱逃。

3. 中立国对战俘的遣返

《日内瓦第三公约》第 109 条规定，冲突方必须将经过治疗后适于旅行之重伤与重病之战俘，不论其数目或军衔如何，遣返其本国。在敌对行动期间，冲突方应依靠有关中立国的合作，努力商定办法使患病及受伤战俘得以被收容于中立国。此外，冲突方可以缔结协议，将经过长期被俘的健壮战俘直接遣返，或将之拘禁于中立国。

第 110 条规定，以下所列者可以被交给中立国照顾：

1）伤者及病者中自其受伤之日或患病之日起，预计一年之内可复原者，假如其在中立国治疗可以更确定及迅速地复原；

2）根据医生意见，战俘之身心健康因继续被俘的状态而受严重威胁，而如果将其收容于中立国可免除此种威胁者。

但该条也规定，以下战俘应予以直接遣返：

1）无法医治的伤、病者，且其精神与体力似已出现严重减损者；

2）根据医生意见，在一年内无法复原之伤、病者，且其病况需要治疗、其精神与体力似已出现严重减损者；

3）业已复原之伤、病者，但其精神与体力似已出现严重且永久性减损者。

《日内瓦第三公约》第 111 条规定，拘留国、战俘所依附之国及该两国同意的中立国，应尝试订立协议，使得战俘得以被拘禁于该中立国境内直至敌对行动终了为止。第 112 条至第 114 条规定了混合医疗委员会检查伤病战俘的机制。

4. 敌对行动结束后战俘的遣返

《日内瓦第三公约》第 118 条规定，实际敌对行动停止后，战俘应予释放并遣返，不得迟延。在一切情形之下，遣返战俘的费用应由拘留国与战俘所依附之国公平分摊。实践中，明显的情况是遣返取决于双方采取对等行动[72]。

敌对行动的停止是指不存在敌对行动近期恢复的可能性。然而，实践中的情形是比较灵活的。1971 年"印巴冲突"时，超过 90000 名巴基斯坦战俘被拒绝遣返，理由是无法排除双方之间重启敌对行动的可能性。1980—1988 年的"海湾战争"结束后，很多战俘直到 1990 年才被遣返[73]。

依据第 119 条，遣返时，应准许战俘携带其个人物品及已收到的任何信件及包裹，如遣返情形有必要时，此类行李重量可以以每人所能负荷者为标准；但是在任何情况下应准许携带至少 25 千克。另外，战俘因刑事犯罪而处于诉讼程序进行中者，可以拘留至该项程序终结为止，必要时，至刑罚执行完毕为止。这一规定对于因刑事犯罪已被定罪的战俘同样适用。

5. 战俘死亡

战俘死亡时，被俘状态终止。《日内瓦第三公约》第 120 条与第 121 条就战俘埋葬或焚化的方式作了规定，第 122 条规定，死亡证明需送交战俘情报局[74]。

（十一）违反《日内瓦第三公约》的责任

1. 两种类型责任

按照公约的第 129 条，缔约国可以对严重违反公约的行为行使普遍管辖权。第一，缔约国承担制定必要立法的义务，对本身犯有或命令他人犯有第 130 条所列之严重违反本公约行为之人处以有效的刑事制裁。第二，缔约国有义务搜捕被控为犯有或曾令他人犯有严重违反公约行为之人，并应不分国籍，将该人送交缔约国本国法庭；该国于自愿时，并依其立法，可以将该人送交另一有关缔约国进

72　S. Krähenmann, "Protection of Prisoners in Armed Conflict", in: *Fleck*（ed.）, *Handbook*, p. 407.

73　*The UK Manual*, n. 438.

74　在此方面的习惯法实践，参见：*Oppenheim's International Law*, 7th edn., vol. ii, pp. 362-363.

行审判，但以后者能证明存在初始案情者为限。第三，缔约国应采取必要措施，以制止第 130 条所列严重违反公约行为以外的一切违反公约的行为，尽管这里没有列举明确的措施，但公约规定了这一重要义务。据此也可推测，普遍管辖权不适用于严重违反公约之外的违反公约行为。区别在于，严重违反公约之人将在缔约国法庭遭受刑事诉讼，违反公约行为但未达到严重违反程度之人的责任，则不一定是刑事责任。第四，在一切情况下，被告人应享有正当审判及辩护之保障。此种保障不得逊于公约第 105 条及其以下各条所规定者。值得注意的是，严重违反公约行为不仅会引发普遍管辖权的行使，也为国际管辖权的行使提供了可能——例如当年前南国际刑事法庭的管辖权。

第 130 条列举了第 129 条所述的严重违反公约的行为，包括对于受本公约保护者或财产所犯下列行为：故意杀害、酷刑或不人道待遇——包括生物学实验、故意使身体及健康遭受重大痛苦或严重伤害、强迫战俘在（与本国作战的）敌国部队中服役，或故意剥夺战俘依本公约规定应享之公允及合法的审判的权利。这里的刑事责任也可能以"指挥官责任"的方式出现[75]。

该条的措辞并非没有问题，因为难以设想该条提及的严重违反行为会针对财产。另一方面，"生物学实验"的范围要窄于《日内瓦第三公约》第 13 条所禁止的行为：

> "尤其不得对战俘加以肢体残伤，或将之交付给任何医学或科学试验而非为战俘的医疗、治疗或住院诊疗的目的和其本身利益。"

2.《日内瓦第三公约》第 85 条的问题

然而，公约第 85 条规定，战俘之因被俘前所犯之行为而依据拘留国法律被追诉者，即使已经定罪，应仍享有公约下的利益。换言之，依照该条，战俘在被定罪后也不丧失其身份。他的战俘身份与武装冲突法违反者的身份并不冲突[76]。此种规则可以覆盖被指控战争罪、反人道罪以及严重违反《日内瓦公约》的战俘，也有助于保障遭起诉战俘的利益，比如：通知保护国、获得合格辩护人或律师的协助、了解将进行的程序、召唤证人的权利，以及第 105 条规定的其他利益。这些利益持续至他的刑期开始，并将在其服刑期满后重新对他生效——假如那时他还是战俘的话。

但是，如果战俘承担刑事责任起因是严重违反《日内瓦第三公约》第 130 条，

---

[75] *Re Yamashita*，327 U. S. 1 (1946).

[76] 针对违反普通法或与武装冲突无关的犯罪行为的诉讼是"极为罕见的"；战俘受审的大多数行为都与战争法相关，参见：《日内瓦第三公约评注》第 417～418 页。

或与之相当的《日内瓦第一公约》第 50 条、《日内瓦第二公约》第 52 条或《日内瓦第四公约》第 147 条,正如先前案例所示,缔约国可以拒绝承认其战俘身份[77]。红十字国际委员会似乎认为,《日内瓦第三公约》只是为已被定罪的战俘提供最低程度的权利,这一做法在大多数法律体系中都存在[78],因此,第 85 条并不妨碍对战犯的起诉,第 85 条与第 130 条同等适用于被俘之前发生的行为。

　　事实上,对战俘提供保护与依照第 129 条提起起诉这两个义务是平行的。为求平衡,似乎可以认为,严重违反公约的非法战斗人员被俘时就不是战俘。在其身份发生疑问、未经法庭决定前,他享受《日内瓦第三公约》下的优待。一旦其身份经审判确定,他在服刑期间就无权主张战俘身份。这在实践中当然会被滥用,例如,伊拉克否认 1991 年"海湾战争"中盟军飞行员的战俘身份,理由是他们是战犯。此外,包括俄罗斯、中国、阿尔巴尼亚、捷克共和国、安哥拉在内的国家,在批准或加入《日内瓦第三公约》时都对该条作出过保留[79],所以,第 85 条在习惯法上的地位仍然不确定[80]。

77　Ibid.，pp. 413-414.

78　Ibid.，p. 413. 红十字国际委员会注意到,在"二战"后几乎每个案例中,要求得到战俘待遇的请求都被盟国法庭拒绝。

79　例如,1956 年 12 月 28 日中国的保留:"关于第八十五条:关于战俘拘留国根据本国法律,依照纽伦堡和东京国际军事法庭审理战争罪行和违反人道罪行所定的原则予以定罪的战俘的待遇,中华人民共和国不受第八十五条规定的约束。"该文本可在红十字国际委员会网站的"条约数据库"中找到。

80　这些保留也遭到其他缔约国反对。实践中也存在着对第 85 条规则的支持:*Osman v. Prosecutor* (1969)，before the British Privy Council; *Sassòli, Bouvier and Quintin*，vol. ii, pp. 928-936.

第九章　在武装冲突和占领状态中
平民和民用物体的待遇

扩 展 阅 读

G. Draper, "The Reunion of Families in Time of Armed Conflict", 17 *IRRC* (1977), pp. 57-65; G. Herczegh, "State of emergency and Humanitarian Law in Article 75 of Additional Protocol I", 24 *IRRC* (1984), pp. 263-273; A. Roberts, "What is military occupation?", 55 *BYIL* (1984), pp. 249-305; S. Singer, "The Protection of Children during Armed Conflict Situations", 26 *IRRC* (1986), pp. 133-167; L. Doswald-Beck, "The Civilian in the Crossfire", 24 *Journal of Peace Research* (1987), pp. 251-263; H. Salinas Burgos, "The Taking of Hostages and International Humanitarian Law", 29 *IRRC* (1989), pp. 196-216; C. Allen, "Civilian Starvation and Relief during Armed Conflict: the Modern Humanitarian Law", 19 *Georgia Journal of International and Comparative Law* (1989), pp. 1-85; A. Roberts, "Prolonged Military Occupation: The Israeli-Occupied Territories since 1967", 84 *AJIL* (1990), pp. 44-103; N. Ando, *Surrender, Occupation, and Private Property in International Law*, OUP, 1991; E. Carlton, *Occupation: the Politics and Practices of Military Occupation*, Routledge, London, 1992; E. Playfair (ed.), *International Law and the Administration of Occupied Territories*, OUP, 1992; Y. Dinstein, "The Israel Supreme Court and the Law of Belligerent Occupation: Deportations", 23 *Israel Yearbook of Human Rights* (1993), pp. 1-26; W. Kälin (ed.), *Human Rights in Times of Occupation*, Laws Books in Europe, 1994; J. Lavoyer, "Refugees and internally displaced persons: International Humanitarian Law and the Role of the ICRC", 35 *IRRC* (1995), No. 305, pp. 162-180; F. Pilch, "The Crime of Rape in International Humanitarian Law", 9 *Journal of Legal Studies* (1998—1999), pp. 99-119; K. Askin, "Sexual Violence in Decisions and Indictments of the Yugoslav and

Rwandan Tribunals: Current Status", 93 *AJIL* （1999）, pp. 97-123; Y. Dinstein, "The Israel Supreme Court and the Law of Belligerent Occupation: Demolitions and Sealing off of Houses", 29 *Israel Yearbook of Human Rights* (1999), pp. 285-304; C. Lindsey, "Women and War", 82 *IRRC* （2000）, No. 839, pp. 561-580; S. Chesterman （ed.）, *Civilians in War*, Lynne Rienner Publishers, London, 2001; "50th Anniversary of the 1951 Refugee Convention: The Protection of Refugees in Armed Conflicts", 83 *IRRC* （Special Issue） (2001), No. 843, pp. 571 ff; C. Stahn, "The United Nations Transitional Administrations in Kosovo and East Timor: A First Analysis", 5 *Max Planck Yearbook of United Nations Law* （2001）, pp. 105-183; B. B. Jia, "'Protected Property' and Its Protection in International Humanitarian Law", 15 *LJIL* (2002), pp. 131-53; D. Scheffer, "Beyond Occupation Law", 97 *AJIL* （2003）, pp. 842-860; A. Roberts, "The End of Occupation in Iraq", 54 *ICLQ* （2005）, pp. 27-48; Y. Arai-Takahashi, *The Law of Occupation: Continuity and Change of International Humanitarian Law and its Interaction with International Human Rights Law*, Martinus Nijhoff, 2009; E. Benvenisti, *The International Law of Occupation*, 2nd edn., OUP, 2012; Y. Dinstein, *The International Law of Belligerent Occupation*, 2nd edn., CUP, 2019.

一、基 本 概 念

（一）受保护人的法律地位

《日内瓦第四公约》第 4 条下所保护的人群,是在武装冲突或占领情形下,于特定时刻、依不论何种方式处于非其本国或占领国控制下的个人群体。在该条约中,最常见的受保护人的群体如下:(1)本国领土内的敌国公民;(2)除占领国国民外,被占领地区的全部人口;(3)根据国际法或者避难国或居住国的国内法,被认定为难民或无国籍人的人。该清单不应被认为是穷尽列举,因为实践已经逐步将受保护人的范围扩大[1]。

通过考查《日内瓦第四公约》所不予保护人群的类别,可以检验上述定义是否准确。

1　见本卷第七章。

根据《日内瓦第四公约》第 5 条，在某一冲突方领土内，如果一位受保护的个人被确实怀疑从事或确实从事了危害该方安全的敌对活动，他就无权主张享有本公约下所保护的权利和特权；假如支持他行使此类权利和特权，会有损该冲突方的安全。

第 5 条还规定，凡在占领区被作为间谍或破坏者被拘留的，或者被确定有实施针对占领国安全的敌对活动之嫌疑的受保护人，出于绝对军事安全的需要，应当被认为丧失了依据第四公约所享有的通信自由权利。这是他们在此种情况下唯一会必然丧失的权利。在所有情形下，这类人仍然应当被人道地对待，而在诉讼中，他们依据本公约所享有的公平和正当审判的权利也不可被剥夺。在符合该国或占领国安全利益的前提下，他们也应尽早被授予第四公约下所规定的受保护人的所有权利和特权。当然，如果涉及的国家不是本公约的缔约国，那么其公民就不受公约的保护。

此外，发现自己位于交战国领土上的中立国国民和交战国的盟国国民，当其本国在控制这些人的国家派有正常外交代表时，他们不应被当作受保护人。

总而言之，以下为不属于《日内瓦第四公约》所保护的人群：

1）不是《日内瓦第四公约》缔约国的国民；

2）发现自己在交战国领土上的中立国国民，以及交战国盟国的国民，且他们的本国与控制他们的国家具有正常外交关系。这些人与东道国国民的待遇一样；

3）由其他三个《日内瓦公约》所保护的人，也不属于本公约意义上的受保护人。

（二）平民与平民居民

《第一附加议定书》第 50 条明确界定了这两类概念：1）平民是实质上不属于《日内瓦第三公约》第 4 条（A）款第一项、第二项、第三项和第六项及本议定书第 43 条所指各类人种任何一类的人。遇有对任何人是否平民之问题有疑问时，该人应被视为平民；2）平民居民包括所有平民；3）在平民居民中存在有不属于平民定义范围内的人时，并不必然使该平民居民失去平民的性质。

上述定义依据平民在武装冲突中所处状态而非其所作所为对其进行分类。《日内瓦第三公约》第四条列举了可能具有战俘地位的人群。《第一附加议定书》第 43 条则定义了"武装部队"这一术语。

在实践中，第 50 条第三款带来了许多棘手的难题。因为武装部队成员往往被发现混在平民之中[2]，此时如何界定人群的性质？请参见本卷第七章中对这一问题的讨论。

（三）民用物体

《第一附加议定书》第52条定义了此类物体。民用物体是指所有非该条第二款所规定的"军事目标"的物体，后者将"军事目标"定义为"由于其性质、位置、目的或用途对军事行动有实际贡献，而且在当时情况下其全部或部分毁坏、缴获或失去效用提供了明确的军事利益的物体"。有关"军事目标"这一短语之解释的讨论，已经在第四章对"区分原则"的讨论中提及。

二、占　领

占领这一概念描述了与两国之间发生敌对行为可能同时存在的一种状态，其中冲突一方对另一方领土不具有效控制[3]。在过去的两个世纪中，"占领法"获得了显著发展[4]。在那之前，被占领区的居民没有任何权利；在那之后，法律发展逐渐成熟直到出现了1907年《海牙规则》。第二次世界大战后的军事审判则为国际人道法的这一领域提供了数量丰富的案例。在战后实践中，占领状态也不罕见。比如：1967年起，以色列对巴勒斯坦地区实行的"有效"占领，一直是诸多联合国安理会和大会决议的谴责对象[5]；在2016年安理会通过的第2334号决议中，安理会谴责了"所有"企图改变自1967年来被占领的巴勒斯坦领土上人口构成、该领土的性质和地位的做法，特别提到东耶路撒冷是该领土的一部分[6]。

2　Cf. F. Kalshoven and L. Zegveld, *Constraints on the Waging of War*, 3rd edn., ICRC, 2001, p. 99.

3　人道法中还存在着"经过同意的和平占领"的做法。其在当代能出现的几率很小，但是1995年依据《代顿协议》建立的"国际执行部队"还是提供了例子，尽管联合国或是北约组织都不是《日内瓦第四公约》的缔约方：M. Kelly, "Non-Belligerent Occupation", 28 *Israel Yearbook of Human Rights* (1998) 17, pp. 17-18, 33-35.

4　N. Haupais, "Les obligations de la puissance occupante au regard de la jurisprudence et de la pratique récentes", 111 *Revue Générale de Droit International Public* (2007), pp. 117-146.

5　联合国安理会第681号决议(1990)和联合国大会1997年第ES-10/2号决议（"关于以色列在被占领的东耶路撒冷地区和其他被占领的巴勒斯坦领土内的不法行为"），均要求以色列从1967年开始的所有占领区域适用《日内瓦第四公约》。以色列早于1951年就批准了《日内瓦第四公约》。

6　安理会在1980年第478号决议中就"以最强硬措辞"谴责了以色列议会通过的"耶路撒冷：以色列首都"这一立法，强调任何改变耶路撒冷法律地位的做法都是无效的：Y. Dinstein, *The International Law of Belligerent Occupation*, 2nd edn., CUP, 2019, p. 23.

在 2003 年 4 月至 2004 年 6 月 28 日间,美国和英国对伊拉克实行了军事占领[7]。这里值得注意的是,尽管导致占领伊拉克的使用武力行为本身的合法性存在争议,但是联合国安理会在之后的决议中实际上接受了这一行为的事实,然后敦促占领者执行人道法中的占领规则[8]。

有关占领法的基本框架由 1907 年《海牙规则》第 42 条至第 56 条、1949 年《日内瓦第四公约》第 47 至 78 条和习惯法规则组成[9]。

(一) 定义

当一块领土实际处于外国军队的控制下时,它就处于占领状态;这一定义仅适用于存在确定的且可以实际行使的权力的领土[10]。一般来说,"被侵略的领土直到战争结束,或直到占领者在此领土上行使'事实上的'、本质上是'临时性'的权力,才可被视为已被征服"[11]。这里提到的是政府、军队的权力[12]。2003 年 5 月 22 日联合国安理会第 1483 号决议在前言中宣称,安理会已经注意到美国和英国常驻代表给安理会主席的信,并确认"两国作为统一指挥下的占领国('占领当局')根据适用国际法具有的特定权力、责任和义务"[13]。

占领也被称为"敌对占领"[14]。在 1949 年前,是指当交战国或处于交战国地位的政治实体控制了对手的领土并直接负责管理这块领土。实践中可能存在多个占领国而非只有一个占领国。

占领的概念并不适用于国际行政管理下的领土,后者通常由条约或联合国安

---

7 S. Talmon, *The Occupation of Iraq: Documents and Commentary*, 2 vols., Hart Publishing, 2019.

8 联合国安理会决议第 1472 号,2003 年 3 月 28 日,前言;安理会决议第 1483 号,2003 年 5 月 22 日,前言。早期类似实践:M. Morgenstern, "Validity of the Acts of Belligerent Occupant", 28 *BYIL* (1951),pp. 291-322; J. Stone, *Legal Controls of International Conflicts*, Reinhart, 1954, p. 695.

9 *Mara'abe et al. v. Prime Minister of Israel et al.*, Judgment of the Supreme Court of Israel, 15 September 2005, 45 *ILM* (2006), pp. 202-245, para. 14 (其中还提到以色列行政法作为本案的法律渊源之一).

10 Art. 42, *Hague Regulations*.

11 *Manual on the Laws of War on Land* (known as the *Oxford Manual*), adopted by the *Institut* at Oxford, England, on 9 September 1880: Art. 6.

12 *Oppenheim's International Law*, 7th edn., vol. ii, p. 437.

13 House of Commons Library, Research Paper 03/51, "Iraq: Law of Occupation", 3 June 2003, in: *Sassòli, Bouvier, and Quintin*, vol. ii, pp. 1612-1616.

14 如此翻译,是因为此类占领属于强制、敌对措施,占领并不是为了赢得占领区居民的支持:Y. Dinstein, *The International Law of Belligerent Occupation*, 2nd edn., CUP, 2019, p. 39, sect. 106.

理会的决议来推动实行[15]。当军队被派往一个分裂的国家去维持法律与秩序,也许会存在事实上的"军管"政权,而且在这种情况下,"占领法"应当尽可能通过类推得到适用,直到它与当地政府签订协议(从而实现政权的转手)。

最后还需强调的是,占领状态只存在于国际武装冲突中[16]。所以,当"占领国""占领者""占领方"出现在下面文字中时,它们指代同一个政治实体:参与武装冲突的国家之一。为准确起见,下面有时也会提到"占领军",后者当然指代占领国的武装部队。

(二) 占领的开始、过程和终结

在占领之初,就应向占领地区居民发出公告,使他们明确了解到占领的程度和范围。当以下两个条件都明确符合时,占领就开始了:其一,前任政府已经无法在相关区域公开地行使权力;其二,占领国取代了前任政府,并开始行使自己的权力。

即使占领军转移且只留下了少数人在占领区,占领状态依旧持续,只要这些人解除了当地居民的武装,并对占领区的行政管理事宜做出了安排。

当占领军被敌方军队赶走或撤出占领区时,占领状态停止;占领状态也会在有效控制被转移至另一管理当局手中时停止[17]。当盟军临时机构和伊拉克管理委员会以协议方式通过于 2003 年 11 月建立伊拉克主权政府的时间表时,他们预计到 2004 年 6 月 30 日为止,过渡政府将对伊拉克全境享有完全主权,因此这也标志着盟军临时委员会作为占领方对伊拉克占领的结束[18]。联合国安理会第 1546 号决议(2004)重申了这一内容,对在 2004 年 6 月 30 日前结束占领表示欢迎[19]。

抵抗组织战士或游击队在占领区里所取得的偶然胜利并不能结束占领状态;能否如此,取决于抵抗运动能否对占领区的任何一部分实施有效控制。这也是自

15　C. Stahn, "The United Nations Transnational Administration in Kosovo and East Timor: A First Analysis", 5 *Max Planck Yearbook of United Nations Law* (2001), pp. 105, 118-122.

16　Y. Dinstein, *The International Law of Belligerent Occupation*, 2nd edn., CUP, 2019, pp. 37-38.

17　在德国盟军占领区的战后审判中,有这样的例子:在"奥伦多夫案"中,美国占领区法院指出,在奥伦多夫以及其手下的死刑队活动的地区,存在着大规模的武装抗争,以至于德军失去了对占领区的控制,导致了占领状态的结束: *US v. Otto Ohlendorf et al.*, *TWC*, vol. iv, pp. 492-493.

18　Agreement of 15 November 2003, whose text is available on the Authority's website: www. cpa-iraq. org (last visit 15 September 2008).

19　Adopted 8 June 2004 as S/RES/1546 (2004).

2003 年 4 月以来在伊拉克出现的反抗占领的武装活动并没有破坏占领状态的原因[20]。但是如果由于战斗的激烈程度，该地区不再处于任何形式的有效控制之下，也就不存在占领的情形。

占领的结束与相关条约的结束适用不同。《日内瓦第四公约》第六条规定：

> "本公约在占领区内的适用，于军事行动全面结束后一年后应停止；惟占领国于占领期间在该国于占领区内行使政府职权之限度内，应受本公约下列各条规定之约束：第一至十二、二十七、二十九至三十四、四十七、四十九、五十一、五十二、五十三、五十九、六十一至七十七、一百四十三条。"

但是《第一附加议定书》第 3 条存在一条些微不同的规则，它允许《日内瓦四公约》和《第一附加议定书》从《第一附加议定书》第一条所指的任一情形开始出现时开始适用；在冲突方领土内，它们的适用终止于军事行动全面结束的时候；在占领区内，它们的适用终止于占领状态终止时。但在上述任何一种终止适用条约的情况下，嗣后予以最后释放、遣返或安置的人除外，在最后释放、遣返或安置前，他们继续享受各公约和议定书有关规定的保护。其中，占领状态的结束可能会受到国际人道法规则不断发展而日趋复杂的影响[21]。

《第一附加议定书》第 1 条可以被视为对《日内瓦第四公约》第 6 条的完善和发展。在此条款下，占领状态的终止将是《日内瓦第四公约》不再适用的时候，或者流离失所的平民或被拘押者获得最终释放、遣返或重新安置，标志着《日内瓦第四公约》不再适用，以两者中较晚者为准。第 1 条也不再包含第六条下的一年的期限[22]。

另一个问题则是"军事行动的全面结束"这一术语的含义。在上文中已经提到了军事行动的含义，然而，怎样的状态才是全面结束？通常接受的解释，是在全面停战协定生效的时候[23]、全面投降，或对冲突一方完成了占领且伴随着有效敌

---

20 A. Roberts, "The End of Occupation: Iraq 2004", 54 *ICLQ* (2005), p. 34.

21 M. Sassòli, "Legislation and Maintenance of Public Order and Civil Life by Occupying Powers", 16 *EJIL* (2005), pp. 661, 683. 作者在此评估了伊拉克在通过联合国安理会第 1546 号决议后的情势，如果没有该决议来结束占领，有关占领的国际人道法将继续适用。

22 这一对《日内瓦第四公约》的发展，也造成《第一附加议定书》在缔约国的数量上受到负面影响：Y. Dinstein, *The International Law of Belligerent Occupation*, 2nd edn., CUP, 2019, p. 303.

23 《海牙规则》第 36 条规定，停战是交战双方通过协议停止军事行动，如没有规定停战期限，则交战双方可以随时恢复战斗，但应遵照停战条件在商定的时间内通知敌方。第 37 条承认，停战可以是全面的或局部的；而第 38 条则要求将停战的决定通知军队，而且敌对行为的停止必须立即生效。第 40 条规定，交战一方对停战的严重违反行为将使交战另一方结束停战状态，甚至立即恢复敌对行为。

对行动的停止的时候[24]。在这里,将该术语与《日内瓦第三公约》第118条中"正在进行的敌对行动的停止"进行比较,可能会对理解它的涵义有帮助,后者包含了交火结束(或停火)但没有签署和平协议甚至停战协议的情形[25],第118条的作用在于,在交火结束后,就尽快、及时地释放战俘[26]。

相比之下,《第一附加议定书》第三条下军事行动的结束,则意味着存在正式的停战,且不会立即恢复战斗[27]。在任何情况下,受保护人都可以继续享有四个公约和《第一附加议定书》中的保护,直到他们被最终释放、遣返或安置。

(三) 占领的后果

对某一地区的军事占领,在占领方与该地区的平民之间建立了一种特殊关系,它影响这一地区的整体管理、居民的权利和义务,以及公共和私人财产关系。当地居民是《日内瓦第四公约》意义上的受保护人;在占领区的中立国公民,尤其在该中立国与占领国之间不存在正常外交关系时,也是受保护人。如果两国间存在着正常外交关系,则中立公民的地位将如同其身处占领国国内时的地位。

应当指出的是,占领与战败后的兼并不同,因为前者是临时性质的。在占领期间,领土主权并没有移转,而是被暂停行使。因此,联合国安理会在第1511号决议(2003)中重申了伊拉克的主权和领土完整,并强调了"由盟军临时委员会所实施的职责、权力和由适用国际法承认并由第1483号决议(2003)规定的义务,均属临时性质;当由伊拉克人民建立的、受到国际承认且具有代表性的政府宣布就职并承担管理机构职责时,它们将停止适用"[28]。

通过使用武力实现的兼并行为,极有可能是被《联合国宪章》和1970年《国际法原则宣言》所禁止的[29];即使非法使用武力是武装冲突的根源时也是如此。另一方面,通过和平条约割让领土是合法的,这种模式不同于将占领之后的兼并行为作为权源的做法[30]。

---

[24]　*Commentary on APs*,p. 67.

[25]　"格鲁吉亚冲突独立国际事实调查委员会"(由欧盟理事会所建立),《报告》,2009年发表,第二卷,第七章,第(9)段。

[26]　《日内瓦第三公约评注》第547页。

[27]　参看本卷第八章。

[28]　安理会在2003年10月16日通过该决议。

[29]　UNGA Res. 2625(XXV),24 October 1970. 第一条原则宣示"以武力威胁或使用武力取得领土的行为是违法的"。这就是说,在1970年当时的条件下,它不会影响到《联合国宪章》条款的适用和联合国安理会依据宪章所享有的权力。当时没有想到的是,这样的保留暗示了在特定情形下存在兼并的可能。

[30]　*Oppenheim's International Law*,9th edn.,vol. 1,p. 700.

（四）占领方的能力、权力和义务

然而，占领方可能会以占领区人民作为立法的对象，这对于占领国能够履行其日内瓦第四公约下的义务，维持该地区的合理管理，保障占领国的，以及占领部队及行政机关的成员、财产和他们所使用的通信线路的安全有着至关重要的作用。另一方面，由于没有对该领土的主权，所以除非是出于保护占领部队安全的需要，占领国不得改变当地的法律。

占领国对占领区的管理负有特定义务，但它不能因此强迫占领区平民从事以下行为：1）参与对抗自己国家的行动（《海牙规则》第 23 条）；2）协助占领国从事对抗自己国家且具有军事影响的活动（《海牙规则》第 52 条）；3）在占领国军队或辅助部队中服役（《日内瓦第四公约》第 51 条）；4）向占领军提供本国军队或其他防御信息（《海牙规则》第 44 条）。

此外，在国际人道法下，占领国没有权力处罚不遵守其命令的当地居民[31]。国家实践和《日内瓦第四公约》已经表明，占领区军民并没有遵守占领者命令的义务[32]。

下一小节将讨论占领国所承担的不同层级的责任——在某些情况下相当繁重的责任。联合国安理会于 2003 年 5 月 22 日通过了关于伊拉克局势的第 1483 号决议，在决议中承认了美国和英国"两国作为统一指挥下的占领国（'占领当局'），根据适用国际法，具有特定的权力、责任和义务"[33]，该决议是在美国与英国在安理会面前声明将坚持遵守《海牙规则》和《日内瓦第四公约》之后通过的[34]。相关争议也开始出现，比如，现存占领法并非是为了转变社会制度而设计的，否则会导致社会生活的许多方面发生根本性变化[35]。占领法在最近科索沃和伊拉克实践中所显示出来的问题，值得进一步研究。

（五）占领区的治理

对占领区的治理是一件困难且精细的工作；在占领发生效力之后，被占领土的武装部队成员、有组织的抵抗力量或国际认可的解放运动成员，可以继续战斗。

---

[31]　*The UK Manual*，p. 281.

[32]　R. Baxter, "The Duty of Obedience to the Belligerent Occupant", 27 *BYIL* (1950), pp. 235, 243, 266.

[33]　Preamble.

[34]　D. Scheffer, "Beyond Occupation Law", 97 *AJIL* (2003), pp. 849-850, n. 35.

[35]　Ibid. , 849.

对占领区的治理包括以下几个方面：

1. 治理的责任

依据《海牙规则》第43条，占领国拥有管理被占领地区的责任，而其行为的合法性则由国际人道法决定；它不能设立一个傀儡政府。这也暗示着，为履行其管理该区域的义务，现存的行政体系应尽可能地被保留；如果出现管理不善而造成混乱的局面，导致违反人道法的行为出现，那么占领国需要承担国家责任。在"民主刚果诉乌干达案"中[36]，国际法院判决：

> "乌干达共和国通过它的武装部队……未能区别民用与军事目标，未能在冲突中保护平民居民……并且作为占领方，未能在伊图里地区采取措施尊重和保证对人权和人道法的尊重，从而违反了其在国际人权法和国际人道法下承担的义务。"

这一判决的背景是当地存在大规模的暴行（包括谋杀、酷刑、抢劫），而占领军——乌干达部队视而不见[37]。

2. 公职人员或法官

占领区公职人员和法官对占领国并不负有效忠义务，可以拒绝为其服务[38]。他们不能因此遭受歧视或惩罚。此项规定并不减损第51条第二款（禁止通过在占领区的雇工行为强迫受保护人参与军事行动）的适用，但这并不影响占领国解除公职人员职务的权力。如果占领国对占领区课税，则它须负责支付继续工作的官员的薪水。在必要时，当地居民也可以被征召来从事治安工作，职责可以包括民用交通管制。值得注意的是，《日内瓦第四公约》第54条看起来并不能适用于法官的免职。在任何情况下，这些官员和法官依旧是该公约下的受保护人，在此意义上，该条约所提供的普遍性保护措施也适用于他们。

3. 法治

根据《海牙规则》第43条，占领者必须尊重在当地仍然生效的法律，"除非它们被完全禁止【适用】"。当这些法律与国际人道法——比如《日内瓦第四公约》相冲突时，它们被禁止适用。如果它们影响了占领军的安全，则占领国也可以停止

36　*Armed Activities on the Territory of the Congo*（*Democratic Republic of the Congo v. Uganda*），Judgment of 18 December 2005，ICJ Rep.（2005），p. 168.

37　Ibid.，paras. 211，248-250.

38　Art. 54，GCⅣ.

适用这些法律。如果出于武装冲突紧急情况之需要，占领者也可以修改地方法律[39]。对涉及当地居民且其性质为非军事或者不影响占领者安全的案例，占领区法院依旧拥有管辖权，但是此种管辖权并不适用于占领国武装部队成员或附属于他们的平民。如果由于法官拒绝履行职责，或者因当地居民之行为的影响，当地法院被关闭，则占领者必须设立它自己的法庭。

《日内瓦第四公约》第 64 条允许占领国创设法律，以便于占领国履行其在第四公约下的义务、维持该地区的有序管理、保障占领国、占领部队及行政机关的成员、财产和其所使用的通信线路的安全[40]。此类立法的内容多变，包括在集会期间禁止携带武器的规定[41]。第 64 条比起《海牙规则》第 43 条来，更为精准而详细[42]。不过，也有观点认为，第 64 条在某些地方超越了第 43 条，可以说是占领区行政的"宪法"性规则[43]。

4. 占领的费用

占领费用不应超出被占领国的经济在合理预期下的可承受范围。税收问题从两个方面与该问题有关。如果在占领区内，占领者课征为其国家利益而设立的税、费和通行费，则应尽可能按照已经生效的征收规则和分配办法来进行；应当依据占领区合法政府有义务承担之费用的程度，相应地支付与此费用数额相等的管理占领区的开支[44]。如果除了以上提到的各种税费，占领国在占领区征收了其他现金，则后者只限于支付占领军或占领区管理的需要[45]。不得因为个人行为而对当地居民处以任何罚款或其他类型的普遍性惩罚措施；当地居民对个人行为并不承担连带责任和共同责任[46]。征用也受到限制[47]。

除了占领区货币，占领国货币也可以流通，占领国可以公布这方面的相应规定。这些规定的制定不能出于使占领国更加富裕或破坏当地经济的目的，人为施

---

[39] S. Wills, "Occupation Law and Multi-National Operations: Problems and Perspectives", 77 *BYIL* (2007) 256, at 270-273.

[40] *Commentary on GCIII*, p. 337.

[41] M. Sassòli, "Legislation and Maintenance of Public Order and Civil Life by Occupying Powers", 16 *EJIL* (2005), pp. 661, 674.

[42] *Commentary on GCIII*, p. 335.

[43] E. Benvenisti, *The International Law of Occupation*, Princeton University Press, reprint, 2004, pp. 99-105.

[44] 《海牙规则》第 48 条。

[45] 《海牙规则》第 49 条。

[46] 《海牙规则》第 50 条。

[47] Cf. Art. 52, the *Hague Regulations* and sub-section (11), below. Also see, I. Detter, *The Law of War*, 2nd edn., CUP, 2000, p. 358.

加的汇率是违法的。

5. 安全措施

只有出于合法的安全性考虑,才可以对出版物、电影、广播和电视等施加审查制度。此外,可以允许邮政服务继续,因为占领者并没有义务去设立一套新的邮政系统[48]。占领者可以征用所有的交通工具[49]。虽然占领者可以对平民设立诸多限制,包括对占领区内迁徙自由的限制、禁止变换居住地、访问特定地区、移民和可以要求检查身份证明,但这些措施都受《日内瓦第四公约》第 47 条到第 78 条中规定的保障措施的限制。

6. 对儿童的照顾

根据《日内瓦第四公约》第 50 条,占领国应当在国家政权与地方当局的合作下,对于一切照顾及教育儿童团体的正当工作提供便利条件。

7. 医疗与卫生

占领国在所有可行方法之最大限度内,负有与国家层面、地方层面的官方机构合作,确保并维持占领区内的医疗与医院的设置和服务、公共保健和卫生之义务;尤须采取并实行扑灭传染病与流行病传播所必要之预防措施。为此,各类医务人员应被允许执行任务[50]。

8. 食品和必需品

依据《日内瓦第四公约》第 55 条,占领国在所有可行方法之最大限度内,负有保证居民的食物与医疗供应品之义务;尤其在占领区资源不足时,应该运入必需的食物、医疗物资及其他物品。《第一附加议定书》第 69 条对此进行了补充,除了《日内瓦第四公约》第 55 条中所规定的义务外,还要求占领国在其拥有的手段的最大范围内,并在不加以任何区别的条件下,保证向占领区的平民居民提供生存所需的衣服、被褥、住宿场所和其他用品,以及宗教礼拜所必需的器物。

根据《海牙规则》第 52 条,除非占领军需要,此类物资不得被征用。

9. 救援行动

《第一附加议定书》第 69 条第二款规定,为占领区平民的利益而进行的救援行动,受《日内瓦第四公约》第 59 条至第 62 条、第 108 条至第 111 条和《第一附加议定书》第 71 条的约束,并应立即实行。无论如何,占领国都不得将救援物资移作他用;但在紧急情形中,出于占领区居民的利益考虑,且征得保护国同意时,则

48　*The UK Manual*,p. 286.

49　《海牙规则》第 53 条。

50　《日内瓦第四公约》第 56 条。

为例外[51]。救援物资的分配应当在保护国的合作与监督之下实施。救援人员在获得占领国同意之后可以进入占领区[52]。占领国应当协助救援人员履行其任务，只有在迫切军事必要的情形下，才能限制他们的活动，或暂时限制他们的行动范围[53]。如果救援人员的行为超过了《第一附加议定书》下从事救援任务所允许的范围，该项任务应当被终止[54]。结果就是他们会被要求离开该地区[55]。

实践中，向人道救援物资车队开火或干涉它们移动的事件非常少见；如果发生此类情况，安理会会已经介入，要求相关国家保障救援机构的通行权[56]。

10. 劳役

占领国不得强迫受保护人工作，除非他们已经超过 18 岁年龄，且只能是出于占领军需要、公用事业或占领区居民之衣、食、住、行或保健所必要的工作。不得强迫受保护人从事任何必然令其参加军事行动的工作[57]。

应该注意的是，此类工作只能在占领区内从事。在占领区规定工作条件和相关安全保障措施——尤其是如福利、工作时间、装备、岗前培训、职业事故和疾病赔偿等内容——的现存法规，应当适用于被分配从事此类工作的受保护人。

这些规则的起草是基于第二次世界大战的经验；当时大量占领区居民被驱逐至德国，为德国"战争机器"服务，或被迫在德国占领区的防御工事和军事设施中工作。依据 1945 年《国际军事法庭宪章》第六条第二款[58]，这两种做法被国际军事法庭视为战争罪。该条源于《海牙规则》第 52 条：

> "除非占领军需要，不得向市政当局或居民征用实物和劳务。所征实物或劳务必须与当地资源成比例，其性质不致迫使居民参加反对祖国的作战行动。"

违反国际人道法使用劳役的行为被确认为对《第一附加议定书》的严重违反。

51　《日内瓦第四公约》第 60 条。就保护国的功能，比如保持交战方之间的沟通、探访占领区居民情况等，参看：E. Benvenisti, *The International Law of Occupation*, Princeton University Press, reprint, 2004, pp. 204-206.

52　Art. 71 (1), API.

53　Art. 71(3), API.

54　Art. 71(4), API.

55　*Commentary on APs*, p. 836.

56　Cf. UNSC S/RES/1004 (1995), 12 July 1995(此文件要求保障联合国和人道机构进入斯雷布雷尼察地区的途径)。

57　《日内瓦第四公约》第 51 条。

58　Judgement, 1 October 1946, reproduced in 41 *AJIL* (1947), p. 239. 大约五百万人被驱赶到德国。

11. 刑事法律

原来适用于占领区内的刑法应当继续有效,例外是当它们威胁到占领军的安全或者成为适用《日内瓦第四公约》的障碍时,在后一种情况下,它们可以被占领当局废除或终止。除了上述后一种情况,以及为保证司法的有效性,占领区现有法庭应继续使得既有法律发挥作用[59]。

占领国也可以制订法律,不过,在被公布并用占领区语言告知居民前,占领国的法律不得生效;这些刑法条款的效力也不能溯及既往[60]。当其颁布的刑法条款被违反时,占领当局可依据《日内瓦第四公约》第 66 条的规定,将被告交给合法组成的、非政治性的军事法院[61],条件是该法院须位于占领区。当然,上诉庭也最好位于占领区。在"二战"中,希特勒于 1941 年 12 月 7 日签署了"夜与雾法令",依据该法令,在占领区实施反对德国占领军行为的平民将被带到德国接受秘密审判和惩罚,由此,这些被捕者的亲人和当地居民会因不知道他们的命运而感到畏惧,其意在预防类似事件发生[62]。

这样的法院也被称为"占领区法院",他们可以由军人或平民法官组成,但是法官必须对占领国的军事占领当局负责。根据《日内瓦第四公约》第 67 条,这些法院只能适用在罪行发生之前适用的法规,并且符合一般法律原则,尤其是"罪刑相适应原则";此外他们还应当考虑被告并非占领国国民这一事实。

根据《日内瓦第四公约》第 71 条,占领国必须将针对受保护人的所有法律程序通知保护国,包括两年或两年以上监禁或死刑。依据该条,被告也享有辩护权利、其审判不被拖延的权利、公平审判的权利。此外,保护国代表有权到庭旁听任何受保护人的审判[63]。

《日内瓦第四公约》第 68 条规定了刑罚措施的范围。如果受保护人仅仅实施了意在伤害占领国,但并非企图伤害占领军和行政机关人员的生命和身体安全且不构成广泛危险,也没有严重损坏占领军或行政机关的财产及他们使用的设施的罪行,可以被判处关押或监禁,这样关押或监禁时间应与所犯罪行相称。此外,对

59　《日内瓦第四公约》第 64 条。

60　《日内瓦第四公约》第 65 条。

61　占领当局也可以建立非军事法院,比如盟军临时机构在伊拉克建立的"中央刑事法院": Coalition Provisional Authority Order No. 13 (rev. amend.),2004 年 4 月 22 日颁布(https://en.wikisource.org/wiki/Order_13:_The_Central_Criminal_Court_of_Iraq)(浏览于 2019 年 9 月 26 日)。根据第五条规定,这个法院的法官都是伊拉克籍人。

62　IMT Judgement,1 October 1946,reproduced in 41 *AJIL* (1947),pp. 229-230.

63　《日内瓦第四公约》第 74 条。

于这样的罪行，关押或监禁应是剥夺受保护人自由的唯一措施。

至于死刑问题，《日内瓦第四公约》第 68 条规定：

"除非法庭特别被提起注意受保护人因其时非拘留国人民，不受对该国的效忠义务的拘束之事实后，不得将受保护人判处死刑。凡受保护人犯罪时年龄在十八岁以下者，在任何情况下不得判处死刑。"

在审判和定罪后，《日内瓦第四公约》第 73 条赋予被告人上诉的权利。

三、针对武装冲突对平民和民用物体影响的普遍保护措施

（一）《日内瓦第四公约》

在通过《日内瓦第四公约》之前，国际人道法缺乏在武装冲突中保护平民的有效规则。《海牙规则》的相关条款——第 42 条至第 56 条——主要与占领状态有关。在第一次世界大战结束后，红十字国际委员会就建议填补这一空缺，它所起草的公约在 1934 年在东京召开的国际红十字大会通过，然而，瑞士政府邀请参加其为此将召开的外交会议的各国政府，无法在"二战"爆发之前作出答复。所以，草案直到战后，才由日内瓦外交大会重拾，并以《日内瓦第四公约》的形式最终获得通过，公约反映了既存和新近的国际法实践。当然，《海牙规则》继续发挥其影响。

《日内瓦第四公约》第 13 条规定，该公约第二部分的规定（第 13 条到第 26条）适用于冲突各国的所有人民，尤其不得因种族、国籍、宗教或政治意见而存在不利歧视，这些规定的目的"在于减轻战争所导致的痛苦"。显然，第二部分同时适用于冲突中的国家和由冲突造成的占领区，它为占领国民众提供保护。从这个角度看，与该公约第三部分所包含的具体规则相比，第二部分所包含的规则具有更普遍性特质[64]。这些规则包括了缔约国在其领土内或其占领区内，设立医院及安全地带的权利（第 14 条）；冲突各方在冲突区域内，为保护受伤和生病的平民而设立"中立区"的权利（第 15 条）；对伤病员、弱者和孕妇的特别尊重（第 16条）；照顾伤病员、体弱者和类似人群的民用医院应免于袭击（第 18 条）；对在这些医院中工作的医务人员的尊重和保护（第 20 条）；对医院运输工具和飞机的保护（第 21 条和第 22 条）；在它们不会被挪作他用的条件下，医疗物资或宗教礼拜

64　*Commentary on GC IV*, pp. 118-119，181.

所需物品均应被允许自由通行(第 23 条);对 15 岁以下儿童的照顾(第 24 条);冲突一方领土内和占领区内所有人的权利(第 25 条);以及交战各方应鼓励离散家庭成员间的联系(第 26 条)。这些条款本可以形成一个单独的条约,因为它们的适用范围广于《日内瓦第四公约》的其他部分[65]。

(二)《第一附加议定书》

《日内瓦第四公约》的规则并不能为平民提供充足的保护,因为它们的目的是为了保护平民免受在敌人控制下时对他们的肆意侵害。《海牙规则》并不能填补这一空白,这一事实激励了红十字国际委员会去发展这一领域国际人道法的努力[66],最终成果被反映在《第一附加议定书》中。新增条款包括标题为"民用物体"的第三章、第四章"预防措施"、两个有关不设防地方和民防组织的补充章节和两个相应的补充部分,这后两部分是:1)对在可能卷入武装冲突的地区定居的平民和占领区平民所提供的救援(第 68 条至第 71 条);2)在冲突方控制下的个人待遇(第 72 条至第 79 条)。第 72 条至第 79 条被视为包含了保护作为个体的平民之利益的规则[67]。但与目前标题相关的《第一附加议定书》条款为第 48 条至第 58 条。

按照《第一附加议定书》第 48 条,为了确保对平民和民用物体的尊重和保护,冲突各方无论在何时都应当对平民和战斗人员、民用物体和军用目标作出区分,且应该相应地使其作战行动仅针对军事目标。该法条被称为"基本规则"是最恰当不过的。《第一附加议定书》第 51 条第一款规定:

> "平民居民和个人应受到免于军事行动所带来危险的普遍保护。为实现这项保护,以下这些规则与其他可适用的国际法规则,在任何情形下都应被遵守。"

第 51 条第一款禁止将平民居民或个人当作攻击目标;此外,首要目标为在平民居民中散布恐怖情绪的行为和暴力威胁也是被禁止的。然而,《第一附加议定书》也提出了警告,平民一旦直接参与敌对活动,就不得再享有其所提供的保护。

第 51 条第四款和第五款规范的是不分皂白的攻击行为,该问题在本卷第六章第二节下已有所讨论。第 51 条第六款禁止对平民个人或平民居民采取报复行动;第七款禁止使用平民个人或平民居民来掩护军事目标;第八款规定,任何对

---

[65]　*Commentary on GC IV*,p. 50.

[66]　*Commentary on APs*,pp. 583-584.

[67]　Ibid.,p. 837.

这些禁令的违反，都不能解除冲突各方对平民居民和个人所承担的法律义务，包括第 57 条所规定的采取预防措施的义务。

前南刑庭上诉庭在"布拉斯基奇案"中指出，"上诉庭强调，国际习惯法绝对禁止以平民为目标。[68]""攻击目标"可以说是《前南刑庭规约》第五条中针对平民居民攻击的罪行的又一表述方式。前南刑庭上诉庭在"库那拉奇案"中还指出：

> "正如一审庭所言，'针对'这一表述是一种'在危害人类罪的语境中，指定平民居民作为攻击的首要目标'的表述。为确定该攻击是否如此，一审庭将会考虑以下内容：攻击过程中所用的手段和方法、受害者的法律地位、受害者数量、此袭击不分皂白的性质、攻击过程中所犯罪行的性质、攻击发生时抵抗的程度、和攻击部队是否已经满足或试图满足战争法关于预防措施的要求。"[69]

《第一附加议定书》也包含了保护民用物体的条款，比如第 52 条第一款规定，为实现对民用物体的普遍保护，禁止将民用物体作为攻击或报复的目标；第二款要求攻击应当被严格限定于军事目标；在第三款下，通常服务于民用目的的建筑，如礼拜场所、房屋或其他住所或学校，在对之是否会对军事行动作出有效贡献的问题抱有怀疑时，应推定该物体未被利用于军事行动。

再有，通过要求攻击时采取预防措施，《第一附加议定书》第 57 条补充了第 48 条的内容，并再次强调了区分原则[70]。根据第 57 条第一款，在军事行动中，应一贯注意不去损害平民居民、平民个人和民用物体。对于"军事行动"，它们被定义为由武装部队出于作战目的实施的任何种类之移动、调遣和行动[71]。第 57 条第二款第一项进一步指出了需要采取的预防措施。第一，计划者和决策者应采取一切可能措施来确认攻击目标既不是平民，也不是民用物体，且不是第 52 条第二款下享有特殊保护的军事目标，且《第一附加议定书》条款并没有禁止对它们的攻击。第二，为避免或在任何情况下最小化附带损失或平民伤亡、对民用物体之损害，他们应当就攻击手段和方法的选择采取一切可能的预防措施。第三，当攻击可能造成平民生命、平民伤害、民用物体损毁或二或三者合一的附带损失时，且该附带损失超过了具体、直接的预期军事利益，则他们应决定不发动此攻击。在实际指挥军事行动时，对上述因素的衡量绝不是无用的，即使这些因素说明针对相

68　*Prosecutor v. Blaškić*，Case No. IT-95-14-A，Appeal Judgment，29 July 2004，para. 109.

69　*Prosecutor v. Kunarac et al.*，Case No. IT-96-23&IT-96-23/1-A，Judgment，12 June 2002，para. 91.

70　*Commentary on APs*，pp. 680-689.

71　*Commentary on APs*，p. 67.

关实践的规则本身是不够精确的[72]。

当某项进攻行动不符合第 57 条第二款第一项中的任何一个条件时,应当被取消或暂停;相反的,在攻击不可避免且合法的情况下,第 57 条第二款第二项要求就可能影响到平民居民的攻击发出有效的事前警告,除非当时的情形不允许。此外,第 57 条第二款第三项规定,在面对几个可以取得同样军事利益的军事目标间的选择时,应选择预计对平民生命和民用物体造成危险最小的目标。

第 57 条以直白的语言明确规定了计划与实施军事行动的基本条件,该条的最终目标是限制《第一附加议定书》缔约国的作战行动范围。《第一附加议定书》也在第 57 条第五款下声明,本条的任何规定均不得解释为准许对平民居民、平民个人或民用物体进行任何攻击。这一款的规定是在 1977 年日内瓦大会上出现的,它强调了即使存在军事必要,也仍然应当保护平民和民用物体[73]。起草这一规定的另一理由在于,第 57 条中的其他条款并不能解释为在任何情况下都禁止可能导致平民生命和财产损失的袭击,而该条下所确认的比例原则会不恰当地造成了这一印象,即在满足特定条件的情况下可以实施攻击,因为这种攻击不会造成过度的平民损失!反过来,虽然损失比例是个事实问题,但可能更糟的是,这一事实只能在攻击后才能被量化。是否可以说这是一项反映武装冲突事实的规定?不过,在任何情况下,该规定都必须与第 51 条一起解读,后者至少禁止直接针对平民居民的攻击,对此禁令,军事必要也不提供例外情况的可能。

司法实践与上述观点一致。前南刑庭审判庭在"布拉斯基奇案"中曾经提出,"如果不能通过军事必要将其正当化,则以平民或民用财产为目标的行为将构成一项犯罪。[74]"这与前南刑庭上诉庭在本案的上诉判决中的观点不同,后者认为:"上诉庭强调,国际习惯法绝对禁止以平民为攻击目标。"[75]

四、武装冲突中和占领状态下平民待遇的普遍性规则

(一) 基本规则

《日内瓦第四公约》第三部分包含了相关规则,它们为在敌国控制下的受保护

---

[72]　M. Schmitt, "Precision attack and international humanitarian law", 87 *IRRC* (2005), No. 859, pp. 445, 461-463.

[73]　*Commentary on APs*, p. 689.

[74]　*Prosecutor v. Blaškić*, Case No. IT-95-14-T, Trial Judgment, 3 March 2000, para. 180.

[75]　*Prosecutor v. Blaškić*, Case No. IT-95-14-T, Appeal Judgment, 29 July 2004, para. 109.

人提供了保障。《日内瓦第四公约》第 27 条所规定的基本原则是，受保护人的人身、荣誉、家庭权利、宗教信仰与仪式、风俗与习惯，在一切情形下均应予以尊重；无论在何时，他们都应当享有人道待遇，免受一切暴行或施暴的威胁和侮辱，以及公众好奇心的打扰。该条款进一步要求缔约国一视同仁地对待他们控制下的所有受保护人，不能存在会造成负面影响的区分。然而，冲突各方出于武装冲突可能造成的局面，可以对受保护人采取控制与安保措施。

《日内瓦第四公约》缔约国受某些特殊义务的约束。第一，第 28 条规定，受保护人不得被安置于某地点或地区，以使该地点免受军事行动的影响。第二，冲突方人员控制下的受保护人所受待遇，均由该方负责，不论相关人员所负个人责任如何[76]。第三，第 30 条允许受保护人直接向保护国、红十字国际委员会、所在国红十字会寻求帮助。第四，禁止为获取信息对受保护人采取任何强迫行为。第五，在第 32 条下，无论是针对平民还是军人，缔约国不可采取消灭、肉体痛苦、谋杀、实验、体罚、酷刑和其他残忍的措施。第六，第 33 条禁止采取集体惩罚、恐吓和恐怖行为、掠夺和报复。第七，第 34 条禁止将受保护人作为人质。最后，《第一附加议定书》第 75 条规定了基本保障，即使受保护人可以依据相关条约获得更多有利的待遇；而《日内瓦第四公约》第八条强调：

> "在任何情况下，受保护人都不得放弃本公约或上条所述之特别协定，如其订有相关规定，所赋予彼等权利之一或全部。"

(二) 在交战方领土上的外国人

根据《日内瓦第四公约》第 35 条，在冲突开始或进行中，所有受保护人希望离境的，均有权离境，除非其离去有违所在国的国家利益。该规则的目的是为了保护居住在交战国领土内的敌国平民，这些人可能被地方当局拘禁或将面临恶劣的生存环境[77]。《日内瓦第四公约》允许的离境行为，应在安全、卫生、保健及食物等方面条件妥善的情况下实行。一切与离境有关的费用，自拘留国领土上的出境地点开始，应由出境者目的地国负担，或者如果出境者被中立国收留，则该项费用由受益人的本国承担[78]。

对于选择继续居留的受保护人(包括敌国公民)，他们的处境应继续由和平时

---

76 《日内瓦第四公约》第 29 条(这为基于国家责任提出索赔保留了可能)。

77 *Commentary on GC IV*, pp. 232-233.

78 《日内瓦第四公约》第 36 条。

期有关外国人的规章来规制[79],比如当不存在有关住所和户籍的特殊条约时。这是一个国民待遇的问题。在另一方面,国际人道法也不否定受保护人的居住国可以依据《日内瓦第四公约》第 27 条和第 41 条采取监督和保障措施。

在占领状态中,所有非被占领国公民的受保护人,都被赋予了依据《日内瓦第四公约》第 35 条所规定的离开该区域的权利,且就此作出的决定也应当依照该条中提到的程序进行[80]。此外应指出,这些人既不是占领国公民,也不是它的盟友的公民[81]。

(三) 妇女

《日内瓦第四公约》第 27 条保护妇女的荣誉不受侮辱,尤其是防止强奸、强迫卖淫,或者任何形式的非礼侵犯。这一简单的禁止性规定为了解国际习惯法下强奸的定义提供了重要线索[82],强奸是国际法下性侵犯行为中最严重的一种。

《第一附加议定书》第 75 条第五款加强了第 27 条下的保护,它提出"因有关武装冲突的原因而自由受限的妇女,其住处应与男人的住处分开。这类妇女应由妇女直接监视。但在同一家庭的人被拘留或拘禁的情形下,如果可能,应按家庭单位予以安排,安置在同一地方。"

此外,《第一附加议定书》第 76 条第一款进一步强调了妇女应当受到特殊尊重,并应受保护,特别是免于强奸、强迫卖淫和其他任何形式的非礼侵犯。另外,冲突方应尽力避免对犯有与武装冲突有关罪行的、怀孕的,或者有依赖于她的婴儿的妇女判处死刑。

(四) 儿童

在《日内瓦第四公约》下,15 岁以下儿童应与有关国家人民享有同等优惠待遇[83]。而且,占领国应当为他们安排照顾与教育事宜;对于因战争而变成孤儿或与父母失散、且不能由近亲或朋友适当照顾的儿童,如果可能的话,由与他们具有相同国籍、语言和信仰的人来负责照顾和教育[84]。

根据《第一附加议定书》第 77 条第一款,儿童应受到特殊尊重,并免受任何形

---

[79]　《日内瓦第四公约》第 38 条。

[80]　《日内瓦第四公约》第 48 条。

[81]　*Commentary on GC IV*, p. 276.

[82]　*Prosecutor v. Furundžija*, IT-95-17/1-T, Trial Judgment, 10 December 1998, para. 175.

[83]　Art. 38 (5), GC IV. 有关国家是指居住国。

[84]　Art. 50, GC IV.

式的非礼骚扰,冲突方应当为他们提供所需的照顾和援助。此外,第 77 条第二款规定,冲突方应当采取一切可行措施来保证未到 15 岁的儿童不会直接参与敌对活动,尤其是他们不应被武装部队招募;这一规定还要求他们在羁押期间与成年人分开,并禁止对 18 岁以下儿童实施死刑。依据第 78 条,如果出于儿童的安全、健康或医疗治疗等原因而不得已为之时,只要撤离是暂时的,儿童可以被撤离某一地点。

（五） 失去住所者、无国籍者和难民

1. 失去住所者

武装冲突往往加剧驱逐出境、流离失所、平民在被占领区内外迁徙活动的情况。在"布拉斯基奇案"中,前南刑庭一审庭认为,"驱逐出境或强迫平民转移"意味着"人们被强迫转移,离开他们合法居留的地方,往往与驱逐和其他胁迫行为有关,这在国际法上没有合法的依据。"[85]

强迫个人或群体迁徙,以及占领国将受保护人驱逐出占领区,或者任何其他国家—无论被占领与否,都是被《日内瓦第四公约》第 49 条所禁止的,无论其动机。然而,如果是出于民众安全或迫切军事需要,占领国可能对特定区域采取全部或部分的疏散。这样的疏散不能包括将受保护人转移到占领区边界外的情形,除了存在实际理由导致这样的转移不可避免。一旦当地的敌对行动停止,这些被疏散的人就应当被转移回到他们的家园。作为受保护人的平民拘禁者的转移,也应当依据《日内瓦第四公约》第 127 条的规定以有效的人道方式进行。

违反这些规则的转移将会导致刑事责任。在列举严重违反行为时,《日内瓦第四公约》第 147 条提到"非法驱逐或转移或非法拘禁一个受保护人"。《第一附加议定书》第 85 条禁止占领国将其本国的部分平民人口迁移入占领区;驱逐或转移全部或部分占领区内的人口的做法,会违反《日内瓦第四公约》第 49 条。

前南刑庭上诉庭在"科诺耶拉奇案"中指出,"上诉庭的结论是,出于不被国际法允许的理由进行的国内或者跨越国境的迁移,是国际习惯法下的罪行;而且,如果这些行为是基于必要的歧视意图而犯下的,则构成本规约第五条第八款下的迫害罪。"[86]

在"布拉格耶维奇和卓基奇案"中[87],前南刑庭审判庭认定,被告布拉格耶维

---

[85]　*Prosecutor v. Blaškić*，Case No. IT-95-14-T，Trial Judgment，3 March 2000，para. 234.

[86]　*Prosecutor v. Krnojelac*，Case No. IT-97-35-A，17 Sept. 2003，Appeal Judgement，paras. 221-222.

[87]　*Prosecutor v. Blagojević and Jokić*，Case No. IT-02-60-T，Trial Judgement，17 February 2005.

奇对从斯雷布雷尼察强迫转移上千名波斯尼亚穆斯林男性这一行为负有刑事责任,而且这一行为构成危害人类罪中"协助并唆使他人实施不人道行为和迫害"这一罪名[88],进一步说,被告的强迫转移行为,被认定是基于严重伤害身体或精神的共谋灭种罪;但上诉庭驳回了这一认定,并将其刑期从18年监禁减少到15年[89]。

2. 难民和无国籍者

在敌对行动开始前,依据冲突各方所接受的相关国际文件,或依据避难国或拘留国的国内法律被视为无国籍人或难民者,在任何情形下都应是《日内瓦第四公约》第一部分和第三部分意义下的受保护人,且不得加诸任何不利的区分[90]。这条规则产生时就已经包括时间上的限制[91]。

在此语境下,"难民"被理解为任何在事实上并不享有某一政府之保护的个人[92]。对事实上不受任何政府保护的难民,拘留国不得依其所具备的敌国国籍而予以敌国侨民待遇[93]。

对于因武装冲突而产生于本国领土内的难民而言,至少还有《第一附加议定书》第75条为其提供保护,这一条与其他适用于武装冲突的相关国际法规则共同保护此类难民[94]。

(六) 不设防地区、非军事区、中立区和安全区

《第一附加议定书》第59条第二款定义了"不设防地区",它们必须符合以下要件:1)所有战斗人员以及机动武器和机动军事设备都必须已经撤出该区域;2)固定军事装置和设施不应用于敌对目的;3)(行政)当局或居民均不应从事任何敌对行为;4)不应从事支持军事行动的任何活动[95]。冲突方可以通过单方面行动宣布设立此类地区;当然,在上述条件未满足的情况下,依据第59条第五款,

---

88　Ibid. , paras. 616-618,631,757,759,760. Trial Judgement, paras. 654,671,675,784,787. 被告在1995年被控犯有以下罪行:其指挥的波斯尼亚塞族军队在斯雷布雷尼察战败后,该部队参与了羁押和杀害上千名波斯尼亚穆斯林男性。

89　Case No. IT-02-60-A, Appeal Judgement, 9 May 2007, para. 124 and the Disposition.

90　Art. 73, API.

91　*Commentary on APs*, p. 850.

92　Ibid. , pp. 851-853.

93　《日内瓦第四公约》第44条。

94　对于战争罪犯变成难民的情形: S. Jaquemet, " The cross-fertilization of international humanitarian law and international refugee law", 83 *IRRC* (2001), No. 843, pp. 651,658-664.

95　J. Starke, "The Concept of Open Cities in International Humanitarian Law", 56 *Australian Law Journal* (1982), pp. 593-597.

冲突各方也可以通过协议设立"不设防地区"。当其不再满足第 59 条第二款和第五款要求时，则此类地点就会丧失这一地位[96]。第 59 条禁止冲突方以任何方式袭击不设防地区。不过，这样的地区指的似乎是可以被敌军占领，而非位于战线后方的区域[97]。红十字国际委员会倾向于视此规则同样适用于非国际性武装冲突之中[98]。

与此并列的"非军事区"是指冲突各方不得将军事行动扩展至其通过协议设立的、具有"非军事区"名称的区域[99]。此类区域不可以被占领[100]；与不设防地区的设立相似，此类地区的设立也需要满足一定条件[101]。攻击此种地区的行为，将会构成许多国家国内法下的罪行。攻击此种地区的行为，将会构成许多国家国内法下的罪行。

上述两个概念之间的区别在于，冲突方当局可以将任何位于武装部队交火的区域内或附近的定居点宣布为"不设防地区"，交火区域往往可以被敌方占领，或者通过与其他冲突方的协议而占领。"非军事区"则是通过冲突方之间的明示协议而设立的。

依据《日内瓦第四公约》第 15 条，冲突方得直接或通过某中立国或人道组织，向敌方建议在作战区域内设立"中立化"地带，以保护伤、病的战斗人员、非战斗人员和平民免受战斗的影响。当冲突方就所提议区域的地理位置、管理、食品供应和监管达成协议时，应当缔结书面协议并由各方代表签署；协议应当明确中立化措施的开始与持续时间。

斯雷布雷尼察镇是由联合国安理会第 S/RES/819 (1993)号决议在波斯尼亚和黑塞哥维那领土内设立的"安全区"[102]，该决议宣布该镇为安全区，且要求该区域免受武装攻击或任何其他敌对活动、在斯雷布雷尼察区域内正在进行的武装攻击立即停止。国际人道法中并没有针对此类实践的规范。联合国安理会第 824 号决议(1993)进一步将萨拉热窝、图兹拉、泽帕、比哈奇、斯雷布雷尼察和戈拉日代设为安全区。这些区域因此都由携带轻武器的联合国保护部队保护，它们与其

96　假如当地居民中存在着警察、受伤或生病且丧失战斗力的军事人员，不违反上述第二款下的条件。

97　A. Rogers, *Law on the Battlefield*, 2nd edn., Manchester University Press, 2004, p. 132.

98　*Henckaerts and Doswald-Beck*, vol. i, Rule 37, and pp. 123-124.

99　Art. 60, API.

100　*Henckaerts and Doswald-Beck*, vol. i, pp. 120-121.

101　Art. 60, API, which provides for a different condition that any activity linked to the military effort must have ceased in such zones.

102　一般性论述，参看：B. Patel, "Protection Zones in International Humanitarian Law", 39 *The Indian Journal of International Law* (1999), pp. 689-702.

他"不设防区"和"非军事区"不同。但是,这些安全区域从未如设立时的最初设想一样达到彻底安全,冲突方在它们周围或附近进行过多场战役[103]。因为这个原因,它们受到了国际媒体的大量关注。在战争中,这些安全区域都被波斯尼亚塞族军队侵入。《第一附加议定书》将攻击"不设防区"和"非军事区"认定为对第 85 条第四款的严重违反,这一规定也适用于"安全区",虽然相关的司法判例对此延伸适用表示沉默[104]。

(七) 民防组织

本卷第八章已经讨论过此类组织中军事人员的待遇问题。这里讨论的则是这类组织中的平民成员。他们承担一些人道主义任务,其目的是为了保护平民免受武装攻击的危险,帮助他们从敌对活动或灾难的直接影响中恢复,为其生存提供必要的条件。

根据《第一附加议定书》第 62 条,平民的民间武装组织应受到尊重和保护。除在迫切军事必要的情形下,他们有权执行民防任务。在占领区,根据《第一附加议定书》第 63 条,这些组织应从占领当局获得履行其职能的必要设施,在任何情形下,其工作人员都不得被强迫实施会干扰他们任务的活动;占领国不能以任何方式改变此类组织的结构或人员,这会影响他们完成使命的有效性。此外,占领国也不能强迫、胁迫或劝诱平民民防组织去执行损害平民利益的任务[105]。然而,出于安全考虑,占领国可以解除民防组织人员的武装。

(八) 基本保障措施

应当被强调的是,对于所有人,无论是否为《日内瓦公约》所保护,《第一附加议定书》第 75 条为其提供了一个全面的保护网络。作为一个微型条约,这一条款禁止了几类行为,规定了处于逮捕、拘留或拘禁状态中的个人权利,还有适用于审判和刑罚的自然正义的基本原则。

103　比如,依据 S/RES/959 (1994)决议,联合国安理会要求所有冲突方于 1994 年 11 月 19 日之前表现出最大程度的克制,并停止这些区域内及其附近的一切敌对活动。但这不是《联合国宪章》第七章决议,所以约束力有限。

104　*Prosecutor v. Krstić*, Case No. IT-98-33-T, ICTY, Trial Judgement, 2 August 2001, para. 3. 然而,这可能是由于依据早期案例形成的实践发生了变化: *Prosecutor v. Delalić et al.*, Case No. IT-96-21-A, ICTY, Appeal Judgement, 20 February 2001, Separate and Dissenting Opinion of Judge Hunt and Judge Bennouna, para. 26.

105　Art. 63(2), API. Cf. *Commentary on APs*, p. 752, sect. 2505(这些成员可以被强迫执行维护平民利益的任务)。

五、武装冲突和占领状态中对平民的关押

依据《日内瓦第四公约》第 49 条，占领区内的受保护人不可以被驱逐出境。因此第 79 条规定，允许占领国对受保护人采取符合本条约第 41～43 条、第 68 条和第 78 条规定的关押措施。第 41～43 条所涉及的是在敌对活动爆发时对位于交战国境内外国人采取的关押措施。《日内瓦第四公约》在这方面的规定，基本上重复了《日内瓦第三公约》下有关战俘规定的内容。这一相似性暗示关押平民与拘禁战俘有相似目的，即为了保障拘留国的安全。关押并非一种刑事惩罚方式[106]。

另外，《日内瓦第四公约》第 140 条规定，在某中立国应当建立针对受保护人的中央情报机构，尤其会顾及被关押者的情况。但是，如果红十字国际委员会认为必要的话，它可以向各国提议建立这样的一个机构，这与《日内瓦第三公约》第 123 条所规定的内容一致；如果红十字国际委员会没有提议，则冲突各方可能依据第 140 条所确定的义务，自己来设立该机构。

（一）两种剥夺自由的方式

即使受保护人所在国认为《日内瓦第四公约》所述之管制措施不足，该国也不能采取比指定居所或关押更为严厉的管制措施[107]。

（二）关押或指定居所的理由

只有当拘留国认为绝对必要时，才可以下令对受保护人实施关押或指定居所。这时，受保护人须位于武装冲突一方的领土内。如果有任何人通过保护国的代表，自愿要求关押，或者其处境使采取此步骤十分必要，则该人应该被其所在国关押；任何被关押或指定居所的受保护人，有权要求拘留国指定管辖法院或行政审议机关对此项举措进行尽快重新考虑[108]。

至于占领期间的关押，《日内瓦第四公约》第 68 条规定，如果受保护人犯有单纯以损害占领国为目的之罪行，而且此项罪行并非企图伤害占领军或行政机关人员的生命或身体安全，也不构成广泛的危险，并且如果也没有严重损害占领军和

106　比照 *Commentary on APs*，pp. 1385-1386 中所确定的区分，有关国内武装冲突中被剥夺自由的人的待遇。

107　Art. 41, GCⅣ.

108　Art. 43, GCⅣ.

行政机关的财物或其使用的设备,则应处以关押或单纯监禁,而关押或监禁的刑期应与所犯罪行相当。如其认为出于紧迫之安全考虑的必要,应对受保护人采取安全措施,占领国至多可以给这些人指定住所或将之关押[109]。

(三) 关押地点的条件

国际人道法并不禁止在被捕平民刚抵达集中营时就对之进行审讯,审讯本身并不会招致违反国际人道法的指控,即使它包含了强迫被关押者签署虚假陈述时也是如此[110]。当关押伴随着殴打或其他形式的残酷对待时,则可以成为证明存在危害人类罪中"迫害罪"的证据[111]。

关押了受保护人的冲突方,必须遵守《日内瓦第四公约》第 81 条的规定:受保护人享有免费维持其生活的待遇,以及根据其健康状况所需的医疗照顾。在第82 条下,拘留国应尽可能按照被关押人的国籍、语言和习俗安置他们。第 83 条禁止把关押地点设在冒战争危险的区域。根据第 84 条,被关押人应当与战俘及因其他任何原因而被剥夺自由之人分别安置及管理。第 85 条还有卫生和健康方面的要求。

在《日内瓦第四公约》中,第 89 条和第 90 条规定了对衣食的要求,第 91 条要求所有关押所都应设有适当的医务室,而且第 92 条要求给被关押者每月做一次体检。正如"科隆基雅案"所示,不满足这些要求的行为将会导致个人刑事责任[112],在一审时,科隆基雅基于与检方所达成的"认罪协议",承认一直以来在克拉特恩集中营所担任的领班职务行为负有责任,尽管他当时意识到营地里非人道的环境——比如食物和水的缺乏、不适当的医疗保健与治疗条件、过于拥挤、缺乏呼吸新鲜空气和锻炼的机会、缺乏合理的卫生措施[113]。所有这一切,再加上羞辱、骚扰和对羁押者的心理虐待,直接导致了营地里全面的恐怖氛围。这些行为构成他所犯"迫害罪"的定罪基础(但考虑到减轻处罚情节的因素,他被判处三年监禁)。

拘留国不得雇佣被关押者在营地工作,除非后者自愿提出此要求。强迫雇佣

109　Art. 78, GCIV.

110　*Prosecutor v. Blagoje Simić et al.*, IT-95-9-T, Trial Judgement, 17 October 2003, para. 67. 在1992 年 Bosanski Šamac 落入波斯尼亚塞族军队手中时,*Simić* 是当地政府等级最高的平民官员。他与其他两人一起,被指控迫害这一地区的波斯尼亚穆斯林平民,行为包括非法逮捕、强迫劳动、酷刑、强迫转移和劫掠财产等。

111　Ibid., para. 69.

112　*Prosecutor v. Sikirica, Došen and Kolundžija*, Case No. IT-95-8-S, Trial Judgement, 13 November 2001.

113　Trial Judgement, para. 203.

未被关押的保护人，构成对第四公约第 40 条与第 51 条的破坏，而且雇佣及雇用从事具有降低身份或侮辱性质的工作应被绝对禁止。第 95 条还规定，对所有工作环境、医药照顾、工资支付和保证所雇受保护人能够获得工作上的意外伤害或疾病之赔偿，拘留国应付完全责任。

其他相关的规则还有，允许被关押者保留个人日常使用物品，不得剥夺他们的金钱、支票、债券等物品和随身的贵重物品，除非是依照确定的程序。因此，应向他们提供详细收据，一旦释放或遣返，应将所有个人物品、金钱或其他关押期间取走的贵重物品归还给被关押者。再有，所有被关押者都应获得定期津贴，足以使他们能购买商品和物资[114]。这种津贴应采用信贷或优惠券的形式。此外，受保护人拥有为获得报酬而工作的权利，拘留国应给予他们与本国国民平等就业的权利[115]。如果被关押，关押者及其家人有权获得拘留国提供的物质支持。需要指出的是，与战俘待遇不同，这里的津贴制度是根据《日内瓦第四公约》设立的，因为该条约中的普遍规则是拘留国不得雇佣被关押者作为工人，"除非他们自愿"[116]。

（四）纪律制度

各关押处所均由一名负责官员管理，该官员由拘留国在其正规武装部队或正式民政机关内选任之[117]。

各关押所的纪律制度应与人道原则相符，并且在任何情形下都不应包含向被关押者加诸任何危及他们健康的体力劳动，或造成肉体或精神上伤害的规定。第100 条规定，长时间站立与点名、罚操、军事演习与操练、减少口粮都是被禁止的。第 119 条规定了四种适用于被关押人的纪律处罚措施：1）罚款；2）终止特权；3）疲劳服役；4）禁闭。根据第 101 条，被关押者可以向集中营机关提交申诉或指控。

（五）刑罚措施

依据《日内瓦第四公约》第 117 条，拘留地的现行法律继续适用于在关押期间违法的被关押人[118]。法院或行政当局在判刑时应当考虑到被告人不是拘留国公民，他们可自由酌减依被关押者被指控罪行所应受的刑罚。《日内瓦第四公约》第

114　《日内瓦第四公约》第 98 条。

115　《日内瓦第四公约》第 39 条。

116　《日内瓦第四公约》第 95 条。

117　《日内瓦第四公约》第 99 条。

118　对比《日内瓦第四公约》第 64～78 条的内容。

118 条无一例外地禁止将被关押者监禁于不见日光之房屋里,以及各种虐待手段。习惯法尤其禁止以下四种形式的惩罚:

1) 体罚(《日内瓦第四公约》第 32 条);
2) 针对个人行为的集体惩罚(《日内瓦第四公约》第 33 条);
3) 监禁于不见日光的地方(《日内瓦第四公约》第 118 条);以及
4) 任何形式的酷刑(《日内瓦第四公约》第 32 条和第 119 条)。

(六) 关押结束

关押可以因被关押人的死亡而终结,这一点以及死亡后的嗣后程序都可以在《日内瓦第四公约》第 129 条下找到相关规定。关押也可以由于被关押者的释放而结束;而《日内瓦第四公约》第 132 条规定,当必须关押的理由不复存在时,拘留国应释放被关押人;第 133 条还规定,在敌对行动停止后,关押也应尽速终止。

六、民 用 物 体

(一) 专门用语

在开始讨论占领区内财产的处置之前,需要探讨以下名词:掠夺、抢劫、侵吞、征用和没收。这些词语会在本语境下频繁使用。比如,根据《海牙规则》第 28 条,冲突方负有避免洗劫城镇或地方的义务,甚至在后者是被攻陷的情况下。

根据国际人道法,"没收"和"征用"有相似的含义,但也有区别。前者并不必然涉及赔偿或补偿,而后者则不同。"征用"必须支付现金,但是在现金没法缴齐的情形下,也可以提供收据;当然随后必须尽快支付欠款。"征用"的范围"为军队所需所有种类之物资供给的需要,包括人和马的供给、衣物和交通工具等[119]。事实上,在敌国领土上,在当地居民私人房屋中驻扎士兵是征收的一种形式。

"没收"在现代实践中已经变得不太常见[120]。

也许可以说,"没收"和"征用"在符合国际人道法的规定时是合法措施,但是"侵吞"与"抢劫"则并非如此。纽伦堡国际军事法庭审理过德国军队在不顾及当地经济以及不做赔偿的情况下,掠夺占领区原材料与制成品的行为[121],当时,德国

---

[119] *Oppenheim's International Law*, 7th edn., vol. ii, p. 409.

[120] Ibid., p. 408.

[121] Judgement, 1 October 1946, reproduced in 41 *AJIL* (1947), pp. 235-238.

占领军没收了原材料、农作物、机器、交通工具等物资，并把它们都送往德国。在被告将该行为定义为"征收"时，国际军事法庭认为这一行为与占领区经济资源不成比例，据此拒绝了这一论点[122]；并将这一行为定义为"侵吞"。联合国战争罪委员会认为，抢劫、侵吞和掠夺是同义词。前南刑庭审判庭在"塞里比奇案"中提出，"在此语境下必须指出，在武装冲突中非法占有公司财产的罪行，可由'抢劫'、'侵吞'和'掠夺'这三个不同的术语描述。"[123]

（二）对毁坏、没收、掠夺和攻击财产的普遍禁止

《海牙规则》第 42～56 条规定了在武装冲突中，包括在占领情形下的处分财产的规定，这套规则主要是规定对财产的保护，对平民人身的保护则是在比较抽象的层次上加以规定[124]。第 23 条第七款禁止毁坏或没收敌人财产，除非此毁坏或没收行为是出于不得已之战争需要。此外，第 46 条禁止在占领区里没收私人财产；第 47 条禁止掠夺私人财产。这些规则反映了国际习惯法[125]。

就占领状态中的规则而言，《日内瓦第四公约》第 53 条给予了重新确认。因此，对于以个体或集体形式属于私人、国家、其他公共机关或社会及合作组织所有的动产或不动产，占领国的任何破坏行为均被禁止，除非毁坏财产是出于绝对的军事必要。因此，在国际人道法中并不存在着没收或毁坏占领区敌人财产的无限权力。"并非出于军事上之必要，而以非法与肆意的方式对财产进行大规模的破坏与征收"，是《日内瓦第四公约》第 147 条所包括的严重违反行为，被告将受到刑事指控。上述的禁止性规则同时适用于武装冲突与占领状态中。

根据《第一附加议定书》第 52 条第一款，民用物品不应成为攻击或报复的对象。另一方面，被带到战场上的军事设备可以被当作"战利品"，这后一概念可能包括其他属于国家的动产[126]。

（三）占领区里的公共财产

在实践中，军用土地和建筑物会一直处于占领国的控制中，直到冲突结束。

---

[122] This was obviously in contravention of Art. 52, the *Hague Regulations*.

[123] *Prosecutor v. Delalić et al.*, Case No. IT-96-21-T, Trial Judgement, 16 November 1998, para. 591.

[124] H. Smith, "The Government of Occupied Territory", 21 *BYIL* (1944) 151.

[125] IMT Judgement, 1 October 1946, reproduced in 41 *AJIL* (1947), p. 229.《国际军事法庭宪章》第六条第二款对此予以承认。

[126] Art. 53, *Hague Regulations*. Cf. the *Al-Nawar* case, the Israeli High Court, 1985, quoted in *Henckaerts and Doswald-Beck*, vol. ii, pp. 174-175.

此类包括：补给站、兵工厂、船坞、军营、机场、港口、铁路、运河、桥梁、码头和其他相关设施。

至于公共土地或非军事性质的建筑物，占领国被禁止破坏或摧毁它们，除非是出于军事必要。而且，绝不能通过浪费、漠视（维护），或滥加利用的行为，减少这些资产的价值。对属于敌国，或位于占领区内的公共建筑物、动产、森林和农田，占领国仅仅被视为管理者和用益物权享有者，它必须维持这些资产的价值，并依据用益物权的相关规定管理它们[127]。因此，占领国不具有出售或转让的权利，但可出租或使用这些处所、出售农作物、砍伐和出售木材，以及采矿[128]。

占领军只能占有严格意义上属于国家的现金、基金和有价证券；武器库；运输工具；货栈；补给；以及供军事行动使用的、属于国家的一切动产[129]。应当注意的是，这是"征收"的一种情形，并可能导致所有权移转至占领者的结果；但是，非服务于军事目的的公共动产不能被征收。

（四）占领区里的私有财产

私有财产不仅包括严格意义上私人所有的财产，还包括其他种类：根据《海牙规则》第56条，占领区原当地政府和宗教、慈善、教育、艺术与科学之相关机构的财产，即使属于国家财产，也应被当作私有财产来对待。这里的一般性规则是，私有财产必须受到保护，且不能被没收[130]。

1. 占领区内的不动产

国际习惯法不允许永久没收私有土地或建筑物。然而，基于占领国当局的需要而暂时使用此类物件是被允许的——即使使用后会减损其价值。对此类财产的使用，似乎都带有"征用"的性质[131]，因为对之的使用具有军事性质，包括出于为士兵提供驻扎营地、建设防御阵地，或安置伤病员的目的。如果必要的话，为开辟战场或将其材料用于桥梁、道路等，房屋、围墙和树林都可以被清理。在不能就征用的价格达成协议时，出于在敌对行动结束后主张赔偿的需要，原所有者可以要求提供有关使用或损坏行为的记录。具体赔偿事宜，则应在敌对行动结束后讨论。

私有房屋可以被强行用于安置部队或伤病员，但这构成了必须支付费用的征用行为。当此类房屋被用于驻扎部队的同时，如果可能的话，原住户应被允许继

127　Art. 55，*Hague Regulations*.

128　*The UK Manual*，p. 303.

129　Art. 53，*Hague Regulations*.

130　Art. 46，*Hague Regulations*.

131　Cf. the *US Field Manual*，para. 406 et seq.

续居住，除非出于军事必要须将他们驱逐。假如房屋是空置的，习惯法仍然禁止盗窃与损坏。

2. 动产

除非海战法另有规定，无论在陆上、海上或空中用以传递信息、客运或货运的一切设施、军火储藏以及战争物资，均可以暂时予以扣押，但和平恢复后必须归还并给予补偿[132]。有些国家把被用掉的原油也包括在本条款的范围内[133]。

如我们所知，在特定条件下可以征收动产，包括各类商品，如食品、燃料、服装、酒类和烟草、制服和军靴的材料[134]。在征用时，占领国决不能剥削当地经济；个人获益行为是被禁止的。总之，占领国必须确保当地平民的食品和药物供应[135]。当私人拥有大量的食品和药物库存时，占领国可以强迫他们以适当价格出售。

（五）具有科学、教育、文化或宗教性质的物品

在围城和炮轰过程中，应采取一切必要措施尽可能地保全用于宗教、艺术、科学和慈善事业的建筑物、历史纪念物、医院和伤病者的场所，只要它们不被用作军事用途[136]。被围困者有义务使用易于识别的特别标志来表明这些建筑物或场所之所在，并须在事前通知敌方。

《第一附加议定书》第 53 条禁止以下行为：1）以构成各国人民文化或精神遗产的历史纪念物、艺术品或礼拜场所为对象的敌对活动；2）利用这类物体支持军事活动；3）将这类物体作为施行报复措施的对象。

但是，需要在这里提到一个"特制"公约：《关于武装冲突情况下保护文化财产的公约》，于 1954 年 5 月 14 日在海牙缔结，并于 1956 年 8 月 7 日起生效[137]。截

132　Art. 53, *Hague Regulations*. Cf. the *US Field Manual*, para. 412. Also see New Zealand's *Military Manual* of 1992, sect. 528（指电缆、电线、自行车、汽车、船舶，以及许多其他物资）, quoted in *Henckaerts and Doswald-Beck*, vol. ii, p. 1052.

133　*The UK Manual*, p. 301.

134　*Oppenheim's International Law*, 7th edn., vol. ii, p. 405, sect. 143.

135　《日内瓦第四公约》第 55 条。

136　Art. 27, *Hague Regulations*.

137　图曼认为，与这方面的既存国际法相比，这是最重要的条约：J. Toman, "La protection des biens culturels dans les conflits armés internationaux; cadre juridique et institutionnel", in: C. Swinarski (ed.), *Studies and Essays on International Humanitarian Law and Red Cross Principles*, ICRC, and Martinus Nijhoff, 1984, pp. 559, 560; F. Bugnion, "La genèse de la protection juridique des biens culturels en cas de conflit armé", 86 *IRRC* (2004), No. 854, p. 313.

至 2019 年 9 月,它有 133 个缔约国[138]。

该公约第一条将"文化财产"定义为:1)对每一个民族文化遗产具有重大意义的动产或不动产,如建筑、艺术或历史纪念物;考古遗址;艺术品;具有艺术、历史或考古价值的手稿、书籍和其他物品;以及科学收藏品和书籍或档案,或如上定义之财产的复制品;2)其主要和有效目的为保存或展示第 1)段中定义的文化动产的建筑物,如博物馆、大型图书馆和档案馆;3)保存有大量如第 1)段和第 2)段定义的文化财产的中心。本条款比较有意思的是,它要求该财产必须对"每一民族"都具有重要意义。这意味着该财产的重要性超越了国家疆界,类似于人类共同遗产。

该条约的有些条款反映了其与国际人道法的联系。第四条规定,缔约国有义务尊重位于本国领土内,以及其他缔约国内的文化财产,除非该项义务因军事必要而被免除。第 18 条规定,本公约适用于所有经宣告的战争或任何其他发生于缔约国之间的武装冲突,也包括占领状态。第 19 条要求非国际性武装冲突的冲突方适用该公约。此外,公约第八条为具有重大意义的文化动产之中心或保护所提供了特殊保护,只要这些地方不被用于军事目的,而且它们都位于远离军事目标的地方。如果它们加入了由联合国教科文组织总干事收藏的"特别保护的文化财产之国际名单",则它们将享有该项特殊保护。

该公约还不完全代表国际习惯法,除了第 4 条、第 18 条和第 19 条中规定此类财产必须得到尊重的规则[139]。

该公约的《第一附加议定书》与该公约同时缔结,它涉及议定书的缔约国防止文化财产从其所占领领土输出的承诺[140]。1954 年公约的《第二附加议定书》为对全人类具有最重大意义的文化财产提供了一种新的保护,被称为"加强保护";这一条约于 1999 年 3 月 26 日缔结,并于 2004 年 3 月 9 日生效。截至 2019 年 9 月 23 日,它有 82 个缔约国[141]。根据第二议定书第 10 条,当文化财产符合以下三项要求时,将被置于"加强保护"之下:1)它属于对全人类具有最重大意义的文化遗产;2)由国内法律和行政措施为其提供充足的保护,承认其特殊文化与历史价

138　At http://www.unesco.org/eri/la/convention.asp?KO=13637&language=E(浏览于 2019 年 9 月 23 日)。中国于 2000 年 1 月 5 日加入该公约。

139　对于本公约与 1977 年《第一附加议定书》第 53 条及 1977 年《第二附加议定书》第 16 条间的有趣区别,参见 Toman,上引文,第 564~565 页。

140　Cf. A. Rogers, *Law on the Battlefield*, 2nd edn., Manchester University Press, 2004, p. 147.

141　At http://www.unesco.org/eri/la/convention.asp?KO=13637&language=E(浏览于 2019 年 9 月 23 日)。

值，并确保其最高级别保护的文化财产；3）未被用于军事目的或用以保护军事设施，并且控制该财产的缔约国已正式声明其不会被用于此类目的[142]。

在 1954 年公约及其附加议定书的框架下，不同等级的军事指挥人员可以依据公约和其第二附加议定书放弃对文化财产的保护措施。因此，在 1954 年公约第四条下，在他认为军事必要时，一名营级或者类似军事单位的指挥官可以放弃基本保护措施。根据公约第 11 条第二款，在"不可避免之特殊军事必要的情形下"，一名师级或更高级别的指挥官可以放弃特殊保护。依据第二议定书第 13 条，当该财产已经成为军事目标，则其享受的"加强保护"可以由最高级别军事指挥官予以放弃。

上述由国际法承认的针对文化财产的"放弃权"意味着，此类财产在成为军事目标时可以被攻击。前南刑庭的司法判例与该观点相符。因此，前南刑庭一审庭在"斯特鲁佳案"中得出以下结论：

> "本法庭的司法实践确认与 1907 年海牙规则以及【1977 年】附加议定书所认可之例外情形相符的'军事目的'的例外，这一实践说服本庭采纳以下观点：即赋予文化财产的保护在其被用于军事目的后丧失。"[143]

该庭进一步提出，"文化财产的用途——而非其地点——决定了其是否以及将在何时丧失保护"。然而法庭也认为，此种保护不能仅仅因为文化财产附近存在军事活动或者军事设施而丧失。在本案中，杜布罗夫尼克旧城区在 1991 年时成为斯特鲁佳将军指挥下的"南斯拉夫人民军"的攻击目标[144]，尽管那时它已经被列入联合国教科文组织的世界遗产名单上，斯特鲁佳因为毁坏和故意破坏文化财产的行为被判犯有战争罪；依据此项罪名与其他指控，他被判处了八年有期徒刑。

此外，应当注意的是，1954 年公约及其附加议定书应当与 1977 年附加议定书共同、酌情适用[145]。作为国际习惯法，这一共同适用也同样适用于公约和各议定书的非缔约国。

142　J. Hladik, "The 1954 Hague Convention for the Protection of Cultural Property in the Event of Armed Conflict and the notion of military necessity", 39 *IRRC* (1999), No. 835, p. 621.

143　*Prosecutor v. Strugar*, Case No. IT-01-42-T, Trial Judgement, 31 January 2005, para. 310.

144　在 1991 年 10 月 12 日，斯特鲁佳指挥南斯拉夫人民军围攻旧城；直至 1992 年，他一直担任该部队的指挥官。

145　比照《第二附加议定书》第 16 条的规定："在不妨碍 1954 年 5 月 14 日《关于发生武装冲突时保护文化财产的海牙公约》的规定的条件下，对构成各国人民文化或精神遗产的历史纪念物、艺术品或礼拜场所从事的任何敌对行为，以及利用这些物体以支持军事努力，都是被禁止的。"

（六）总结

综上所述，在武装冲突或占领状态中，公共或者私人财产——包括文化财产，均可基于军事必要而摧毁。在占领状态中，私有财产一般是不可侵犯的，但在事后恢复原状或者赔偿的情况下，可允许对其暂时使用。在占领期间可以使用被占领国家的不动产，但专用于宗教、慈善及教育、艺术及科学的不动产除外。占领国可以酌情将被占国家的动产用于军事目的。在占领状态下，占领军不能扣留文化财产作为战争补偿或将其运离占领区。

七、严重违反《日内瓦公约》的制度

根据《日内瓦第四公约》第 147 条之规定，针对本公约所保护的人群和财产所犯之严重违反本公约的行为包括：故意杀人、酷刑及不人道的待遇——包括生物学实验、故意使人体及健康遭受重大痛苦或严重伤害、将受保护人非法驱逐出境或转移、非法禁闭、强迫受保护人在敌国军队中服役、故意剥夺受保护人依本公约规定应享有之公允及合法审判的权利、扣留人质，以及非出于军事必要而以非法及肆意之方式对财产进行大规模的破坏与征收。

《日内瓦第四公约》第 146 条规定，缔约国负有执行第 147 条的义务。所以，缔约国承诺制定必要立法；对于本身犯有或命令他人犯有严重违反本公约行为的人，制定有效的刑事惩罚措施。涉及其他违反《日内瓦第四公约》的行为，缔约国也应采取必要措施，以制止严重破坏本公约行为之外一切违反本公约规定的行为。不过，对于其他违法行为，缔约国需要采取的是"措施"，而非"刑事惩罚"。

第 148 条规定，任何缔约国不得自行推卸，或允许任何其他缔约国推卸所负有的制止严重违反公约的责任。很显然，缔约国无论如何都将承担国家责任。该分析同样适用于严重违反《第一附加议定书》第 85 条规定的行为，包括：1)明知攻击会导致过分的平民生命损失、平民伤害或民用物体损害，却发动影响平民或民用物体的不分皂白的攻击；2)明知攻击会造成过分的平民损失、平民伤害或民用物体损害，却发动针对含有危险力量的工程或装置的攻击。该附加议定书扩展了严重违反行为的种类：3)将占领国本国的部分平民人口，迁移到占领区里；4)违反《日内瓦第四公约》第 49 条的规定，将占领区的全部或部分居民驱逐或转运到占领区之内或之外；5)在遣返战俘或平民时，无正当理由予以拖延；6)在其不是军事目标的情况下，将公认的历史纪念物、艺术品或礼拜场所，以及特殊保护对象视为攻击目标,并因此导致其严重破坏[146]。

第 85 条第五款对人道法的重要发展之处在于,在不妨碍各公约和议定书的适用条件下,上述这些严重破坏行为"应视为战争罪"。这是《日内瓦四公约》所未能实现的目标。

---

[146] 在实践中,这种行为可能构成证明存在危害人类罪中的迫害罪的部分事实：*Prosecutor v. Deronjić*, IT-02-61-S, Sentencing Judgement, 30 March 2004, paras. 102-103(在 1992 年五月发生破坏格罗高瓦村的清真寺的行为时,被告是布拉图纳茨市级别最高的塞族官员,当时该市已被波斯尼亚塞族强行接管)。

第十章　人道法与联合国维和行动

扩 展 阅 读

F. Seyersted，"United Nations Forces: Some Legal Problems"，37 *BYIL* (1961)，pp. 351-475; F. Seyersted, *United Nations Forces in the Law of Peace and War*，Martinus Nijhoff, 1966; D. Schindler, "UN Forces and International Humanitarian Law"，in: C. Swinarski (ed.), *Studies and Essays on International Humanitarian Law and Red Cross Principles in Honour of Jean Pictet*，Martinus Nijhoff, pp. 521-530; A. Bouvier, "Convention on the Safety of United Nations and Associated Personnel"，35 *IRRC* (1995)，pp. 638-666; the United Nations，*The Blue Helmets: A Review of United Nations Peacekeeping*，3rd edn.，The United Nations, 1996; C. Greenwood, "International Humanitarian Law and United Nations Military Operations"，1 *YIHL* (1998)，pp. 3-34; D. Shraga, "The United Nations as an Actor Bound by International Humanitarian Law"，5 *International Peacekeeping* (1998)，pp. 64-81; M. Fröhlich, "Keeping Track of UN Peace-keeping—Suez, Srebrenica, Rwanda and the Brahimi Report"，5 *Max Planck Yearbook of United Nations Law* (2001)，pp. 185-248; M. Bothe and T. Dörschel, "The UN Peacekeeping Experience"，in: D. Fleck (ed.), *The Handbook of the Law of Visiting Forces*，OUP, 2001，Chapter Ⅺ; R. Murphy, "United Nations Military Operations and International Humanitarian Law: What Rules Apply to Peacekeepers?"，14 *Criminal Law Forum* (2003)，pp. 153-194; A. Bellamy, P. Williams, and S. Griffin, *Understanding Peacekeeping*，Polity Press, 2004; B. Klappe, "The Law of International Peace Operations"，in: D. Fleck (ed.), *The Handbook of International Humanitarian Law*，3rd edn.，OUP, 2013, pp. 611-646; T. Ferraro, "The Applicability and Application of International Humanitarian Law to Multinational Forces"，95 *IRRC* (2013)，pp. 561-612; D. Fleck, "The Legal Status of Personnel Involved in United Nations Peace

Operations"，95 *IRRC*（2013），pp. 613-636.

一、引　言

　　"维持和平"这一用语，不仅指代维护秩序、保持和平的行动，也指代那些包含有强制措施因素在内而以恢复和平与安全为最终目的的行动[1]。这一含义在很大程度上反映了对此类行动不断演变的性质的理解[2]。强制行动在维和行动中的存在是个事实，只不过这时采取强制手段的最终目标在于彻底的和平解决。一旦冲突方达成和平解决的协定，联合国维和人员就会被要求帮助实现这一协定。专业用语并不能昭示所有这类行动所有的外在表现形式。另一方面，实践中存在着两种一般意义上的维和行动：联合国直接领导的行动和联合国授权的行动[3]。联合国维和基本操作方式是安理会授权设立使团，大会来决定预算和资源分配。

　　自 1948 年以来，联合国维和人员已经完成或正在进行超过 70 次使命，其中14 个维和行动正在进行，涉及 11 万人员，包括士兵、警察和非军事行政人员[4]。1988 年，联合国维和部队被授予"诺贝尔和平奖"。根据联合国统计，在 2018 年 7月 1 日至 2019 年 6 月 30 日为止的财政年度，联合国维和预算是 67 亿美元，摊派份额的前三名是美国(占 28.47%)、中国(10.25%)和日本(9.68%)[5]。

　　中东地区是历史上几个著名维和使团(包括观察员使团和军事使团)的驻扎地区[6]。在 1948 年"阿以冲突"后，联合国派出了其历史上第一个维和使团，去观察双方对停火协议履行的情况；之后在每一次阿以战争之后(1956 年、1967 年、1973 年)，都会有联合国使团到达冲突地区，从事维和任务。1956 年战争以后，联合国建立了第一个武装人员组成的使团，在部署在西奈半岛的埃及和以色列双方

1　Cf. the UN Secretary-General's *Agenda for Peace*，issued on 17 June 1992 as UN Doc. S/24111.

2　See the *Interoffice Memorandum* of the Under-Secretary-General，DPKO，entitled "Peace Operations 2010"，paras 5-6；http://www. un. org/Depts/dpko/selectedPSDG/guehenno DPKO2010. pdf (last visit on 5 July 2007). See also M. Bothe and T. Dörschel，"The UN Peacekeeping Experience"，in：D. Fleck (ed.)，*The Handbook of the Law of Visiting Forces*，OUP，2001，pp. 489-490.

3　M. Sassòli，"Legislation and Maintenance of Public Order and Civil Life by Occupying Powers"，16 *EJIL*（2005），pp. 661 at 686.

4　See https://peacekeeping. un. org/en/our-history (last visit 30 June 2019).

5　Ibid. 根据联合国估算，这个预算只占 2013 年全球军事开支总额的不到 0.5%，后者的数额是17470 亿美元。

6　M. Bothe and T. Dörschel，*UN Peacekeeping：A Documentary Introduction*，Kluwer Law International，1999.

部队之间维持一条"缓冲区"[7]。1967 年战争结束时,联合国派出了军事使团以观察双方执行停火协定的情况,此时正是中东局势和国际局势(大国对抗)高度紧张的历史时期。1974 年,联合国派出了一支小规模部队驻扎在戈兰高地,将叙利亚和以色列部队分隔开来。在所有驻扎中东的使团中,最为著名的是"UNIFIL",始建于 1978 年以色列入侵黎巴嫩之后,其任务包括观察以色列部队的撤离、维持驻扎地区的和平和安全、帮助黎巴嫩政府重建对相关地区的管辖,联合国维和部队成功地降低了当地的冲突级别,但也为此付出了可观的人员伤亡。

在 1960 年,前比利时殖民地刚果获得独立时爆发了武装冲突,这时联合国维和人员对和平的恢复发挥了重要作用。在混乱局势中,联合国派出了人数多达两万的维和部队到当地协助刚果政府维持和平和秩序,并防止加丹加省分离出去。这一历史事件涉及两个本章关注的问题。第一,刚果在独立时还不是《日内瓦四公约》的缔约国;但是,鉴于比利时在 1952 年就批准了这四个公约,刚果被视为受公约的约束。果然,刚果政府于 1961 年 2 月 20 日向瑞士政府递交声明,宣布接受上述四公约的约束[8]。第二,这是联合国维和部队第一次直接参与当地的武装冲突,尽管其使命是维持和平。虽然《日内瓦四公约》无意适用于国际组织,这一问题在当时的情况既真实又迫切。联合国秘书长为此颁布了《(驻)刚果联合国部队规则》,其中第 43 条正式宣布:联合国部队"须遵守适用于军事人员的普遍性国际条约的原则和精神"[9]。

二、联合国维和行动的目的

在武装冲突地区部署联合国部队,可以是为了维持和平,也可以是为了重建和平。处于这个角色中的联合国,其作用类似于一个公正的第三方,旨在为解决引发这一冲突的争议做出铺垫。假如和平解决不可能实现,那么联合国部队在冲突地区的存在也可以有助于降低冲突的级别。当然,联合国部队有可能卷入国际武装冲突或者一个国家境内的内战之中。

7　D. Schindler, "United Nations forces and international humanitarian law", in C. Swinarski (ed.), *Studies and essays on international humanitarian law and Red Cross principles*, Martinus Nijhoff, 1984, p. 523. 相关的决议是联大决议 A/RES/998 (ESI) (1956),通过于 1956 年 11 月 4 日,建立了联合国紧急部队(UNEF)。

8　D. McNemar, "The Postindependence War in the Congo", in: R. Falk (ed.), *The International Law of Civil War*, The Johns Hopkins Press, 1971, pp. 244, 259.

9　Ibid., p. 263.

三、联合国对维和人员的部署

（一）维和人员

实践中存在着两种维和人员：不带武装的观察员使团和携带轻武器的武装部队。后者只能在自卫时使用所携带的武器装备。

观察员使团的使命是在当地为联合国机构收集情报，方法是通过对当地的局势进行观察，比如确认双方是否遵守了停火协定[10]。

军事使团则肩负更多任务，比如将冲突各方的武装部队分隔开来，在驻扎地区维护地方治安等。20 世纪 90 年代以后，维和使团开始更多地纳入警察和平民行政人员[11]。

（二）冲突方对使团的接受

只有在冲突方表示接受之后，联合国才会向当地派驻维和部队[12]。因此，维和部队的作用也可以包括协助冲突方避免冲突升级，或使得冲突方取消某场战斗。不过，20 世纪 90 年代联合国实践中，也出现了未经冲突方事先同意，就派出维和使团的事例[13]，但是比较罕见。

---

[10] F. Seyersted, "United Nations Forces: Some Legal Problems", 37 *BYIL* (1961), pp. 354-355.

[11] UN, "Report of the Secretary General: Implementation of the Recommendations of the Special Committee on Peacekeeping Operations", A/61/668, 13 February 2007, paras. 6-7. Also see UNSC Resolution 1244 (1999), adopted 10 June 1999, establishing an interim administration in Kosovo (UNMIK), with a police force component.

[12] 即使是在 1999 年"科索沃战争"这样特殊的事例中，联合国安理会在宪章第七章下授权成立的国际军事部队和临时行政机构，也是事先得到南斯拉夫联邦共和国的同意后，才派遣到科索沃当地的：ECHR, *A. Behrami and B. Behrami v. France*, Application no. 71412/01, and *R. Saramati v. France, Germany and Norway*, Application no. 78166/01, Decision as to Admissibility, Grand Chamber, 2 May 2007, para 36 (on the "Military Technical Agreement" of 1999). 本案申请最终以所涉事项归属于联合国安理会权力之下、而非《欧洲人权公约》缔约国管辖范围之内，被欧洲人权法院以不具可受理性而驳回：同上，第 151 段。

[13] 联合国安理会授权成立的"索马里第一使团"和"索马里第二使团"就是例子，第二使团最后于 1993 年 10 月卷入了与当地军阀之间激烈的交火，并最终于 1995 年初春撤离了索马里：T. Seybolt, *Humanitarian Military Intervention: The Conditions for Success and Failure*, OUP, 2008, pp. 52-58.

（三）维和部队的指挥系统

维和部队主要受联合国高层的指挥,它们的部署一般是由联合国安理会决议来决定的。不过,偶尔也存在联合国大会采取主动的情况。维和行动的具体细节属于联合国秘书长和秘书处辖制。实践中,曾出现过联合国直接指挥联合国部队、与派出国指挥结构平行的情况[14]。

在 1965 年 2 月 18 日,联合国大会通过了第 2006（XIX）号决议,设立了一个"维和行动特别委员会"。委员会的任务是对所有与维和行动有关的问题进行一个全面的审查,其成员为所有过去或当时向联合国提供维和人员的成员国,而其他成员国也可以派观察员参加委员会以及其工作组的工作;后来,委员会向大会第四委员会(政治与非殖民化特别委员会)提交了审查结果的报告。

现在,维和行动由联合国"维和行动部"指挥,其使命是计划、准备、管理和指挥联合国维和行动,并对联合国安理会和大会负责,而指挥权来源于联合国秘书长。

四、适用的法律

（一）普遍性法律框架

维和行动受不同层次的法律制度的约束,包括：1)《联合国宪章》;2)联合国安理会决议,设立使团并规定使团的使命;3)联合国与东道国签订的协议;4)联合国与(派出人员或提供资源的)成员国之间的协议;5)1994 年《有关联合国人员和相关人员安全的公约》或者"安全公约"[15];6)1946 年《联合国特权与豁免权公约》。同时,东道国的相关法律也适用,当然是在与联合国所签协议限定的范围之内适用。最后,人道法也在适当情况下适用,特别是针对那些派驻发生武装冲突地区的使团,这一法律的适用性在维和行动出现的时候曾造成争议,但之后很快

14　C. Greenwood, "International Humanitarian Law and United Nations Military Operations", 1 *YIHL* (1998), p. 13.

15　Adopted as part of UNGA Resolution 49/59, it has had 78 States parties. As for the text, *see* 49 U. N. GAOR Supp. (No. 49) at 299, U. N. Doc. A/49/49 (1994), and *UNTS*, vol. 2051, p. 363.

就被各国所认可[16]。

从 1956 年的"苏伊士危机"起，经过多年实践，联合国从中梳理出几个普遍原则，指导其维和行动。第一，联合国军事使团/部队的使命都有清楚界定，在范围上也是有限的；第二，联合国使团人员在执行任务时必须保持中立；第三，一般不接受联合国安理会常任理事国派出的部队；第四，维和部队在行动中接受联合国统一指挥；第五，部署维和部队需要事先得到冲突方的许可[17]。当然，后来联合国的实践也从这些原则的基础有所发展[18]，比如：中国作为安理会常任理事国，在近些年来积极支持维和行动，并派遣了军事人员参加联合国维和使团[19]。

（二）人道法的适用

在维和行动中，人道法的适用有不同的方式。首先，尽管联合国或地区性国际组织不是国家，因此不是相关条约的缔约方[20]，维和人员的派遣国（当然包括它们派遣的人员）依然受它们所批准或加入的条约的约束。其次，联合国可以主动要求联合国部队人员和其他人员遵守人道法规则，因为它保有对使团的部署、执行使命的最终控制权[21]。再次，遵守人道法的要求可以被写入联合国与派遣人员的成员国之间的协议，如《联合国与提供人员和设备成员国之间协议范本》第 28条规定：

16　M. Whiteman, *Digest of International Law*, U. S. Government Printing Office, 1968, vol. 10, p. 46 (citing a committee report presented before the American Society of International Law in 1952 stating that the UN enforcement action was not subject to the law of war).

17　M. Fröhlich, "Keeping Track of UN Peace-keeping—Suez, Srebrenica, Rwanda and the Brahimi Report", 5 *Max Planck Yearbook of United Nations Law* (2001), pp. 185, 200.

18　"Report of the Secretary-General pursuant to the Statement Adopted by the Summit Meeting of the Security Council, on 31 January 1992: Agenda for Peace: Preventive Diplomacy, Peacemaking, and Peace-Keeping", UN Doc. A/44/277-S/24111, 17 June 1992. 这被视为引入了新一代（第二代）维和行动的基本概念：D. Thürer, *International Humanitarian Law: Theory, Practice, Context*, Hague Academy of International Law, 2011, pp. 307-308（第三代维和模式出现在 20 世纪的 90 年代，其中以前南地区冲突和 1992 年索马里维和行动为代表）.

19　盛红生：《中国警察参加联合国维和行动法律问题》,《中国国际法年刊》(2017)，法律出版社，第 305～307 页。

20　当代条约逐渐对国际组织开放签字、批准或加入的程序，使得这一局面有所改善，如《联合国海洋法公约》第 305 条第一款第(f)项。

21　D. Schindler, "United Nations forces and international humanitarian law", in: C. Swinarski (ed.), *Studies and essays on international humanitarian law and Red Cross principles*, Martinus Nijhoff, 1984, p. 522.

"【联合国维和行动】须遵守并尊重适用于军事人员的普遍性国际条约的原则和精神。这里提到的国际条约包括 1949 年《日内瓦四公约》、1977 年两个附加议定书、1954 年 5 月 14 日联合国教科文组织的《在武装冲突中保护文化财产公约》。【派遣国】因此须保证其所派遣的部队成员对这些条约的原则与精神完全理解。"[22]

这一协议范本是在大量现存的此类协议的基础上，由联合国秘书长起草的。第 28 条的文字并非无懈可击，比如它对"原则与精神"的内涵就没有说明，问题是从相关条约的哪些部分可以找到对应的文字加以宣示，而"整个条约是否都适用于此"则是"仁者见仁"，直到 1999 年联合国秘书长公布了一份相关文件时才得以解决，对这份文件将在下面一点中有进一步说明。

最后，联合国部队必须遵守《联合国部队遵守国际人道法的指南》（简称《秘书长指南》），这份文件由联合国秘书长在 1999 年 8 月 6 日公布[23]。这份指南中提到了"原则和精神"，并对此用语有实在而简明的解释[24]，比如：第一节第一段就提到对维和行动适用人道法的"基本原则和规则"。

五、适用人道法的条件

如果使命所在，任何一支联合国维和部队都可能卷入武装冲突；即使本来的使命不含有参与敌对活动的部分，使团人员也可能在执行任务时被迫卷入敌对活动，甚至达到联合国部队与敌对武装力量之间的正面冲突[25]。其实，使团一直可以行使自卫权这一实践，就很可能导致正面冲突。一旦出现正面冲突，人道法立即开始适用，使团的最初使命对此结果没有影响。当然，这里也许需要考虑冲突的性质问题。

人道法的适用还会出现在联合国部队对某地区实际上进行了占领的情况之

22　*Report of the Secretary-General*，UN Doc. A/46/185，23 May 1991.

23　ST/SGB/1999/13，in：*Roberts and Guelff*，p. 725.

24　Cf. D. Shraga，"UN Peacekeeping Operations：Applicability of International Humanitarian Law and Responsibility for Operations-related Damage"，94 *AJIL* （2000），p. 408.

25　为制止武装冲突中大规模违反人权的行为威胁和平，联合国维和部队可以使用强制手段包括有限度的、成比例的使用武力："Report of the Secretary-General to the Security Council on the Protection of Civilians in Armed Conflict"，8 September 1999，S/1999/957，para. 72，Recommendation No. 9.

中[26]，即使此时占领法需要进行适当修改后才能适用，因为此时联合国部队的行动并不属于东道国许可的范围之内[27]。

当人道法开始适用后，上一节提到的某些条约会暂时停止适用。例如，依据1994 年的《安全公约》第 2 条第二款规定：

> "本公约不适用于安理会依照《联合国宪章》第七章所授权采取的联合国强制行动，其中联合国人员以战斗人员身份与有组织的武装组织之间发生敌对行动，且对此敌对行动适用国际武装冲突法。"

六、遵守人道法的责任所在

遵守人道法的责任，由维和部队的派遣国和联合国（或其他国际组织）分担。联合国或国际组织一般会颁布"交火规则"[28]，其中包括遵守人道法的要求，而维和部队的指挥官也会依此发布命令。再有，联合国与派遣国的协议范本也会要求后者保证所派遣的部队遵守人道法[29]。

由于派遣国具有专属的刑事管辖权，其人员对人道法的违反行为只能由其本国的法院和纪律机构加以惩戒[30]。不过，假如违反行为达到"严重违反"《日内瓦四公约》或《第一附加议定书》的程度，那么所有缔约国的国内法院都拥有管辖权。

与责任问题有关的是，所有冲突方也须承认联合国和其人员享有国际法下的保护。比如，冲突方不得在冲突中使用联合国标志，除非事先得到联合国的授权[31]，否则，擅自使用者将会触犯《第一附加议定书》第 37 条，根据第一款第（d）项规定，议定书禁止借用联合国的标志、徽章或制服来盗用保护地位，以达到杀害、伤害或抓捕敌人目的的做法，这是人道法下的"欺诈行为"。第 85 条第三款第（f）项将此规定为严重违反议定书的行为。还有，1980 年《常规武器公约》的《第二附

26　M. Sassòli, "Legislation and Maintenance of Public Order and Civil Life by Occupying Powers", 16 *EJIL* (2005), pp. 661 at 688.

27　Ibid. , p. 691.

28　此类规则涉及在何种情况下使用武力：B. Klappe, "The Law of International Peace Operations", in: *Fleck (ed.)*, *Handbook*, pp. 631-637.

29　S. Wills, "Occupation Law and Multi-National Operations: Problems and Perspectives", 77 *BYIL* (2007) 256, pp. 274-277.

30　《秘书长指南》第四节。

31　Art. 38 (2), API.

加议定书》要求缔约国采取措施保护联合国部队免受地雷、陷阱的伤害[32]。可以说,假如联合国部队不是武装冲突的一方,他们不构成军事目标[33]。

在实践中,人道法提供的保护措施与其他相关条约一起为联合国维和人员提供保护。上面提到的 1994 年《安全公约》就宣布一系列针对联合国人员或与联合国维和行动相关人员的行为为非法行为,第七条这样规定:

"1. 联合国人员和相关人员、他们的设备和工作场所,不可成为攻击目标或任何使得他们无法执行任务行为的目标。

2. 本公约缔约国必须采取一切措施保证联合国人员和相关人员的人身安全和安全状态;尤其必须采取一切适当步骤保护在其领土上的联合国人员和相关人员免于第九条所列犯罪行为的影响。"

第九条列举了相关犯罪行为,包括对公约所保护人员的人身与自由发动攻击,或对联合国工作地点或设备发动攻击;任何发动攻击的威胁或企图,或者是共谋犯罪的行为,也构成第九条下的犯罪行为。

七、与维和行动相关对人道法的强制执行

在某些情况下,维和部队成员本身会负有保证人道法在所驻扎地区得到遵守的责任,而且确实存在着《第一附加议定书》缔约国与联合国合作去处理严重违反人道法的义务[34]。

这里提一下当年的"执行部队"(the Implementation Force or IFOR)以及后来的"稳定局势部队"(Stabilization Forces or SFOR)的例子。二者都是在前南斯拉夫地区武装冲突后期(特别是 1995 年《代顿和平协议》签署后)部署的北约部队,都参与了应前南刑庭要求协助抓捕被前南刑庭起诉的嫌疑人的行动。前者的建立和部署有联合国安理会第 1031(1995)号决议作为基础[35],后者的第 14 段"授权"联合国成员国建立一支多国部队,以保证和平协议(特别是军事部分)的执行;第 19 段决定将从 1992 年就已经驻扎在当地的联合国维和部队(UNPROFOR)的职责转交给"执行部队"。由于派遣国分别给自己提供给"稳定局势部队"的人

32　Art. 8, Protocol Ⅱ to the 1980 CCW and Art. 12 of Amended Protocol Ⅱ of 1996 to the CCW.

33　实践与理论中,"战斗人员是否是军事目标"还存在一定分歧: A. Jachec-Neale, *The Concept of Military Objectives in International Law and Targeting Practice*, Routledge, 2015, pp. 36-37.

34　《第一附加议定书》第 89 条。

35　于 1995 年 12 月 15 日由安理会通过。

员规定了"交火规则"，涵盖抓捕行动，整个部队的做法在后来几年里有所变化[36]，经常发生抓捕行动在最后关头流产，或者抓捕过程中出现使用武力的情况，造成被捕人受伤，导致在前南刑庭对此类抓捕的合法性的诉讼[37]。

另外，维和部队有时会面对当地发生大规模违反人道法的情况，这时，部队有权介入（比如制止犯罪或逮捕嫌疑人），但没有义务介入。这种义务是否存在，取决于安理会和派遣国的认可[38]。

不过，身处冲突之中的维和部队人员也会因为自身违反人道法的行为而遭至诉讼。上述 1999 年的指南就规定："如果存在违反人道法的行为，联合国维和部队的军事人员将在本国法院前被指控。"[39]

《塞拉利昂特别法庭规约》的第一条第二款规定：

> "由维和人员和依照联合国与塞拉利昂政府之间订立的《使团地位协议》或该国与其他政府或地区性组织之间协议，或当此类协议不存在而维和行动是基于该国政府同意而存在而驻扎在该国的人员的违法行为，属于派遣国的优先管辖权范围之内。"

此外，该条款还规定：

> "如果派遣国不愿意或不能够真心展开调查或诉讼，在联合国安理会基于任何国家提议而予以授权的话，本法庭可以对这些人员行使管辖权。"

塞拉利昂法庭的管辖权已经涉及人道法执行的问题，并将此类违反行为置于国际刑法的掌控之下。那么，人道法的执行处于怎样的状态呢？这将在下一章进行讨论。

36　J. Burger, "Lessons Learned in the Former Republic of Yugoslavia", in: D. Fleck (ed.), *The Handbook of the Law of Visiting Forces*, OUP, 2001, p. 523.

37　S. Lamb. "Illegal Arrest and the Jurisdiction of the ICTY", in: R. May *et al.* (eds.), *Essays on ICTY Procedure and Evidence in Honour of Gabrielle Kirk McDonald*, Kluwer Law International, pp. 27-41.

38　C. Greenwood, "International Humanitarian Law and United Nations Military Operations", 1 *YIHL* (1998), pp. 32-33.

39　*Observance by United Nations forces of international humanitarian law*, ST/SGB/1999/13, promulgated on 6 August 1999, and entering into force 12 August 1999, sect. 4.

第十一章　国际人道法的执行

扩 展 阅 读

M. Lachs, *War Crimes: An Attempt to Define the Issues*, Stevens &
Sons, Ltd. , 1945; H. Kelsen, "Will the Judgement in the Nuremberg Trial
Constitute a Precedent in International Law?", 1 *International Law Quarterly*
(1947), pp. 153-171; UNWCC, *History of the United Nations War Crimes
Commission and the Development of the Laws of War*, London, 1948; R.
Bierzenek, "Reprisals as a Means of Enforcing the Laws of Warfare: The Old
and the New Law", in: A. Cassese (ed.), *The New Humanitarian Law of
Armed Conflict*, Naples, vol. i, 1979, pp. 232-257; C. Hosoya *et al*. (eds.),
The Tokyo War Crimes Trial, Kodansha Ltd, 1986; F. Hampson,
"Belligerent Reprisals and the 1977 Protocols to the Geneva Conventions of
1949", 37 *ICLQ* (1988), pp. 818-843; C. Greenwood, "The Twilight of the
Law of Belligerent Reprisals", 20 *Netherlands Yearbook of International Law*
(1989), pp. 35-70; V. Morris and M. Scharf (eds.), *An Insider's Guide to the
International Criminal Tribunal for the former Yugoslavia: A Documentary
History and Analysis*, Transnational Publishers, 1995; Y. Dinstein and M.
Tabory (ed.), *War Crimes in International Law*, Martinus Nijhoff Publishers,
1996; A. Bouvier, "Convention on the Safety of United Nations and Associated
Personnel", 35 *IRRC* (1995), pp. 638-666; V. Morris and M. Scharf (eds.),
The International Criminal Tribunal for Rwanda, Transnational Publishers,
Inc. , 1998; C. Greenwood, "International Humanitarian Law and United
Nations Military Operations", 1 *YIHL* (1998), pp. 3-34; D. Shraga, "The
United Nations as an Actor Bound by International Humanitarian Law", 5
International Peacekeeping (1998), pp. 64-81; ICTY, *Basic Documents* 1998/
2001; A. Cassese, P Gaeta, and J. Jones (eds.), *The Rome Statute of the
International Criminal Court: A Commentary*, OUP, 2002; C. Romano,

A. Nollkaemper, and J. Kleffner (eds.), *International Criminal Courts*, OUP, 2004; F. Kalshoven, *Belligerent Reprisals*, Martinus Nijhoff, published in 1971, and reprinted 2005; 梅汝璈,《远东国际军事法庭》,法律出版社,2005 年出版; W. Schabas, *The UN international criminal tribunals: the former Yugoslavia, Rwanda and Sierra Leone*, CUP, 2006; *The Annotated digest of the International Criminal Court*, vol. 1, Martinus Nijhoff, 2007; M. Sassòli, "The Implementation of International Humanitarian Law", 10 *Yearbook of International Humanitarian Law* (2007), pp. 45-73; N. Boister and R. Cryer, *The Tokyo International Military Tribunal*, OUP, 2008; K. Heller, *The Nuremberg Military Tribunals and the Origins of International Criminal Law*, OUP, 2011; R. Cryer, H. Friman, R. Robinson, E. Wilmshurst, *An Introduction to International Criminal Law and Procedure*, 3rd edn., CUP, 2014.

一、非刑罚措施

(一) 国际人道法的传播

国际人道法在各国(不论是否为相关条约的缔约方)国内得以传播,这一点非常重要。传播有助于防范因不懂法而产生的违法行为,同时也能通过国内立法实现。作为一项习惯规则但同时也是《第一附加议定书》中的义务,缔约方和冲突各方应立即采取一切必要措施,以履行其依据各公约和议定书的义务。缔约方和冲突各方应颁布命令和指示,保证各公约和议定书被遵守,并应监督其执行[1]。为确保该义务的实施,《日内瓦四公约》和《第一附加议定书》要求缔约方在和平时期和武装冲突中,尽可能广泛地在各自国家内传播公约和议定书的内容[2]。因此,《第一附加议定书》规定:

"缔约各方承诺,在平时及在武装冲突时,尽可能广泛地在各自国家内传播各公约和本议定书,特别是将各公约和本议定书的学习包括在其军事教育计划内,并鼓励平民居民对各公约和本议定书进行学习,以便这些档为武装

---

1 《第一附加议定书》第80条。
2 《日内瓦第一公约》第47条;《日内瓦第二公约》第48条;《日内瓦第三公约》第127条;《日内瓦第四公约》第144条;《第一附加议定书》第83条;《第二附加议定书》第19条。

部队和平民居民所周知。在武装冲突时负责适用各公约和本议定书的任何军事或民政当局,应充分熟悉各公约和本议定书的本文。"[3]

传播通常可以通过军法手册与国内立法进行。相关规则是《第一附加议定书》第 82 条下的规定:"缔约各方无论何时、冲突方在武装冲突时,应保证法律顾问在需要时向适当等级的军事司令官,就公约和本议定书的适用、向武装部队发布何种适当命令提供法律意见。"可以说,建立法律顾问制度是国际人道法下的义务,而顾问提出的法律意见将直接影响到指挥命令的内容[4]。

(二) 调解、国际合作、事实调查

在武装冲突期间,交战国会失去能保持接触的正常外交渠道。当然,这可以通过中立国来进行,或借助其他技术手段,例如无线电或电视广播。

调解与调停是国际关系中既定的接触方式,均没有第三方的直接介入。在 1990 年以前,联合国秘书长的调停作用较为显著,取得了不同程度的成功,但之后联合国安理会发挥了核心作用。

《日内瓦四公约》共同第一条规定,遵守(公约中的)国际人道法是一项普遍义务;那么,国际合作是该领域所必需的。按照《第一附加议定书》的规定,缔约方应通过保存者,并于适当时通过各保护国,尽速彼此通知本议定书的正式译文以及为了保证其适用而通过的法律规章[5]。在严重违反公约或议定书的情形下,缔约方承诺在与联合国合作的前提下按照《联合国宪章》采取共同或单方行动[6]。

联合国也扮演着非常重要的角色。联合国安理会对违反国际人道法的行为可采取一系列措施,包括通过决议敦促交战方遵守国际人道法或停止继续的违反行为、设立委员会进行调查,以及设立国际刑事法庭。

《第一附加议定书》还规定了"国际事实调查委员会"(International Fact Finding Commission)制度[7]。委员会由 15 名道德高尚和公认的公正委员组成。在 1991 年《第一附加议定书》的 20 个缔约国同意承认其职权后,该组织更名为"国际人道事实调查委员会"(International Humanitarian Fact-Finding Commission),委员会的职权是对被控为从事严重破坏日内瓦公约或《第一附加

3　《第一附加议定书》第 83 条。

4　F. Hampson, "Fighting by the Rules: Instructing the Armed Forces in Humanitarian Principles", 29 *IRRC* (1989), pp. 111-124.

5　《第一附加议定书》第 84 条。

6　《第一附加议定书》第 89 条。

7　第 90 条。

议定书》的规定或其他严重违反该公约或议定书的行为的任何事实展开调查，并通过调委会的斡旋，促使恢复对各公约和议定书的遵守。委员会尚未开始运作，但类似的临时机构已经存在，例如根据联合国安理会第 780(1992)号决议(1992年 10 月 6 日通过)设立的调查前南斯拉夫境内严重违反国际人道法行为的专家委员会，联合国秘书长提交安理会的第 S/25704 号报告就是以该委员会的最终报告为基础的。第一次"海湾战争"以及"卢旺达大屠杀"期间，也分别设立了类似的委员会。在联合国人权理事会成立后，先后对多起造成国际影响的重大事件设立事实调查委员会/使团，并将其调查报告公诸于世[8]。

(三) 保护国独立监督制度

《日内瓦四公约》及《第一附加议定书》都设置了"保护国"的角色。在第一次世界大战后，1929 年《关于战俘待遇的日内瓦公约》第一次在国际人道法中引入了"保护国"的概念。保护国有权对公约和议定书的施行进行独立监督，包括对战俘的探访与对交战国适用公约的调停。

在第二次世界大战期间，瑞士当时是 35 个国家认定的"保护国"。第二次世界大战之后，这一制度的正式适用仅限于国际武装冲突之中，例如 1982 年的"马尔维纳斯群岛冲突"。由于冲突方常常不能在指定保护国问题上达成一致，红十字国际委员会按照《第一附加议定书》第 5 条第四款的规则，逐渐成为代替组织。按照《第一附加议定书》，冲突方有义务自该冲突开始发生之时起适用保护国制度，包括对保护国的指定和接受的程序，以保证各公约和本议定书的监督和执行[9]。

《第一附加议定书》第 5 条第四款规定，"如果尽管有上述规定而未指定保护国，冲突各方应立即接受红十字国际委员会或任何其他提供一切公正和效率保证的组织所提出的建议，由该组织在与各该方妥善磋商后并在考虑磋商的结果下充当代替组织。代替组织行使职责应取得冲突各方的同意。冲突各方应尽力为代

8　比如：Human Rights Council, "Report of the International Fact-finding Mission to Investigate Violations of International Law, including International Humanitarian and Human Rights Law, resulting from the Israeli Attacks on the Flotilla of Ships carrying Humanitarian Assistance", UN Doc A/HRC/15/21, 22 September 2010,理事会设立的这一使团的调查方向就是在加沙地带出现的违反人道法和人权的事件；理事会由联合国大会通过决议方式成立于 2006 年 3 月 15 日，有权设立临时独立调查委员会。有关迄今设立的 31 个委员会/使团的活动与报告，参看：https://www.ohchr.org/EN/HRBodies/HRC/Pages/ListHRCMandat.aspx。

9　《第一附加议定书》第 5 条第一款。

替组织按照各公约和本议定书执行其任务的工作提供便利。"但是,红十字国际委员会在此情形中确实拥有接受或拒绝充当代替组织的自由裁量权。

保护国一经指定,冲突方应允许保护国履行其职责。这意味着尽可能便利保护国相关人员的行动,但冲突方也可以基于军事必要之理由,暂时地对之行动范围加以限制[10]。

在此有必要总结一下保护国的权力。首先,保护国之首要责任是维护冲突各国的利益,在与冲突各方合作与其他保护国的监督前提下适用《日内瓦四公约》和《第一附加议定书》[11]。其次,在冲突方对于《日内瓦公约》的适用与解释上存在意见分歧时,应从事斡旋以期解决分歧[12]。最后,访问战俘与被拘禁平民,并有权选择其愿访问的地点[13]。

正如《日内瓦第一公约》至《日内瓦第三公约》的第9条与第11条、《日内瓦第四公约》第10条与第12条,以及《第一附加议定书》第5条所示,红十字国际委员会在执行国际人道法规则方面扮演着重要的角色,它负责"中央追踪局"的运作、战俘记录的保存、对拘押营的视察、救援的提供、为冲突方平民提供援助、在幕后解决争端、协助国家遵守国际人道法。

冲突方应在其权力内给予红十字国际委员会一切便利条件,使该委员会有可能执行《日内瓦四公约》和《第一附加议定书》所赋予的人道救护任务,以保证对冲突受难者的保护和援助;红十字国际委员会还得进行任何有利于这类受难者的其他人道活动,但须得有关冲突方的同意[14]。冲突方也应对其他红十字机构或人道组织给予类似便利。

红十字国际委员会也可向流离失所者与难民提供援助,甚至包括非武装冲突情形下的相关人群。在此方面,红十字国际委员会作用比较特殊。

(四) 赔偿

每个国家对其国际不法行为所造成的损害都应提供充分赔偿,这是国际法的一项基本原则[15]。在人道法领域里,这一原则体现在《海牙第四公约》第三条与

10　《日内瓦第三公约》第126条;《日内瓦第四公约》第143条。

11　《日内瓦第三公约》第8条;《日内瓦第四公约》第9条。

12　《日内瓦第三公约》第11条;《日内瓦第四公约》第12条。

13　《日内瓦第三公约》第126条;《日内瓦第四公约》第143条。

14　《第一附加议定书》第81条第一款。

15　参见本书上卷,第379页。

《第一附加议定书》第 91 条之中[16]，第 91 条包含两项规则：其一，违反《日内瓦四公约》或《第一附加议定书》规定的冲突一方，按情况所需，应负补偿责任；其二，该方须对其武装部队的人员所从事的一切行为负责。在 20 世纪 90 年代以后，国际刑法实践重申了个人刑事责任的存在，使得对个人责任的追究吸引了国际社会的注意，但这并没有冲淡国家责任的重要性。

这里有必要提及设在日内瓦的"联合国赔偿委员会"，在 1991 年"海湾战争"后，联合国安理会通过第 687 号决议设立了该委员会，作为安理会附属机构，旨在处理因伊拉克不法入侵与占领科威特而引起的赔偿问题，索赔来自于近 100 个国家的政府为其公民、公司所提交的请求，也包括国际组织提起的独立求偿请求[17]。

2007 年，国际法院在"刚果诉乌干达案"中，判决乌干达要为其武装部队成员违反人道法的行为承担国家责任，包括赔偿的责任；在本卷截稿之日，该案仍然处于尚未结束的状态，主要是双方对赔偿问题存在较大争执[18]。

与此同时，国际刑事法院也处理了三个案件上诉结束后的赔偿问题，当然，这里涉及的是《罗马规约》下特有的针对受害者个人的赔偿制度[19]。

（五）报复

1. 基本概念

在国际人道法限制条件范围内，报复是国际法的执行方式之一，作为强制性措施，它在一般情况下是违反国际法的行为，但是，在武装冲突中，冲突一方可以

16　第 3 条规定："违反本条约附加规则的任一交战方，若具体情形需要，应为此给予赔偿。它须为其武装部队成员的所有行为负责。"

17　https://uncc.ch/home（浏览于 2019 年 10 月 7 日）。根据委员会官网，对求偿请求的审议已经于 2005 年全部结束，对私人求偿的赔付已经于 2007 年结束，但委员会依然存在，处理基于对科威特油井破坏所造成损失的赔偿请求和金额问题。

18　*Armed Activities on the Territory of the Congo*（*Democratic Republic of the Congo v. Uganda*），Order of 10 December 2015，ICJ Rep.（2015）662. 该命令批准了诉讼方要求延长提交赔偿问题诉状时间的请求。到此，双方的书面文书均已递交给法院，法院将在 2019 年 11 月份举行赔偿问题的口头听证：参看法院官网 9 月 11 日登出的声明：https://www.icj-cij.org/files/case-related/116/116-20190911-PRE-01-00-EN.pdf（浏览于 2019 年 10 月 23 日）。

19　《罗马规约》第 75、79 条；国际刑事法院的《程序与证据规则》第 94～99 条。比如，2018 年 3 月 8 日，上诉庭宣判，维持审判庭就阿尔-马迪赔偿问题所作命令的大多数内容（因为上诉庭对命令作了两处修订），认为审判庭拥有要求在第 79 条下设立的"受害者信托基金"帮助审核受害者领取赔偿资格的裁量权，审核标准是由审判庭决定的：*Prosecutor v. Ahmad Al Faqi Al Mahdi*，Case No. ICC-01/12-01/15 A，*Judgment on the appeal of the victims against the "Reparations Order"*（public；redacted）.

将之作为反击方式,以阻止对方继续违反国际人道法[20]。报复的目的在于促使对方此后遵守法律,在后续行为中依法行事[21]。

　　该概念与"对等原则"(principle of reciprocity)密切相关,但也存在差异:其一,报复是强制执行国际法规则的手段;其二,进行报复时所选择的方式未必含有相互性因素的考虑[22]。

2. 适用中的问题

　　然而,报复的方法在实践中存在严重的问题。首先,当对方采取更强烈的方式进行反击时,已经实施的报复措施很可能导致武装冲突升级。其次,当国家援用报复概念为其不法战争手段辩护时,报复这一概念可能被滥用[23],随后的结果很可能是平民丧生与民用物体的毁损。有鉴于此,《日内瓦四公约》与《第一附加议定书》作出了一系列不得对特定人员与目标进行报复的禁止性规定。最后,对报复对象或目标的选择,在实践和理论上也还存在着分歧[24]。

3. 诉诸报复的决策权

　　鉴于报复手段在政治与军事上的重要性,它的使用只能是在最高政治层面批准之后[25]。士兵个人不能命令或采取此类手段,因为报复涉及对政治风险与采取报复行动导致的紧急危险的评价,而这一评价过程需要战略意义上的情报,后者只被相关人士掌握,战场指挥官往往不属于这一类决策者。对于敌方将停止违反国际人道法的行为,还是升级严重违反的行为,没有此类情报,是无法作出确定判断的。

4. 要件

　　在习惯法上,采取不被国际人道法禁止的报复行动须具备两个要件[26]:其一,报复之前必须穷尽其他手段,报复应作为最后手段;其二,报复手段必须与其所

---

[20]　F. Kalshoven, *Belligerent Reprisals*, 2nd edn., Martinus Nijhoff, 2005, p. 33. Also see *Commander's Handbook*, sect. 6.2.4.

[21]　M. Whiteman, *Digest of International Law*, US Government Printing Office, 1968, vol. 10, p. 912.

[22]　F. Kalshoven, *Belligerent Reprisals*, 2nd edn., Martinus Nijhoff, 2005, pp. 25, 362.

[23]　Ibid., p. 376.

[24]　Y. Dinstein, *The International Law of Belligerent Occupation*, 2nd edn., CUP, 2019, pp. 173-174.

[25]　*Commander's Handbook*, sect. 6.2.4.3. 再有,2006 年 7 月至 8 月间,由于"真主党"武装分子向以色列境内军事与平民目标发射火箭弹,并越界击毙、抓捕以色列士兵,以色列国防军海陆空三军入侵南黎巴嫩,以色列内阁对此报复行为的实施给予批准:"Report of the Commission of Inquiry on Lebanon pursuant to Human Rights Council resolution S-2/1", A/HRC/3/2, 23 November 2006, para. 43. 报告也对以色列国防军不遵守人道法提出指责:第 11~14 段,第 349 段第(h)项建议。

[26]　Dinstein,上引书,第 339~342 页。

试图纠正的违反行为成比例。如果不符合这些条件，报复措施就不合法。在对伊朗作战期间，伊拉克曾援引报复的权利在波斯湾里设置禁区，为其军机或水雷阻碍该区域内商船航行、封锁安全通道的行为辩护，中立国商船在未获事先警告、船员生命安全未被顾及的情况下就被摧毁，因此，伊拉克被视为违反了报复的比例原则[27]。

在实践中还存在其他两个要件：其一，报复措施只能针对引发该报复措施的违法行为的对象[28]；其二，一般认为，报复只能在违反国际人道法的一方不理会对其违反行为的事先警告与停止违法行为的要求时才能进行[29]。

5. 国际人道法禁止采取报复手段的规定

对以下人群或目标，人道法禁止冲突方采取报复行为：

1) 伤者、病者与遇船难者；医务人员与随军牧师；医疗设施与物资（《日内瓦第一公约》第 46 条；《日内瓦第二公约》第 47 条；《日内瓦第三公约》第 33 条第 2 款；《第一附加议定书》第 20 条）；

2) 战俘（《日内瓦第三公约》第 13 条第三款）；

3) 平民（《日内瓦第四公约》第 33 条第三款；《第一附加议定书》第 51 条第六款）；

4) 占领区领土上的私人财产（《日内瓦第四公约》第 33 条第三款）；

5) 平民居民生存所不可缺少的物资（《第一附加议定书》第 54 条第四款）；

6) 自然环境（《第一附加议定书》第 55 条第二款）；

7) 含有危险力量的工程与装置（《第一附加议定书》第 56 条第四款）；以及

8) 文化财产（《第一附加议定书》第 53 条第三项；1954 年《海牙公约》第四条第四款）。

自 1929 年《与战俘待遇相关的日内瓦公约》第二条明确禁止对战俘采取报复措施以来，国际人道法逐步将一些特定人群与目标排除在合法报复行为范围之

27　R. Leckow, "The Iran-Iraq Conflict in the Gulf: the Law of War Zones", 37 *ICLQ* (1988), p. 637.

28　N. Ronzitti, "Le droit humanitaire applicable aux conflits armés en mer", 242 *RdC* (1993, Ⅴ), p. 153.

29　S. Oeter, in: *Fleck (ed.), Handbook*, p. 228, sect. 485.

外[30]；《日内瓦四公约》与《第一附加议定书》进一步扩大了排除范围。比如，《第一附加议定书》第 51 条第六款规定了一项重要的禁止性规则："禁止以报复形式对平民居民发动攻击。"该规定没有任何限制条件，相当于一项绝对禁止性规定。

在 1977 年日内瓦大会上，荷兰、苏联、奥地利、墨西哥与挪威等国提议在议定书草案中加入第 51 条第六款。在签署《第一附加议定书》时，英国与爱尔兰保留了其在该条款下的如下权利：

> "采取不为本议定书条款禁止、迫使敌方停止违反议定书条款的行为所必要的措施，但只在要求停止违反行为的正式警告被敌方无视，并经政府最高层做出报复措施的决策之后。"[31]

上述保留似乎意味着，这两个国家保留对敌方平民居民或民用物体采取报复行动的权利；在这一点上，此种解释似乎更符合国家实践[32]，事实上，不少国家似乎采取同样立场[33]。

在适用于核威慑问题时，该条款的存在使具体情况更为复杂化。鉴于威慑是基于可能采取的核报复手段，拥有核武器的这一事实也不必然非法。在"使用或威胁使用核武器的咨询意见"中，维拉曼特利法官在反对意见中指出，国际法院多数意见在作为报复手段的核武器使用问题上保持了沉默[34]，他个人否认"报复原则""为当代国际法承认"，认为报复规则是国际人道法有效组成部分，并为此引用了 Bowett、Brownlie 与 Oppenheim 的观点。他总结道，该原则的唯一正当性在于报复是确保战争过程合法的一种手段，但在涉及核武器时该目标则无从实现，从而使所谓的合法性考虑失去意义[35]。《第一附加议定书》第 51 条第六款意义重大，但能否有效实施有待观察。

就《第一附加议定书》中的规则是否反映了习惯法这一问题而言，第 56 条的规则也是个相关的例子。英国在批准《第一附加议定书》时就该议定书第 56 条作出了声明：如果含有危险力量的装置对敌方军事部署提供有效助力，英国不承诺给予它们以绝对保护；在此情况下，英国愿意做的是对接近或在那些装置上采取

30　S. Nahlik, "A Brief Outline of International Humanitarian Law", 34 *IRRC* (July-August 1984), p. 35.

31　*Roberts and Guelff*，第 506 页和第 511 页（这些"条款"包括《第一附加议定书》第 51 条至第 55 条）。

32　*The UK Manual*, p. 421, n. 62.

33　比较德国、意大利、荷兰、新西兰与西班牙政府作出的声明：*Roberts and Guelff*，第 505、507、508、509 页。

34　ICJ Rep. (1996) 226 at p. 542.

35　Ibid. , p. 544.

军事行动时加以预防措施,从而避免"平民居民遭受严重的附带损失"[36]。

一般而言,报复措施也受到国际法上禁止使用武力规则的限制[37]。

二、个人刑事责任的确立

(一) 条约

"严重违反公约行为"的相关制度就是例子,这一制度体现在《日内瓦四公约》与《第一附加议定书》中:《日内瓦第一公约》第 50 条;《日内瓦第二公约》第 51 条;《日内瓦第三公约》第 130 条;《日内瓦第四公约》第 147 条;《第一附加议定书》第 85 条。正如这些条约所规定的,缔约国保证对此类违反行为予以有效的刑事制裁。由于这些条款已经成为习惯法的一部分[38],因此也独立于条约而存在[39]。

随着各种特设国际法庭规约的出现,对"严重违反"行为的国际管辖权与国内管辖权并行存在;如果出现管辖权冲突,那么就需要考虑国际管辖权是否具有条约、规约赋予的优先性。另外,违反条约规则的行为在 1949 年前主要是国家责任的问题,产生于对条约义务的违反,而《日内瓦四公约》允许缔约国对"严重违反"行为行使刑事管辖权,则已经暗含视个人责任为事实,并在相关条款下抹去了"如果情况需要"这样淡化约束力的条件,使得缔约国建立刑事处罚制度成为一个明确的义务。这四个条约对推动国际法在"二战"后发展所起到的作用,不可小觑。

(二) 规约

前南国际刑庭、卢旺达国际刑庭与塞拉利昂特别法庭的规约,将人道法领域的一些行为规定为罪行,并确认了相应的个人责任。但是,这些法律文件基本上重申了联合国大会通过的"纽伦堡原则"[40];后者在条约之外,完善了战后国际法发展的路径,确立了个人刑事责任这一国际法的基本原则。

---

36 *Roberts and Guelff*,p. 511.

37 参看前面第二章。

38 UNSC,"Report of the Secretary-General pursuant to Paragraph 2 of Security Council Resolution 808 (1993)",S/25704,3 May 1993,para. 35.

39 参见本书上卷,第二章第(三)节。

40 参见下面第三节第(一)小节第六小节。

1998 年的《国际刑事法院的罗马规约》("《罗马规约》")是在临时法庭实践的基础上产生的常设国际刑事司法机构的基本法律,它反映了上述规约——包括"纽伦堡原则"——的内容,但也在某些方面对国际刑法的实体法和程序法有所发展或削减[41]。

(三)习惯法

在习惯法上,个人责任源自严重违反国际人道法的行为。作为例证,在此强调以下两个原则。

1. 官方身份不免除刑事责任

这是"纽伦堡原则"第三项,体现在《前南国际法庭规约》第七条第二款与《卢旺达国际刑庭规约》第六条第二款中。《罗马规约》第 27 条也反映了该原则,该条规定:"本规约对任何人一律平等适用,不得因官方身份而差别适用"[42]。

2. 上级命令不免除刑事责任

这是"纽伦堡原则"第四项,体现在《前南国际刑庭规约》第七条第四款、《卢旺达国际刑庭规约》第六条第四款、《罗马规约》第 33 条中。

然而,《罗马规约》第 33 条不仅认为这不是免责理由,而且拒绝将其视为量刑过程中的从轻情节。这两点都不反映就此问题在 1998 年前存在的习惯法[43]。

三、执 行 机 构

这里的着重点在于国际刑事司法机构处罚违法人道法行为,并通过这一实践从而促进人道法的执行。从 20 世纪 40 年代开始,直到 90 年代中联合国临时刑

41　A. Pellet,"Applicable Law", in：A. Cassese et al.（eds.）, *The Rome Statute of the Internitonal Criminal Court：A Commentary*, vol. ii, OUP, 2002, pp. 1072-1073, 1082-1084.

42　第 27 条对国际刑事法院的存在所发挥的重要性,可以在近期的涉及约旦合作义务的判决中体现出来：*The Prosecutor v. Omar Hassan Ahmad Al-Bashir, Judgment in the Jordan Referral re Al-Bashir Appeal*（*Public Document*）, ICC-02/05-01/09 OA2, ICC Appeals Chamber, 6 May 2019, paras. 3-4, 7. 上诉庭认为,作为条约法和习惯法所承认的规则,第 27 条第二款应被解释为排除了国家元首针对逮捕和递解至国际刑事法院的豁免权,而且《罗马规约》的缔约国不能以为这一条款可以用来规避国际刑事法院对该国提出的逮捕和递解某一国家元首的请求;而这一要求进一步在联合国安理会与 2005 年 3 月 31 日通过的第 1593 号决议下得到确认。

43　B. B. Jia,"The Two Approaches to the Superior Orders Plea", in：K. Sellars（ed.）, *Trials for International Crimes in Asia*, CUP, 2016, pp. 267-269. 规约本身对上级命令的规则在习惯法下有一定基础,但是与《纽伦堡宪章》第八条以及 20 世纪 90 年代联合国设立的临时法庭的适用法和实践确实不同。

事法庭以及后续的国际性法院或法庭的出现，这一实践既有历史延续性，也体现了国际政治对国际法在处理重大责任时所发挥的作用的依赖和信任，因为把国际政治的基本构件"永久化""稳定化"是法律体系的专长，执行力量（通过国际机构的建立而得到）的加强只会对国际法体系（包括人道法）提高有效性有益[44]。但是，需要指出的是，即使国际机构对人道法的执行和发展是主要的讨论方向，国内法的作用也绝没有遭到忽视，特别是在"人道法的执行"这个主题上，因为与此直接相关的《罗马规约》最主要的原则之一就是"补充性原则"：它所反映的国际人道法规则的执行主要是通过国内法体系实现的[45]。其实，本卷在不同章节都引用过"二战"后军事审判的例子，值得注意的是，这类审判的多数案件是国内法院审理的，但也受国际法规则的指导、约束[46]。考虑到这些案件与国际刑法的特别相关性，就不在这里加以讨论[47]。

（一）纽伦堡和远东国际军事法庭

1. 设立

纽伦堡国际军事法庭（International Military Tribunal（Nuremberg））是根据 1945 年 8 月 8 日的《伦敦协定》成立的临时法庭，旨在控诉与惩处轴心国的主要战犯。该法庭的起源可追溯至 1943 年 10 月 30 日的《关于欧洲占领区德国暴行的莫斯科宣言》，该宣言指出：

> "凡曾经负责或同意参加上述暴行、屠杀或执行死刑的德国军官、兵士和纳粹党徒将被解回到他们犯下可恶罪行的国家，以便依照这些被解放的国家以及在这些国家中建立起来的自由政府的法律进行审判和惩罚。"

当时的国际法学者认为，国际军事法庭等相关审判机构的出现在某种程度上是不可避免的，这不仅因为深受国际罪行其害的并非只有国家，还因为国际罪行将由战胜国审判与惩处。这些国家代表了当时绝大多数国家，以致该战争中被接

44　M. Sassòli, *International Humanitarian Law*, Elgar, 2019, pp. 443-449.

45　参看《罗马规约》前言与第 1 条；also J. Holmes, "The Principle of Complementarity", in: R. Lee (ed.), *The International Criminal Court: The Making of the Rome Statute*, Kluwer Law International, 1999, pp. 41-78.

46　R. Cryer, H. Friman, D. Robinson, E. Wilmshurst, *An Introduction to International Criminal Law and Procedure*, 3rd edn., CUP, 2014, pp. 70-74, 124-125.

47　Ibid., Chapters 3, 4, and 9.

受为中立国的寥寥无几[48]。

按照《伦敦协定》第 1 条,在同"德国管制委员会"协商后,将建立一个国际军事法庭,以审判那些罪行没有特殊地理位置的战犯,不问他们是以个人身份被起诉,或者是以组织或团体成员的身份被起诉,或者是同时以两种身份被起诉。第二条将国际军事法庭的组织、管辖和功能交由该协定所附的宪章来规范。这一国际军事法庭的管辖权,与为审判战犯而在同盟国领土或德国领土上已经或将要建立的国内或专门法庭的管辖权并行存在。

2. 宪章与适用法律

《联合国宪章》附于 1945 年《伦敦协定》之后。《联合国宪章》第 6 条规定了法庭审判及处罚一切为轴心国之利益而以个人资格或团体成员资格犯有下列任何罪行之人员的管辖权:1)反和平罪:即计划、准备、发动或从事一种侵略战争或一种违反国际条约、协定或保证之战争,或参加为完成上述任何一种战争之共同计划或阴谋;2)战争罪:即违反战争法规或惯例的行为,包括谋杀、为奴役或为其他目的之虐待或放逐占领地平民、谋杀或虐待战俘或海上人员、杀害人质、掠夺公私财产、毁灭城镇或乡村或非基于军事上必要之破坏,但不以此为限;3)反人道罪,即在战前或战时,对平民采取谋杀、灭绝、奴役、放逐及其他任何非人道措施,或基于政治、种族或宗教的理由,执行或涉及本法庭裁判权内之任何犯罪时所犯下的迫害行为,至其是否违反犯罪地之国内法在所不问。

第 6 条规定了如下重要条款:"凡参与上述任何一种犯罪之共同计划或阴谋之决定或执行之领导者、组织者、教唆者与共犯者,对于执行此种计划之任何人所实施之一切行为,均应负责。"

第 8 条规定,被告遵照其政府或长官之命令而行动之事实,"不能"使其免除责任,但如法庭认为合乎正义之要求时,得于刑罚之减轻上加以考虑。

然而,《宪章》也包括一些独特的条款。例如,第 3 条规定,对本法庭或法官或助理法官,检察官或被告或其辩护人均不得对之管辖权提出抗辩。当代国际法不承认这样的规定;相反,被告有权进行的先决性抗辩之一就是基于组成法庭的法官的偏见,对其管辖权,或对本案管辖权的存在与否提出抗辩。第 12 条规定,"本法庭对于被控犯本宪章第六条所规定之罪行之人,在该犯罪人未经缉获以前,或本法庭基于任何理由认为为正义利益之必要时,有进行缺席审判之权。"按照现代

48　E. Lauterpacht (ed.), *International Law being the Collected Papers of Hersch Lauterpacht*, vol. 5 (Disputes, War and Neutrality: Parts Ⅸ—ⅩⅣ), CUP, 2004, pp. 491-492.

人权法和国际刑法,缺席刑事审判是被禁止的做法[49]。

另一方面,《宪章》也对国际刑事法庭的运作提供了指南,这在后续实践中被证明非常有用。例如,第 13 条赋予法官制定关于法庭诉讼程序规则的权力;此类法庭应不受技术性证据规则之拘束,正如第 19 条规定的,纽伦堡国际军事法庭"在可能之范围内",得采取及适用简易、迅速、非技术性之程序规则,可以采纳其所认为有证据价值之任何证据。

3. 判决

1945 年 11 月 20 日,纽伦堡国际军事法庭开始了对 22 名主要战犯的审判。在适用《国际军事法庭宪章》规则时,出于"法无明文不为罪"普遍原则的考虑,法庭小心地寻找这些规则的条约或习惯法依据。例如,法庭援引了《海牙规则》第 46 条、第 50 条、第 52 条与第 56 条,以及 1929 年《关于战俘待遇的日内瓦公约》第二至四条、第 46 条与第 51 条[50]。在 1946 年 10 月 1 日,法庭宣布了判决[51]。

4. 《管制委员会第 10 号法令》

在"二战"之后举行的军事审判中,许多著名的案件是根据 1945 年 12 月 20 日颁布的这一法令进行的,其完整名称是《管制委员会第 10 号法令:惩罚战争罪、反和平罪与反人道罪罪犯》[52]。制定该法令的目的,在于使 1943 年 10 月 30 日《莫斯科宣言》、1945 年 8 月 8 日《伦敦协定》及据此通过的《宪章》的条款生效,从而为在德国占领区起诉除国际军事法庭审理之外的战犯与其他罪犯确立统一的法律基础。

《伦敦协定》与《宪章》是该法令的组成部分,第 2 条逐字重述了《宪章》第 6 条的规定,第 3 条允许各占领国在其占领区审判涉嫌罪犯。

在美国占领区内,按照该法令规定进行了 12 个案件的审判[53]。依据 1946 年 10 月 25 日发布的《军事管制政府第七号条令》,相关法庭由军事(占领)总督设立,受指控的共有 185 人[54],最后一个判决公布于 1949 年 4 月 14 日。当然,美国

49　《前南刑庭规约》第 21 条第四款第四项;《罗马规约》第 63 条,参看第 83 条第五款。

50　IMT, Judgment of 1 October 1946, in: *The Trial of German Major War Criminals. Proceedings of the International Military Tribunal sitting at Nuremberg*, Germany, Part 22(22nd August 1946 to 1st October 1946), HMS Stationary Office, 1946, pp. 411, 467.

51　Ibid.; also reproduced in 41 *AJIL* (1947).

52　*Official Gazette* (1946), Control Council for Germany, pp. 50-55.

53　K. Heller, *The Nuremberg Military Tribunals and the Origins of International Criminal Law*, OUP, 2011.

54　在美国占领区就有近 10 万有嫌疑的德国人,从中筛选出适当的被告是艰巨的任务:同上注,第 13 页。

占领军进行的审判并不限于这 12 个。

《管制委员会第 10 号法令》启动的纽伦堡系列审判的首席法律顾问 T. 泰勒指出，指控谁的决定是根据是否存在能表明从事了"国际法原则所确认的犯罪行为"的充分证据作出的[55]，因此，纽伦堡审判旨在惩处犯罪，而非处罚政治或其他信仰——不论这些信仰如何错误或邪恶。于是，在选择被告时，个人在政治或党派意义上是否为"纳粹"的问题并不重要。

上述 12 个案件名称如下："医生案""司法官员案""坡尔案"[56]"格莱菲尔特案"[57]"死刑队案"[58]"法本案""弗里克案""克虏伯案"[59]"人质案""最高统帅部案""缪希案"[60]，以及"部委案"。所有这些案件的记录和判决都载于美国政府出版署在 1950 年出版的《纽伦堡军事法庭根据管制委员会第 10 号法令进行的审判》系列报告之中。

5. 联合国战争罪委员会

该委员会由 17 个同盟国在 1943 年设立，旨在准备对德、日战犯进行审判，调查与记录战争罪证据，并确认个人责任；以及在证据充分时向上述 17 个政府通报。该委员会卓有成效的工作成果，出版于英国政府在 1947 年至 1949 年出版的 15 卷《审判战犯的法律报告》之中，其中汇总、简述了各占领国军事法庭的大量案件。

6. "纽伦堡原则"

联合国大会在 1946 年 12 月 11 日通过了联大第 95(1) 号决议，确认了《纽伦堡宪章》与纽伦堡判决所承载的国际法原则。1947 年 11 月 21 日，联合国大会通过第 177(2) 号决议，要求同日由联大第 174(2) 号决议设立的国际法委员会编纂上述原则，并着手起草《违反人类和平与安全罪行法典草案》。国际法委员会在 1950 年举行的第二轮会议期间，通过了七个原则。

原则一规定："从事构成违反国际法的犯罪行为的人承担个人责任，并因此应受惩罚。"这一原则确立了个人刑事责任。原则二规定："国内法不处罚违反国

55　T. Taylor, *Final Report to the Secretary of the Army*, U. S. Government Printing Office, 1949, p. 85.

56　涉及德国在欧洲占领区当局官员的罪行。

57　涉及德国党卫军在欧洲推行的灭种罪政策。

58　涉及德国党卫军"死刑队"的罪行。

59　本案与前两个案件涉及德国主要工业企业的罪。这些案件提出了"公司(刑事)责任"的基本设想，为当代的相关讨论提了先例：Heller，上引书，第 253~254 页。

60　涉及德国战争工业企业奴役劳工和进行致命的人体试验的罪行。

际法罪行的事实,不能作为实施该行为的人免除国际法责任的理由。"这确立了国际法规则的优先性。原则三规定:"以国家元首或负责任的政府官员身份、实施了违反国际法行为的人,其官方地位不能作为免除国际法责任的理由。"这开启了官员在国际法下失去刑事责任豁免的时代。原则四规定:"依据政府或其上级命令行事的人,假如他能够进行道德选择的话,不能免除其国际法上的责任。"这排除了"上级命令"作为免责理由的可能。原则五规定:"被控有违反国际法罪行的人有权在事实和法律上得到公平审判。"原则六宣布了三种国际罪行:1)反和平罪;2)战争罪;3)反人道罪。原则七规定:"共谋原则六所述的反和平罪、战争罪或反人道罪的行为,也是国际法下的罪行。"

国际法委员会在 1950 年将载明这些原则的文本提交联合国大会,联大第六委员会讨论了这些原则,确认它们已构成国际法的一部分。这一观点在后来的实践中也得到认可。例如,以色列最高法院在 1962 年 5 月 29 日的"艾希曼案"判决中就支持这种观点[61]。这些原则的影响显而易见,因其动摇了当时既存国际法的基础,尤其是它们对违反国际法的个人责任予以承认。

7. 东京审判

在 1945 年 7 月 26 日《波茨坦公告》中,美国、英国与中国宣布将审判日本战犯,苏联政府之后也表示支持该公告;依据《审判与惩处远东主要战犯的宪章》,远东国际军事法庭在 1946 年成立。该宪章附于盟军最高统帅部在 1946 年 1 月 19 日发布的《关于设立远东国际军事法庭的命令》之后。法庭设在东京;第 2 条规定应有 6 人以上 11 人以下的法官,由盟军最高统帅从《日本投降书》签字国、印度及菲律宾共和国所提之人选名单中任命,最终,法庭由来自太平洋战区盟国的 11 名法官组成。第 3 条规定,庭长由盟军最高统帅指派;第 5 条规定了法庭的管辖权,包括反和平罪、战争罪与反人道罪。第 6 条规定,被告在任何时期所曾任之官职,以及被告遵从其政府或上级长官之命令而行动之事实,均不足以免除其被控所犯任何罪行之责任;但如法庭认为符合公正审判之需要时,此种情况于刑罚之减轻上得加以考虑。第 9 条与第 10 条规定了被告获得公平审判的权利。

"东京审判"共有 21 名被告,包括 4 名前首相、11 名前部长、2 名大使和 8 名军事指挥官。该审判在国际刑法发展历史上存在一些争议,主要是关于适用"事

---

[61]　36 *ILR*, pp. 277-342, at 311.

后法"、反和平罪的问题、反人道罪以及国家行为的个人责任。在此不作具体论述[62]。

（二）前南国际刑事法庭

这一法庭依据联合国安理会在 1993 年通过的第 808 号与第 827 号决议设立,其适用法律由《规约》规定[63]。在第一条下,法庭有权起诉 1991 年以来在前南斯拉夫境内严重违反过国际人道法的个人。第 2 条至第 5 条规定,法庭对严重违反 1949 年《日内瓦四公约》行为、战争罪、灭绝种族罪、反人道罪享有管辖权。第 1 条将管辖权限制在 1991 年以来出现的罪行;第 8 条特别强调,法庭的属地管辖权涵盖前南斯拉夫社会主义共和国联盟的领土,而属时管辖权自 1991 年 1 月 1 日起始。第 9 条承认国内法院的平行管辖权,但前南刑庭管辖权优先于国内法院管辖权。法庭由审判庭和上诉庭、检察官办公室与书记官处组成。第 12 条规定法庭最多可以拥有 16 名常任法官;按照第 13-3 条,联合国大会可以选举 27 名任期 4 年(但可以连任)的专案法官;根据第 14 条,专案法官在其任期内,将由国际法庭庭长与常任法官协商后任命担任审判庭法官,参加一项或多项审判。第 13 条要求,常任与专案法官应品德高尚、公正、正直,并应具备在其本国担任最高司法职务所需资格,各分庭的组成应适当顾及法官在刑法和国际法——包括国际人道法和人权法方面的经验。按照第 15 条,法官应通过程序和证据规则。

第 16 条规定,检察官应作为国际法庭的一个独立机关行事,他或她不应征求或接受任何政府或任何其他来源的指令。第 21 条规定了被告的一系列权利,与 1966 年《公民和政治权利公约》第 14 条的表述一致。第 24 条规定,判处的刑罚只限于监禁;第 25 条规定了上诉程序;第 29 条规定了合作与司法协助事项;第 32 条规定,法庭的经费按照《联合国宪章》第 17 条的规定,由联合国经常预算承担。

法庭于 2017 年底正式结束其存在,剩余的工作由安理会特别设立的"余留机

---

[62]　A. Cassese, *International Criminal Law*, OUP, 2003, pp. 332-334; F. Hisakazu, "The Tokyo's Trial: Humanity's Justice v. Victors' Justice", in: Y. Tanaka, T. McCormack and G. Simpson (eds.), *Beyond Victor's Justice? The Tokyo War Crimes Trial Revisited*, Martinus Nijhoff Publishers, 2011, pp. 3-21.

[63]　1993 年 5 月 25 日第 827 号决议通过,分别经 1998 年 5 月 13 日第 1166 号决议、2000 年 11 月 30 日第 1329 号决议、2002 年 5 月 13 日第 1411 号决议、2002 年 8 月 14 日第 1431 号决议、2003 年 5 月 19 日第 1481 号决议、2005 年 4 月 20 日第 1597 号决议、2006 年 2 月 28 日第 1660 号决议、2008 年 9 月 29 日第 1837 号决议、2009 年 7 月 7 日第 1877 号决议修订。这些决议都是由联合国安理会根据《联合国宪章》第七章通过的。

制"接手,后者继续享有前南刑庭(和卢旺达刑庭)的属地、时间、属人、属事管辖权[64]。

(三) 卢旺达国际刑事法庭

1994 年 11 月 8 日,联合国安理会第 3454 次会议通过第 955 号决议,设立这一法庭。在该决议中,安理会重申其以前关于卢旺达局势的所有决议,审议了秘书长根据 1994 年 7 月 1 日第 935(1994)号决议第三段提出的报告(S/1994/879 和 S/1994/906),并注意到联合国人权委员会卢旺达问题特别报告员的报告(S/1994/1157,附件一和附件二),特别是秘书长 1994 年 10 月 1 日的信(S/1994/1125)转递的专家委员会关于卢旺达境内违反国际人道法行为的初步报告,再次表示严重关切卢旺达境内广泛发生种族灭绝和其他有计划的、公然违反国际人道法行为,断定这一情况对国际和平与安全仍然构成威胁,决心制止这种罪行,并采取有效措施,应对上述罪行负责的个人绳之以法,深信在卢旺达的特殊情况下,起诉应对严重违反国际人道法行为负责者能使这一目标得以实现,并有助于民族和解以及恢复和维持和平的进程,相信设立临时国际法庭将有助于确保遏止并切实纠正上述违法行为。因此,安理会根据《联合国宪章》第七章采取行动,决定设立一个国际法庭,专为起诉在 1994 年 1 月 1 日至 1994 年 12 月 31 日期间卢旺达境内种族灭绝和其他严重违反国际人道法行为负责者和应对这一期间邻国境内种族灭绝和其他这类违法行为负责的卢旺达公民,并为此目的通过本决议所附《卢旺达国际刑事法庭规约》。

值得注意的是,前南国际刑庭与卢旺达国际刑庭的规约都是由联合国安理会通过的,从而表明了安理会理事国对规约内容的认可。

卢旺达国际刑庭与前南国际刑庭在管辖权范围上相似,但其规约第四条除外:卢旺达国际刑庭有权起诉严重违反或命令他人严重违反《日内瓦四公约》共同第三条和《第二附加议定书》的个人。该法庭于 2015 年结束其存在,剩余工作由安理会设立的"剩余机制"接手[65]。

(四) 国际刑事法院

1998 年 7 月 17 日,罗马外交大会以 120 票赞成、7 票反对、21 票弃权的表决

64　联合国安理会决议第 1966 号,2010 年 12 月 22 日通过,决定设立"刑事法庭的国际余留机制"(International Residual Mechanism for Criminal Tribunals);决议后附有"余留机制"的规约以及过渡安排。

65　同上。

结果通过《国际刑事法院的罗马规约》，其中美国、中国、以色列、也门、卡塔尔、利比亚、伊拉克投了反对票[66]。中国的关切包括(但不限于)：1)不能接受《罗马规约》所规定的国际刑事法院对核心罪行的普遍管辖权；2)对检察官执行自主调查权有严重保留[67]。

在收到第 60 份《罗马规约》批准书的 60 天后，法院在 2002 年 7 月 1 日成立。截至 2019 年 9 月 30 日，122 个国家批准或加入了《罗马规约》[68]。

2003 年 2 月 3 日至 7 日，缔约国大会选出了任期分别为三年、六年、九年的18 名法官，4 月 21 日，缔约国大会选出了检察官——阿根廷的莫雷诺·奥坎波先生。

国际刑事法院至少存在如下特点：1)条约机构；2)常设法院；3)缔约国大会是法院的管理、监督与立法机构(通过规范文件与预算，以及选举法官、检察官、副检察官，并且有事务局与常设秘书处)；4)书记处管理受害者基金与独立董事会，职能是向受害者提供补偿；5)对法院的正常运转负责的院长，但检察官办公室除外；6)法院管辖权对国内管辖起补充作用[69]；7)具有国际法律人格(第 4 条)；8)管辖权包括侵略罪；9)缔约国大会通过《犯罪要件》这一文件协助法院解释与适用第六条至第八条；10)法院只对规约生效后的犯罪具有管辖权。

由于美国的阻挠，法院成为有效机制的过程从一开始就遭遇了困难[70]。美国在 2002 年 8 月 2 日颁布了"美国服役人员保护法案"[71]，禁止美国的法院、州政府、地方政府与国际刑事法院进行任何合作，除非总统依据《宪法》给予另行指示，但是这项禁令不适用于国际刑事法院就涉及外国公民的案件寻求美国政府的帮

66　R. Lee (ed.)，*The International Criminal Court：The Making of the Rome Statute*，Kluwer Law International，1999，p. 26，n. 48.

67　李世光、刘大群、凌岩编辑：《国际刑事法院罗马规约评释》(上卷)，北京大学出版社 2006 年版，第4~5 页。Also see B. B. Jia，"China and the International Criminal Court：The Current Situation"，10 *Singapore Yearbook of International Law* (2006)，pp. 87-97.

68　参看国际刑事法院官网：https://asp. icc-cpi. int/en_menus/asp/states%20parties/Pages/the%20states%20parties%20to%20the%20rome%20statute. aspx(浏览于 2019 年 10 月 5 日)。

69　《罗马规约》序言、第 17 条。

70　S. Murphy，*United States Practice in International Law*，vol. 1，1999—2001，CUP，2002，pp. 381-385.

71　S. Murphy，*United States Practice in International Law*，vol. 2，2002—2004，CUP，2006，p. 307(法案的名称是"Pub. L. No. 107-206，ss. 2011-2015")。

助[72]，另外，该法案还要求美国参与联合国维和行动时，以及对外国提供军事援助时，首先要满足一些条件，包括与相关国家之间需要订立豁免协议。同时，美国政府在 2002 年提出了一项安理会决议草案，将国际刑事法院管辖权推迟 12 个月生效直至安理会授权，推迟的决定每年可以更新[73]。2002 年 8 月 1 日以来，许多国家被迫或被说服与美国签署双边的、第 98 条第二款协定，对于拒绝签署双边协定的国家，美国将中止军事援助与其他援助。截至 2007 年，约有 102 个国家与美国签署了此种协定[74]。

2009 年 1 月 26 日，国际刑事法院启动了第一个案件的审判程序，即发生在民主刚果领土上的"卢班佳案"[75]。同年 3 月 4 日，法院预审一庭公布了针对苏丹现任总统艾尔-巴希尔的逮捕令[76]；鉴于安理会将苏丹问题移交给法院的事实，后者的官方身份以及相关的豁免特权都难以构成对逮捕令的抗辩理由[77]，但是缔约国对逮捕令的遵守成为问题[78]；艾尔-巴希尔在 2019 年苏丹选举中失去总统权力，逮捕令的执行会再次提到日程上来。

72　Ibid., p. 308（referring to section 2015 of the Act. That section is presumably contingent on section 2011 that grants the US President the power to make exceptions to the otherwise complete prohibition on US cooperation with the ICC）.

73　联合国安理会第 1422（2002）号决议。

74　http://www.iccnow.org/documents/CICCFS_BIAstatus_current.pdf（last visit 8 September 2019）. 自 2007 年以来，美国已停止签署此类协定的做法：Congress Research Service Report，*The International Criminal Court（ICC）：Jurisdiction，Extradition，and US Policy*，16 March 2010, http://assets.opencrs.com/rpts/R41116_20100316.pdf（last accessed 1 December 2010）, p. 24. Also see A. Pick-Jones, "Towards Permanently Delegitimizing Article 98 Agreements: Exercising the Jurisdiction of the International Criminal Court over American Citizens", 93 *New York University Law Review*（2018）, pp. 1779-1819, at 1795.

75　*Prosecutor v. Thomas Lubanga Dyilo*：Press Release，23 Jan. 2009，ICC-CPI-20090123-PR388. 该案在一审结束后，被告上诉，上诉庭在上诉程序终结时确认了审判庭的有罪判决和 14 年监禁的刑期：*Prosecutor v. Thomas Lubanga Dyilo*, Case No. ICC-01/04-01/06-3121-Red, *Public redacted Judgment on the appeal of Mr Thomas Lubanga Dyilo against his conviction*, Appeals Chamber, 1 December 2014. 从 2015 年 12 月开始，卢班佳在民主刚果某监狱开始服刑。

76　Case No. ICC-02/05-01/09，逮捕令。

77　《罗马规约》第 27 条。

78　P. Gaeta, "Does President Al Bashir Enjoy Immunity from Arrest?" 7 *Journal of International Criminal Justice*（2009）, pp. 315, at 331-332. Also see *Judgment in the Jordan Referral re Al-Bashir Appeal（Public Document）*, No. ICC-02/05-01/09 OA2, AC, 6 May 2019. 由于没有执行国际刑事法院逮捕令，预审庭判约且违反了在《罗马规约》下的义务，上诉庭在 2019 年 5 月 6 日的判决中确认了这一判定；上诉庭还认为，艾尔-巴希尔在习惯法下也不享有国家元首的豁免权。

（五）塞拉利昂问题特别法庭

根据 2000 年 8 月 14 日的安理会第 1315 号决议,联合国与塞拉利昂政府缔结协定,建立一个特别法庭,法庭规约也附于该协定后面。该法庭有权起诉对 1996 年 11 月 30 日以来在塞拉利昂境内严重违反国际人道法和塞拉利昂法律的行为负最大责任的个人,包括实施这些犯罪、威胁塞拉利昂和平进程的领导人。

在第 2 条和第 3 条下,法庭有权管辖反人道罪和违反《日内瓦公约》共同第 3 条和《第二附加议定书》的行为。第 4 条规定法庭有权审判其他违反人道法的个人：1)故意命令攻击平民人口本身或未直接参加敌对行动的平民个人；2)故意命令攻击依照《联合国宪章》执行人道援助或维持和平行动,且根据武装冲突法享有给予平民和民用物体的保护的人员、设施、物资、单位或车辆；3)征募不满 15 岁的儿童加入武装部队或组织,或利用他们积极参加敌对行动。第 5 条规定法庭有权起诉塞拉利昂法律下的犯罪嫌疑人。

法官人数为 8～11 名,其中 5 名为上诉法官。特别法庭上诉庭的法官应以前南斯拉夫问题和卢旺达问题国际法庭上诉庭的裁判为“指导”[79]；在塞拉利昂法律的解释和适用方面,应以塞拉利昂最高法院的裁判为指南。

（六）柬埔寨特别法庭

国际人道法的法律框架可能尚不完美,其执行机制仍在成熟完善。鉴于其与联合国许多领域工作之间的密切联系,国际人道法在继续发展过程中,产生了“混合法庭”这样的新型司法/执行机构,比如“柬埔寨特别法庭”,一方面表明国际人道法仍在发展之中,另一方面也显示执行机制逐渐为法律规则装上“牙齿”。

2003 年 3 月 17 日,经过 5 年谈判,应柬埔寨政府的邀请,联合国与柬埔寨政府达成了协定草案,决定成立一个国际刑事法庭,审判前“红色高棉”领导人。协定的宗旨是规范联合国和柬埔寨王国政府之间的合作,以对 1975 年 4 月 17 日至 1979 年 1 月 6 日期间严重违反柬埔寨刑法、国际人道法,以及柬埔寨承认的国际公约的行为负最大责任的人进行审判。该协定第二条第一款承认,特别法庭具有符合柬埔寨立法机构根据《柬埔寨宪法》所通过并修正的《设立起诉民主柬埔寨时期所实施罪行的柬埔寨法院特别法庭法》之下的属事管辖权[80]。第 3 条第二款规定,特别法庭的组成如下：1)一个审判庭,包括 3 名柬埔寨籍法官和 2 名国际

79　第 20 条第三款。

80　联合国大会第 57/228 号决议,2002 年 12 月 18 日通过。

法官；2)最高法院法庭，作为上诉庭兼终审庭，包括 4 名柬埔寨籍法官和 3 名国际法官。第 9 条规定，特别法庭的属事管辖权为 1948 年《防止及惩治灭绝种族罪公约》界定的灭绝种族罪、1998 年《罗马规约》界定的反人道罪和严重违反 1949 年《日内瓦公约》的行为，以及 2001 年 8 月 10 日颁布的《设立特别分庭法》第二章所界定的其他罪行。该协定由柬埔寨国会于 2004 年 10 月 5 日批准。

这类"混合法庭"的设立是将违反国际人道法的个人交付国际审判的另一种方式[81]，是联合国协助各国按照自己的方式执行国际人道法。

（七）国内法院内置战争罪法庭

上述提到的塞拉利昂法庭与柬埔寨特别法庭是实践中存在的"混合法庭"模式最初的体现方式，这一模式在当今实践中还展现出其他表现方式。

在 1999 年的"科索沃冲突"之后，联合国安理会通过第 1272 号决议在科索沃领土上设立"过渡行政机构"[82]，该机构开始工作后，与 2000 年向科索沃现有法院（包括最高法院）任命了国际法官和检察官[83]。在科索沃境内，该机构有权在特定案件中指派国际检察官和法官参与[84]，包括在影响大的案件中保证国际法官占有多数，这些法官适用科索沃原有的法律——包括前南斯拉夫的联邦刑法典、科索沃临时刑法典，以及后者的临时刑事程序法典，其中临时刑法典涵盖了灭种罪、反人道罪和战争罪。

在波斯尼亚和黑塞哥维纳联盟境内，国家法院（the State Court）于 2005 年 3 月设立了一个"战争罪法庭"，虽然法庭具有国际性，但也是国内法院的组成部分。在审理境内发生的、最严重的、与战争有关的罪行时，它适用的法律主要是国内刑法，后者涵盖灭种罪、反人道罪和战争罪。设于首都萨拉热窝的国家法院，在它的刑事庭中增加了一个专门审理战争罪的分庭，下辖 5 个一审庭，每个由 3 名法官组成—其中 2 名国际法官和 1 名国内法官，由国内法官作为庭长。类似的是，在国家法院的上诉庭中，也对应设立了一个战争罪分庭，包括 3 名法官——2 名国际法官和 1 名国内法官，国内法官出任庭长，上诉分庭听取对一审判决的上诉。波黑设立这些战争罪分庭可以管辖前南刑庭依据后者规约的第 11-2 条转来的案件。

81　L. Dickinson, "The Promise of Hybrid Courts", 97 *AJIL* (2003), pp. 295-310.

82　1999 年 10 月 25 日通过。

83　UNMIK Reg. 2000/6, 15 February 2000, and Reg. 2000/34, 29 May 2000: www. unmikonline. org. (last visit 20 September 2009).

84　UNMIK Reg. 2000/64, 15 December 2000.

在东帝汶,联合国"过渡行政机构"在首都帝力的地方法院和上诉法院中设立了"重罪分庭"[85],在分庭中国际法官占多数。同时,该机构建立了全国范围的检察官机制,在上述分庭中提起公诉,而这一机制中包括国际和国内检察官[86]。分庭适用的法律包括印度尼西亚的刑法典、联合国"过渡行政机构"颁布的规章、国际条约、公认的国际法原则与规则。不过,在 2005 年 5 月,分庭的工作被无限期中止,因为联合国东帝汶使团已经完成了安理会所赋予的使命[87]。

(八) 黎巴嫩法庭

在 2005 年发生了针对前黎巴嫩总理哈利利以及其他 22 个人的谋杀事件之后,联合国安理会决定建立一个调查委员会,协助黎巴嫩政府对该事件展开调查;之后又要求联合国秘书长与黎巴嫩政府开始谈判,以缔结建立国际刑事法庭的协议[88]。联合国秘书长在与黎巴嫩政府谈判之后,向安理会提交了协议草案,以及未来刑事法庭的规约草案,安理会同意并接受了这两份文件[89]。

联合国与黎巴嫩政府于 2007 年初春签署了建立"特别法庭"的协议,安理会在当年 5 月 30 日依据《联合国宪章》第七章通过决议,宣布该协议以及附件中的规约将于当年 6 月 30 日生效[90]。之后,两个文件在预定时间生效。当年 12 月 21 日,联合国与荷兰政府订立协定,将法庭设立在荷兰海牙市[91]。

法庭规约第 1 条规定,特别法庭的管辖权限于 2005 年 2 月 14 日发生的谋杀 R. 哈利利等人事件中的涉案人员;如果法庭发现在 2004 年 10 月 1 日到 2005 年 12 月 12 日之间,在黎巴嫩境内还存在着与上述谋杀有关联,且性质和严重程度与上述谋杀类似的其他袭击事件,那么法庭对此类事件中的个人也具有管辖权。所谓"有关联"是指在下面几个方面的关联:刑事意图(动机)、袭击背后的目的、受害者身份、袭击方式和嫌疑人。第 2 条规定了法庭的适用法,包括:黎巴嫩刑法典中与恐怖罪、人身伤害罪、非法结社、隐瞒罪行不报、罪行构成要件、参与犯罪、阴谋犯罪等相关的条款;黎巴嫩颁布于 1958 年 1 月 11 日的"加重对煽动、内战、宗教暴力刑罚"法律的第 6 条和第 7 条。

85　UNTAET Reg. 2000/15，5 July 2000.

86　同上。

87　UNSC S/RES/1410 (2002)，17 May 2002.

88　UNSC S/RES/1664 (2006)，29 March 2006.

89　UN Doc. S/2006/911, of 24 Nov. 2006，containing the letter from the President of the UNSC.

90　UNSC S/RES/1757.

91　https://www.stl-tsl.org/en/about-the-stl.

在第 4 条下，特别法庭被赋予超越国内法院的管辖权；第 8 条设立了以下职位：1 位国际预审法官；3 位一审法官，其中 1 名为黎巴嫩籍法官，2 名为国际法官；5 位上诉法官，其中 2 位为黎巴嫩籍法官，3 位是国际法官。法庭的检察官由联合国秘书长任命，任期与国际法官一样，均为 3 年。

从法庭结构、法官构成上，特别法庭都延续了联合国实践中的先例。虽然它的适用法律是黎巴嫩法律，但它既不是联合国机构，也不是黎巴嫩国内司法机构的一部分。这也体现了国际刑事法律机构在性质和功能上的日趋复杂。另外，这个法庭与人道法的联系，在于其管辖下的恐怖罪以及其与内战（国内武装冲突）的联系。至于联合国在这个进程中的作用，也是一个有意思的问题。

附录　主要条约与相关文件

（注：以下条约或其他重要的联合国文件的原文以及其他相关信息，比如：生效与否、批准情况、原本保存方等，均可以在红十字国际委员会的官网上找到：https://ihl-databases.icrc.org/ihl）

A. 条　　约

1. 1856 年 4 月 16 日《巴黎海战法宣言》
2. 1868 年 12 月 11 日《圣彼得堡宣言》
3. 1874 年 8 月 27 日《关于战争法规和惯例的国际宣言》（又称"布鲁塞尔宣言"）
4. 1899 年 7 月 29 日《禁止使用专用于散布窒息性或有毒气体的投射物的宣言》（1899 年《海牙第二宣言》）
5. 1899 年 7 月 29 日《将 1864 年 8 月 22 日日内瓦公约原则适用于海战的公约》（1899 年《海牙第三公约》）
6. 1899 年 7 月 29 日《膨胀子弹宣言》（1899 年《海牙第三宣言》）
7. 1899 年 7 月 29 日《陆战法规和惯例章程》（附件《陆战法规及惯例章程》）（1899 年《海牙第二公约》）
8. 1907 年 10 月 18 日《陆战法规和惯例公约》（附件《陆战法规及惯例章程》）（1907 年《海牙第四公约》）
9. 1907 年 10 月 18 日《中立国和人民在陆战中的权利和义务公约》（1907 年《海牙第五公约》）
10. 1907 年 10 月 18 日《战争开始时敌国商船地位公约》（1907 年《海牙第六公约》）
11. 1907 年 10 月 18 日《关于商船改装为军舰公约》（1907 年《海牙第七公约》）
12. 1907 年 10 月 18 日《敷设自动触发水雷公约》（1907 年《海牙第八公约》）
13. 1907 年 10 月 18 日《战时海军炮击公约》（1907 年《海牙第九公约》）

14. 1907 年 10 月 18 日《将 1906 年 7 月 6 日日内瓦公约原则适用于海战的公约》(1907 年《海牙第十公约》)

15. 1907 年 10 月 18 日《海战中限制行使捕获权公约》(1907 年《海牙第十一公约》)

16. 1907 年 10 月 18 日《中立国在海战中权利和义务公约》(1907 年《海牙第十三公约》)

17. 1909 年 2 月 26 日《伦敦海战法规宣言》(奥匈帝国、法国、德国、大不列颠、意大利、日本、荷兰、俄国、西班牙、美国十国签署,未正式生效)

18. 1922 年 2 月 6 日《在战争中使用潜水艇和有毒气体的条约》(10 国批准,但未生效)

19. 1925 年 6 月 17 日《禁止在战争中使用窒息性、毒性或者其他气体和细菌作战方法的议定书》

20. 1945 年 6 月 26 日《联合国宪章》

21. 1945 年 8 月 8 日《控诉和惩处欧洲轴心国主要战犯的伦敦协定》(附件《国际军事法庭宪章》)

22. 1946 年 1 月 19 日《盟军最高统帅特别通告》(附件《远东国际军事法庭宪章》;后修订于 1946 年 4 月 26 日)

23. 1949 年 8 月 12 日《日内瓦第一公约》

24. 1949 年 8 月 12 日《日内瓦第二公约》

25. 1949 年 8 月 12 日《日内瓦第三公约》

26. 1949 年 8 月 12 日《日内瓦第四公约》

27. 1954 年 5 月 14 日《关于发生武装冲突时保护文化财产的公约》(附件:《关于发生武装冲突时保护文化财产公约的实施条例》)

28. 1954 年 5 月 14 日《关于发生武装冲突时保护文化财产的公约第一议定书》

29. 1961 年 11 月 24 日《禁止使用核及热核武器宣言》

30. 1963 年《关于各国探测及使用外空工作之法律原则宣言》

31. 1968 年 7 月 1 日《不扩散核武器公约》

32. 1971 年 2 月 11 日《禁止在海床洋底及其底土安置核武器和其他大规模毁灭性武器公约》

33. 1972 年 4 月 10 日《禁止细菌(生物)及毒素武器的发展、生产及储存以及销毁这类武器的公约》

34. 1977 年 6 月 8 日《日内瓦公约》《第一附加议定书》

35. 1977 年 6 月 8 日《日内瓦公约》《第二附加议定书》

36. 1980 年 10 月 10 日《禁止或限制使用特定常规武器公约》

附件：1980 年第一议定书——《关于无法检测的碎片的议定书》

1980 年第二议定书——《禁止或限制使用地雷、诱杀装置和其他装置的修正议定书（1996 年修订）》

1980 年第三议定书——《禁止或限制使用燃烧武器议定书》

1995 年第四议定书——《关于激光致盲武器的议定书》

37. 1982 年 12 月 10 日《联合国海洋法公约》

38. 1989 年 11 月 20 日《儿童权利公约》

39. 1993 年 1 月 13 日《禁止化学武器公约》

40. 1994 年 12 月 15 日《联合国人员及相关人员安全的公约》（附件：《任择议定书》）

41. 1997 年 12 月 3 日《禁止使用、储备、生产和转让人员杀伤地雷和它们的销毁的公约》（也称"《渥太华公约》"）

42. 1998 年 7 月 17 日《国际刑事法院的罗马规约》（2010 年 6 月 11 日《侵略罪修正案》）

43. 1999 年 3 月 26 日《文化财产公约第二议定书》

44. 2000 年 5 月 25 日《儿童权利公约关于儿童卷入武装冲突问题的任择议定书》

45. 2005 年 12 月 8 日《日内瓦四公约》《第三附加议定书》

46. 2008 年 12 月 3 日《集束炸弹公约》

B. 其 他 文 件

1. 1880 年《牛津陆战法规手册》（国际法研究院）

2. 1947 年 11 月 21 日《纽伦堡原则》（根据联合国大会第 177 号决议拟定；1946 年 12 月 11 日联大第 95（Ⅰ）号决议予以确认）

3. 1971 年《在联合国部队参与敌对行动时适用武装冲突中人道规则的条件》（国际法研究院）

4. 1973 年 12 与 3 日《关于侦查、逮捕、引渡和惩处战争犯罪和危害人类罪犯的国际合作原则》

5. 1974 年 12 月 14 日《在非常状态和武装冲突中保护妇女和儿童宣言》（由联大决议第 3318（XXIX）号宣布，1974 年 12 月 14 日）

6. 1974 年 12 月 14 日《武装冲突中对人权的尊重》(联大决议第 2444(XXIII)号,1968 年 12 月 19 日)

7. 1994 年《涉及武装冲突中环境保护的军事手册和指令的指南》(红十字国际委员会)

8. 1994 年 6 月 12 日《适用于海上武装冲突的国际法的圣雷莫手册》(人道法国际研究所)

9. 2009 年 5 月 15 日《空战和导弹战国际法手册》(哈佛大学)